中国高等教育数字图书馆
评估规范汇编

（第一版）

姚晓霞　主　编

陈　凌　肖　珑　副主编

国家圖書館出版社

National Library of China Publishing House

图书在版编目(CIP)数据

中国高等教育数字图书馆评估规范汇编/姚晓霞主编. --北京:国家图书馆出版社,2015.3
ISBN 978 - 7 - 5013 - 5580 - 8

Ⅰ.①中⋯ Ⅱ.①姚⋯ Ⅲ.①院校图书馆—数字图书馆—图书馆评估—标准—汇编—中国 Ⅳ.①G258.6 - 65

中国版本图书馆 CIP 数据核字(2015)第 069641 号

书　　名	中国高等教育数字图书馆评估规范汇编
著　　者	姚晓霞　主编
责任编辑	金丽萍　高　爽

出　　版　国家图书馆出版社(100034　北京市西城区文津街 7 号)
　　　　　　(原书目文献出版社　北京图书馆出版社)
发　　行　010 - 66114536　66126153　66151313　66175620
　　　　　　66121706(传真),66126156(门市部)
E-mail　　btsfxb@ nlc. gov. cn(邮购)
Website　　www. nlcpress. com ──➤投稿中心
经　　销　新华书店
印　　装　北京科信印刷有限公司
版　　次　2015 年 3 月第 1 版　2015 年 3 月第 1 次印刷

开　　本　787 × 1092(毫米)　1/16
印　　张　17. 5
字　　数　440 千字

书　　号　ISBN 978 - 7 - 5013 - 5580 - 8
定　　价　80. 00 元

本书编委会

主　　编：姚晓霞

副主编：陈　凌　肖　珑

编　写：姚晓霞　陈　凌　肖　珑　高冰洁
　　　　姜爱蓉　刘　霞　姚伯岳　郑巧英
　　　　刘素清　喻爽爽　曾丽军　张俊娥
　　　　张明东　冯　英　刘娟娟　李　莹

目　录

前　言

中国高等教育文献保障系统(China Academic Library & Information System,简称 CALIS)是经国务院批准,由教育部领导的我国高等教育"211 工程"的公共服务体系之一。经过十余年的建设,CALIS 引领和带动我国高校图书馆由单馆保障转变为联合保障,推进我国高等教育资源的合理优化配置,实现信息资源共建、共知、共享,形成"集中资源、分工合作、均衡负载、用藏结合"的 CALIS 服务体系,构建了集数字资源制作、管理、组织、存储、访问、服务等多功能为一体的完整的中国高等教育数字图书馆。

为定性和定量地评估高等教育数字图书馆的建设成果,分析和研究资源的质量,评价和探讨各类应用服务的绩效,激发和提高成员馆参与的积极性,为高校数字图书馆服务模式和质量的改进、资源的选购等管理决策提供可量化的指导,CALIS 主持制定了《中国高等教育数字图书馆评估规范汇编》(简称《评估规范汇编》)。此项工作得到了成员馆的积极支持和配合。

本书编委会成员有:姚晓霞、陈凌、肖珑、高冰洁、姜爱蓉、刘霞、姚伯岳、郑巧英、刘素清、喻爽爽、张俊娥、曾丽军、张明东、冯英、刘娟娟、李莹共 16 人。

姚晓霞、陈凌、肖珑负责本书的策划、统筹、组织和审稿工作。姚晓霞、肖珑、高冰洁负责全书的统稿工作。本书各章节撰写的具体分工情况如下:

第一章:由姚晓霞、陈凌编写。

第二章:第一节和第二节由肖珑编写,第三节由刘霞编写,第四节由张明东编写;第五节由姜爱蓉编写;第六节由姚伯岳编写。

第三章:由姚晓霞、李莹、刘娟娟编写;其中评估报告实例分别由北京大学图书馆和清华大学图书馆提供。

第四章:第一节由刘素清编写,第二节由曾丽军编写,第三节由郑巧英编写,第四节由喻爽爽编写,第五节由张俊娥编写,第六节由姜爱蓉编写。

第五章:第一节由喻爽爽编写,第二节由张俊娥编写,第三节由曾丽军编写,第四节由高冰洁编写,第五节由冯英编写。

资源是服务的基础,服务是对资源的开发利用,资源与服务相辅相成,互相促进。因此,资源评估和服务评估具有很强的关联性,需要统筹考虑和安排。《评估规范汇编》主要包括高等教育数字图书馆现行资源和服务相关的标准规范,用于优化资源利用,提高服务质量,更好地满足用户需求,促进数字图书馆服务模式和质量的改进,理解预期及非预期成果的实现程度和原因,最大限度地扩大资源共享的影响力,对中国高等教育数字图书馆的未来建设提供全面的指导和借鉴。

本书第一章描述高等教育数字图书馆评估规范的框架,明确评估的对象、目的、原则、内容和方法,给出指标体系的构架要素,包括指标的选取原则、评估方法、指标描述、计算方法、数据采集、构架流程等,并对评估过程的实施进行探讨。

本书第二章汇编高等教育数字图书馆资源评估规范。首先介绍的是《高等教育数字图书馆数字资源评估总则》(简称《资源总则》)。《资源总则》旨在指导各类资源评估规范的制定,明确规定资源主要从"数量和规模""内容与质量""体系与结构优化""信息组织能力""可持续发展能力""资源的效益""资源共享能力"等七个方面开展评估,共设计12个一级指标,并在每个一级指标下提出若干二级指标,同时给出指标的属性和应用范围 。《资源总则》还对制定各类资源评估规范时如何选择、扩展和定义评估指标进行了说明,对不同范围的评估体系应用参照进行了解释,包括对CALIS联合共建的数字资源进行评估、对单种资源进行评估、对单个图书馆的数字资源进行整体性评估、对图书馆自建数字资源进行评估、对数字资源共享性进行评估等几个方面。在此基础上,制定了"引进数据库资源评估规范""特色资源评估规范""书刊类资源评估规范""论文类资源评估规范""古文献资源评估规范"五类资源评估规范。

本书第三章介绍CALIS对"高等教育数字图书馆资源评估规范"的具体应用。CALIS三期引进资源建设部分采纳"引进数据库资源评估规范"的评估模型,制订相应的评估方案,具体包括评估目标、评估内容、评估方法、评估步骤、评估指标和评估模型等。在此基础上,完成了202个数据库的评估工作。通过评估达到了以下目的:规范引进数据库的评估工作;指导和协调CALIS及其成员馆开展引进资源建设;调查和了解成员馆的意见建议,帮助数据库商/出版商改进和提升产品服务水准。

本书第四章汇编了高等教育数字图书馆服务评估规范。与"资源评估规范"的编写体例一样,"服务评估规范"首先介绍了《高等教育数字图书馆数字服务评估总则》(简称《服务总则》)。《服务总则》旨在指导各类数字服务评估规范的制定,明确规定服务主要从"服务条件""服务政策""服务内容""服务绩效""服务共享体系"五个方面开展评估,共设计13个一级指标,并在每个一级指标下提出若干二级指标,同时对二级指标的使用进行说明。《服务总则》还对制定各类服务规范时如何选择、扩展和定义评估指标进行说明,对不同范围的评估体系应用参照进行解释,包括对单个图书馆的服务进行评估、对单种服务进行评估、对CALIS服务共享体系进行评估等方面。在此基础上,制定了"馆际互借与文献传递服务评估规范""参考咨询服务评估规范""图书类服务评估规范""期刊类服务评估规范""论文类服务评估规范"五类服务评估规范。

本书第五章介绍CALIS对"高等教育数字图书馆服务评估规范"的具体应用。CALIS三期示范馆计划共推出编目外包、e读、外文期刊网、馆际互借与文献传递、参考咨询五类服务的示范馆计划。CALIS管理中心对示范馆的验收采用"评估式验收"方式进行,在高等教育数字图书馆服务评估规范的基础上结合项目建设和管理的实际情况制定了五类应用服务示范馆的评估方案,具体包括评估目标、评估内容、评估方法、评估步骤、评估指标和评估模型等,应用于示范馆的评估活动,完成了五类应用服务示范馆的验收和评优工作。该项评估达到了如下目的:通过评估,引导示范馆更好地开展各类应用服务,提高示范馆服务创新水平;通过评估发现问题,改进和规范示范馆的各项服务,提高服务质量,最大限度地满足读者的文献需求;通过评估,对示范馆开展的编目外包、e读、外文期刊、馆际互借与文献传递、参考咨询服务进行综合性、整体性评价,奖励优秀示范馆,激励和推动CALIS各项服务的开展。

在本书的编写过程中,得到了CALIS管理中心常务副主任、北京大学图书馆馆长朱强的悉心指导;得到了CALIS管理中心同仁和众多图书馆同仁的大力支持,特别是北京大学图书馆、清华大学图书馆、上海交通大学图书馆、武汉大学图书馆的同仁积极参与了本书的编写工作。本书第三章的引进资源评估报告实例,分别由北京大学图书馆和清华大学图书馆提供。本书第五章服务评估规范应用的五个示范馆评估范例分析,采用了 CALIS 成员馆提供的相关数据。在此对大家的支持表示衷心的感谢!

　　由于数字图书馆的评估工作尚处于开展初期,本书提出的资源和服务评估指标体系和评估方法虽然开始应用到 CALIS 及其成员馆的评估工作之中,但对评估方法的收集,还缺少系统的归纳总结。本书提出的资源和服务评估指标体系虽然遵循国际标准的指标体系描述方法,但和国际上数字图书馆评估活动的接轨还需要做很多的准备工作。本书对其他数字图书馆评估活动的指导,也需要进一步的理论提升和实践检验。本书的疏漏之处,欢迎广大读者和专家批评指正。

编者

2014 年 10 月

第一章　高等教育数字图书馆评估规范框架

一、评估背景

中国高等教育数字图书馆是中国高等教育文献保障系统(China Academic Library & Information System,简称 CALIS)的建设成果,其核心任务是为高等教育领域的最终用户(包括高校教学科研用户、政府机构和教学科研管理机构用户)提供支持国内外海量文献信息检索获取和信息交流的网络应用服务平台。

CALIS 是经国务院批准的我国高等教育"211 工程"总体规划中几个公共服务体系之一。CALIS 的宗旨是,在教育部的领导下,把国家的投资、现代图书馆理念、先进的技术手段、高校丰富的文献资源和人力资源整合起来,建设以中国高等教育数字图书馆为核心的文献联合保障体系,实现信息资源共建、共知、共享,以发挥最大的社会效益和经济效益,为中国的高等教育服务。

CALIS 始建于 1998 年,经过十多年的建设和发展,其所倡导的信息资源共建共知共享理念已经成为业内的共识,CALIS 也已成为世界上最大规模的国家行为的网络化文献资源保障体系之一。在图书馆技术领域,CALIS 通过自主研发和合作开发等方式建立并运行了一系列先进、开放的数字图书馆支持工具与应用系统,构建了具有国际先进水平的集数字资源制作、管理、组织、存储、访问、服务等多功能为一体的完整的中国高等教育数字图书馆及全国范围内的支持共建共享的高校数字图书馆服务体系。借助于"云服务"技术,CALIS 成功将建设成果部署到全国高校成员馆,并嵌入到众多高校图书馆本地服务流程之中,成为众多高校图书馆自身服务链中不可或缺的一环,成为真正意义上的"高等教育公共服务设施"之一。在资源建设和共享领域,一方面 CALIS 通过共享式资源建设、保障式资源建设、高校原生资源建设和高校自建资源建设等方式引进和共建了一系列国内外文献数据库,补充了我国高校图书馆数字资源馆藏。另一方面 CALIS 借助于先进的技术和服务,将全国 1000 多所高校图书馆的资源整合在一起,建立全国一体化的馆际互借与文献传递网,并在此网络的基础上,通过文献获取调度中心系统,与大学图书馆国际合作计划(CADAL)、上海图书馆、国家科技图书文献中心(NSTL)、中国高校人文社会科学文献中心(CASHL)、方正 Apabi、维普资讯、EBSCO 等图书情报机构和资源提供商的应用系统进行了对接,将他们的优质资源和服务纳入 CALIS 体系,大大提升了高校图书馆文献资源保障能力。在标准规范领域,CALIS结合国际最新动态和数字图书馆标准规范的发展趋势,建立了包括业务流程、服务管理、元数据、数字化、互操作在内的 16 类标准规范,为图书馆提供了一套符合国际主流的标准规范体系。同时,CALIS 还为高校图书馆培养了大批高素质的馆员,有力地支持了高校的重点学科建设。迄今参加 CALIS 项目建设和获取 CALIS 服务的成员馆已逾千家。

由于 CALIS 建设与服务内容广泛,参与图书馆众多,为了加强项目管理,CALIS 管理中心成立了"资源与服务"评估子项目组,规范 CALIS 的统计评估工作。通过确定评估指标,构建评估指标体系,开发资源与服务评估管理系统,对子项目开展评估活动。CALIS 通过评估为项目规划设计、方案拟订、预算编制、执行与报告等一系列活动提供信息和证据;通过评估对项目建设情况进行考核和验收,了解项目建设和服务效果,优化资源利用,提高服务质量,理解预期及非预期成果的实现程度和原因;通过评估最大限度地扩大项目服务辐射群体,协助改善项目当前的和未来的战略定位、政策设计、活动策划、管理手段与实施计划等。

二、评估现状

评估就是对一项活动、项目、计划、战略、政策、主题、专题、行业部门、业务领域、机构绩效等进行尽可能系统和公正的评价。评估应该提供以事实根据为基础的信息,这些信息必须可信、可靠和切实可用,并能够使评估发现、意见建议及经验教训及时纳入项目决策。评估是成果实现和项目绩效的重要证明,是进行变革的重要手段。

评估的类型多种多样,诸如内部或外部的评价,总结性或过程性评价,对自身行为的评价或是对合作行为的联合评价。一项评估可以在活动的前期、中期或末期执行,也可以定期或实时执行。评价的方式和方法必须适合被评对象的特点,以保证评价能按照适当的程序实施,并且有利于利益相关者的参与,为决策过程提供充分的信息支持。

CALIS 项目的服务对象是高校图书馆,所以特别关注高校图书馆的评估现状。目前,我国高校图书馆进行评估主要根据《普通高等学校图书馆评估指标》提出的评估指标和框架进行。《普通高等学校图书馆评估指标》是根据教育部教高〔2002〕3 号文件颁发的《普通高等学校图书馆规程(修订)》第三十九条的规定,为加强对高等学校图书馆建设的指导和检查,由教育部高等学校图书情报工作指导委员会(教育部高校图工委)组织拟订的。

《普通高等学校图书馆评估指标》制定的评估指标设三级。有五个一级指标,分别是:①办馆条件;②文献资源建设;③自动化、网络化、数字化建设;④读者服务;⑤科学管理。每个一级指标有若干个二级指标,每个二级指标有若干个三级指标。二级和三级设权重,按权重来确定分值,其中三级指标是可测具体指标。《普通高等学校图书馆评估指标》以图书馆为评估对象,评估涉及图书馆工作的各个方面,从总体上加强了对整个高校图书馆事业的宏观指导和科学管理,同时也便利了图书馆结合自身情况制定发展规划和具体措施。

2004 年,教育部高校图工委和 CALIS 管理中心联合提出了《高等学校图书馆数字资源计量指南》,规范《普通高等学校图书馆评估指标》中对于馆藏的统计和计量工作。

《普通高等学校图书馆评估指标》规定对普通高等学校图书馆的评估一般由各省、自治区、直辖市教育厅或教育委员会来组织实施,由各地高校图工委根据本地区的实际情况制订实施细则和具体评分办法及分值。教育部在适当时机组织专家组进行检查指导。各地既可以开展全面评估,也可以开展专项评估。目前,江苏、陕西、北京、上海等省市根据《普通高等学校图书馆评估指标》,考虑到本省高校图书馆的现状和发展趋势,通过一些指标的设置或调整某些指标的权重,分别制定了本省的图书馆评估指标。

与此同时,教育部高校图工委作为协调、指导我国内地高校图书馆发展的专家组织,始终不断地在推进和完善高校图书馆的统计和评估工作。教育部高校图工委 2004 年开始利用高校图书馆事实数据库系统收集图书馆的基础设施、资源、服务等情况,2006 年开始对系统收集的数据进行统计分析并发布高校图书馆发展报告。2010 年教育部高校图工委秘书处召集专家,结合以往统计中出现的问题和高校图书馆发展的实际情况,对事实数据库的统计项目做出修订,调整层次结构,增删某些项目,明确项目定义,细化填报细则,并对高职高专、普通高校、入选"985 计划"和"211 工程"的高校图书馆,分别推出精简版、基本版和扩展版。新版高校图书馆事实数据库收集和保存图书馆在资源、服务、基础设施等方面定性和定量数据的能力大为加强,为高校图书馆的规范管理和评估提供了有力的保障。

随着电子出版、网络出版和图书馆数字化的发展,高等学校图书馆的数字资源收藏日益增加,数字化服务形式日渐丰富和多样。数字资源建设和数字化服务已成为高校图书馆资源建设和服务的重要组成部分,在高校教学、科研的文献需求保障方面发挥着日益重要的作用。此外,高校图书馆的合作不断加强,联合建设、联合保障的趋势凸显,各级各类图书馆联盟的涌现为图书馆提供了更多的服务选择和服务保障。共享能力高的图书馆可以为本校用户提供数百家机构的资源和服务,极大提升了本校用户的文献保障率。但是,现有高校图书馆评估标准规范依然主要立足于单馆自有基础的评估,缺乏服务形式、服务能力以及共享能力等方面的评估指标。对数字资源建设、数字化服务以及共享服务考量的不足,使得现有的标准规范并不足以完整反映现代化高校图书馆的服务能力和水平。在这种形式下,CALIS 提出了自己的评估体系框架,将评估重点定位在基于网络环境的数字资源和数字化服务的评估,同时强调对单个图书馆的整体评估和 CALIS 服务体系共享工作的评估。

三、评估目的

评估的目的在于以评估的结果为基础形成相应的对策,影响人们对被评估对象的心态与行为取向。评估目的准确无误的确定和对被评对象预期目标切合实际的认识,有助于科学地制定评估方案,为建立简明的指标体系,选择恰当的评估方法,收集必要的评估信息,开展准确的价值分析,得出清晰的评估结论等环节提供正确的途径和手段,并且能够在很大程度上指明评估方案的适用范围。CALIS 项目评估工作中重点考虑的是基于网络环境的数字资源和数字化服务的评估,同时强调对单个图书馆的整体评估和 CALIS 服务体系共享工作的评估,评估的目的有以下四个方面:

1. 考核项目建设情况

通过评估活动,对中国高等教育数字图书馆进行考核和测评,衡量建设和服务的方式方法是否合理,预见项目可能出现的情况与变化,正确认识项目投入、产出及其与期望目标值之间的关系,形成项目参与者所接受的评估指标体系,促进项目管理的规范化。

2. 指导项目未来规划

通过前评估、后评估和跟踪评估在内的各种评估活动提供的各种信息和数据支持,总结中国高等教育数字图书馆建设经验和绩效,发现项目建设中存在的疏漏、缺陷和问题,为今后的建设提供可行性依据,为项目决策提供基础和保障,为项目未来规划和向更高层次发展提供指导。

3. 促进信息资源和服务的共享

通过评估活动,测定中国高等教育数字图书馆资源建设和服务开展的水平和层次,揭示CALIS 项目建设的绩效,帮助人们认识资源共建共知共享的重要性,获得新的思维方式和新的发展思路,引起社会各界对项目建设的重视和监督,吸引更多的图书馆和社会信息服务机构加入 CALIS,促进信息资源在更大范围内的共享。

4. 为单体图书馆综合评估提供指导

通过评估活动,形成符合 CALIS 共享理念的单体数字图书馆资源和服务的评估指标体系框架,引导成员馆在 CALIS 的标准和规范体系下开展工作,为单体图书馆综合评估提供指导。

四、评估原则

评估活动是一项复杂的系统工程,涉及许多相互联系、相互影响而且不断发展变化的因素,实践证明,要客观、公正、科学、合理地开展评价活动,必须遵循以下原则:

1. 科学性

评估模型和评估指标的建立应具有科学依据,反映项目建设的客观规律、本质特征及其各个方面的内在关系。

2. 目的性

评估为决策提供相关信息,必须清楚理解评估的目的、性质和范围,适时选择和实施评估对象,制定合适的评估规划,保证评估按适当程序进行,确保及时完成任务,并考虑用经济有效的方法获取和分析必要的信息。

3. 实践性

评估活动应该简单易行,便于操作,以便得到参与者的积极支持和响应。特别需要指出的是,评估指标应该有代表性、可获取、含义明确,所用的数据应便于收集,便于计算机处理。

4. 可比性

评估应全面考虑技术、资源、人力各种因素,在正式评估之前,进行可评价性分析。在确定评估指标时,指标应尽可能量化,同类指标具有可比性,对定性指标也要通过一定的方式和途径进行恰当处理,达到定性与定量相结合的目的。

5. 公正性

为了增加评估的可信度,在评估过程的各个阶段(包括编制评价计划、确定评价权限和范围、组建评估工作组、实施评价、做出评价结论与提出评价建议)没有偏见、方法严谨,考虑所有利益相关者的意见。

6. 可持续性

要用发展的观点开展评估工作,以便对项目建设产生推动作用。在此基础上,形成具有前瞻性的评估指标体系和评估模型。

五、评估内容

中国高等教育数字图书馆的评估主要是对网络环境下数字资源建设和数字化服务开展

情况的评估,因此评估内容可分为资源评估和服务评估两类。其中资源是服务的基础,服务是对资源的开发利用,资源与服务相辅相成,互相促进。因此,对这两个要素的评估具有很强的关联性。

资源评估以各种形式的数字化资源为评估对象。这些数字资源主要有三类:第一类是高校图书馆集团采购或单独引进的国内外文献数据库,根据 2013 年统计数据,高校集团采购数据库 132 个,7055 馆次。其中:电子期刊数据库 44 个、电子图书数据库 12 个、全文数据库 18 个、事实与数值型数据库 22 个、文摘索引数据库 28 个、其他数据库 8 个;第二类是高校图书馆合作建设的数字化资源,如 CALIS 学位论文数据库、CALIS 联合目录数据库等;第三类是高校图书馆自行开发的数字资源,如各成员馆开发的古籍数据库、学位论文库、教学参考书等一系列特色资源。

数字化服务评估是指依据一定的标准(即指标体系)对数字化服务的基础条件和服务效益进行科学的测度和分析。通过评估可以为图书馆合理地选择电子资源,改进服务方式,提高用户满意度提供科学的依据。高等教育数字图书馆数字化服务评估的对象包括三个层面的含义:一是对个体图书馆数字化服务的整体评估,包括服务条件、服务政策、服务内容以及服务绩效等各方面的综合评估;二是对单种类型数字化服务的评估,如馆际互借与文献传递服务、咨询服务、检索服务等不同类型服务的评估等;三是对共享服务体系的评估,即强调数字化服务的共享,包括为共享建立的服务体系以及服务本身具备的共享能力和效益等,如CALIS 在数字资源建设和资源共享上的投入和产出的效益,CALIS 成员馆通过集团采购、联合服务所获得的收益,CALIS 联合建设的数字资源能够在多大范围内提供共享,等等。

在此基础上,还可以考虑根据单个图书馆的情况和需求,对其整体工作进行评估,构建出针对个体图书馆进行全面评估的指标体系。

六、评估方法

在实践中存在的多种评估方法都可以归纳为定性、定量和半定量三种。定性评估法就是凭借专家个人的判断定性评价对象的一种主观评价方法。这种评估方法一般分为多个等级,如 A、B、C、D、E 五级或者优、良、合格、不合格四级等。这种评估方法的主观性太大,由于各个专家的评价原则各异,难以达成统一,精确度不高,结果不客观。定量评价法就是借助于确定的量化指标,运用模型、曲线、公式等手段,将客观的数值作为评判依据的方法。这类方法克服了定性方法易受主观因素干扰、精确程度不高的缺点,但操作起来较为复杂。在实际应用中,一般是采用定性和定量方法相结合的方法,也就是半定量的方法。本部分给出了评估过程中常用的几种评估方法。

1. 多指标综合评价方法

多指标综合评价方法是把多个描述被评价事物不同方面且量纲不同的统计指标,转化成无量纲的相对评价值,并综合这些评价值得出对该事物一个整体评价的方法系统。多指标综合评价的结果,是对被评价事物一般水平或趋势的抽象程度较高的数量描述,这种描述具有整体性和全面性。多指标综合评价方法的基本作用在于:弥补统计指标体系方法的不足,便于被评价对象在不同时(空)间的整体性比较和排序。

多指标综合评价方法包括多个统计评价指标,它们应该包含被评价对象的全面信息。

其中每个指标分别描述被评价事物的各个不同方面,所以各评价指标的量纲可能是各不相同的,多指标综合评价就是把异量纲的指标实际值转化成无量纲的相对评价值,然后把各指标评价值合成在一起,得出一个整体性的评价,所有多指标综合评价方法不只是一个方法,而是一个方法系统。

多指标综合评价方法通过下面七个步骤开展评估工作,前四步是多指标综合评价的准备工作,第5、6两步是多指标综合评价的核心所在,第7步则是对综合评价结果的运用。具体为:①选取评价指标,建立评价指标体系;②根据被评价事物的实际情况,选定所用的无量纲化和合成公式;③确定指标的有关阈值和参数,如适度值、不允许值、满意值等,确定哪些阈值、参数要随无量纲化方法的不同而不同;④确定每个指标在评价指标体系中的权重;⑤将指标实际值转化为指标评价值,即无量纲化;⑥将各指标评价值合成,即加权平均,以得出综合评价值;⑦依综合评价值的大小,将各评价对象排序。

2. 层次分析法

层次分析法(AHP)是将与决策总是有关的元素分解成目标、准则、方案等层次,在此基础之上进行定性和定量分析的决策方法。这种方法的特点是在对复杂问题的本质、影响因素及其内在关系等进行深入分析的基础上,利用较少的定量信息使思维过程数学化,从而为多目标、多准则或无结构特性的复杂问题提供简便的分析方法。尤其适合于对结果难于直接准确计量的情景。

层次分析法通过下面五个步骤开展评估工作,具体为:①通过对系统的深刻认识,确定该系统的总目标,弄清规划决策所涉及的范围、所要采取的措施方案和政策、实现目标的准则、策略和各种约束条件等,广泛地收集信息;②建立一个多层次的递阶结构,按目标的不同、实现功能的差异,将系统分为几个等级层次;③确定以上递阶结构中相邻层次元素间相关程度。通过构造两两比较判断矩阵及矩阵运算的数学方法,确定对于上一层次的某个元素而言,本层次中与其相关元素的重要性排序——相对权值;④计算各层元素对系统目标的合成权重,进行总排序,以确定递阶结构图中最底层各个元素在总目标中的重要程度;⑤根据分析计算结果,考虑相应的决策。

3. 德尔菲法

德尔菲法(Delphi),又称专家法,是20世纪60年代初美国兰德公司的专家们为避免集体讨论存在的屈从于权威或盲目服从多数的缺陷提出的一种定性评估方法。德尔菲法是调查、征集意见、汇总分析、反馈、再调查,一个反复多次的过程。为消除相互影响,参加评估的专家互不了解,运用匿名方式反复多次提出意见和进行背靠背的交流。这样可以充分发挥专家们的智慧、知识和经验,最后汇总得出一个能比较反映群体意志的预测结果。

德尔菲法通过下面四个步骤开展评估工作,包括:①确定调查目的,拟订调查提纲。首先必须确定目标,拟订出要求专家回答问题的详细提纲,并同时向专家提供有关背景材料,包括预测目的、期限、调查表填写方法及其他要求等说明;②选择一批熟悉本专业领域的专家,一般至少为20人左右,包括理论和实践等各方面专家;③向各位选定的专家发出调查表,征询意见;④对返回的意见进行归纳综合、定量统计分析后再寄给有关专家,如此往复,经过三、四轮意见的比较集中后,进行数据处理与综合得出结果。

4. 抽样调查法

抽样调查法是按照一定方式,从调查总体中抽取部分样本进行调查,用样本结论说明总体情况的一种调查方法。抽样调查法的理论基础是概率论。常用的抽样方法有:

1)简单随机抽样。简单随机抽样方法与掷骰子或抽签的原理相同,因此,在这种方法中,任何个体单位被抽中的机会都是完全均等的。简单随机抽样需要对每个样本都编号,然后采用一个随机数字表。抽样时,可随机确定一个起始数字,之后向任意方向读数,直到选够所需样本数。

2)系统抽样。系统抽样也称等距抽样,抽样时,研究者可先随意选取一个样本作为起始样本,然后按一定间隔加以抽取。但是应当注意的是,其样本必须是随机排列的。否则,所采用的间隔一旦与样本排列的规律性相符,抽出的样本就不具有随机性了。这种方法较为简单省力。

3)分层抽样。当样本对象的性质差异比较大时,可以将对象按照一定属性预先分成若干类,这些类就是所谓的"层"。然后再对各层中的样本分别进行随机抽取。当样本属性差异太大时,可以分多层来进行抽样。这种方法可以使较大规模的调查变得较为简单,同时也便于对样本中的不同群体进行比较,调查的精确性也会有所提高。

4)多级抽样。就是当调查规模、样本数量太大时,可以对样本分为几级抽取对象,这样就使得大面积调查易于实施。应当注意的是,由于每抽取一级都会产生误差,级数越多误差越大,因此多级调查的分级一般不会超过三级。

5. 主成分法

主成分法是把多个指标约化为少数几个综合指标的一种统计分析方法。主成分法是通过一种降维的方法进行数据简化,从较多的指标中找出较少几个综合指标,使这些综合性指标尽可能反映原来指标的信息,并且之间互不相关。因此,主成分法是在众多指标中寻找综合指标的一种多元分析方法。

主成分法通过下面六个步骤开展评估工作,具体为:①给出样本数据阵计算均值和协差阵;②原始数据的标准化;③计算样本相关阵;④求 R 的特征值及相应的标准正交特征向量,确定主成分;⑤求方差贡献率,确定主成分个数;⑥对 m 个主成分进行综合评价。

6. 因子分析法

因子分析法通过对原始变量的标准化处理和数学变换,消除了指标间的相关影响,消除了由于指标分布不同,数值本身差异造成的不可比,从数据源头保证了评价的质量。因子分析法,既可避免信息量的重复,又克服了权重确定的主观性。因子分析法进行综合评价所用的权数属于信息量权数,它与根据评判者对指标自身重要程度的估价而确定估价权数不同,是从指标所含区分样本的信息量多少来确定指标的重要程度,是伴随数学变换过程生成的,并随着样本集合的变化而变化,不能人为调整。

因此,因子分析法能将构成指标体系的众多原始指标所载信息浓缩并转存到因子中,并可根据实际问题所要求的精度,通过对主因子数目的控制,调整转存信息量的大小。

7. DEA 法

DEA(Data Envelopment Analysis)法,即数据包络分析。它是以相对效率概念为基础,根据多指标投入和多指标产出对同类型单位进行相对有效性或效益评价的一种方法。在 DEA 模型中,每一分支都与其他分支进行比较,并计算一个效率比值,该比值是基于资源投入与产品/服务产出的比值来计算的。DEA 允许使用多投入和多产出,以得到效率比值。一方面,它对输入、输出数据几乎没什么要求,输入可以是任何形式的,输出只要是对人类有益的都可以,并且不受数据量纲的影响;另一方面,其计算结果很直观而且十分科学,能够实际反映评价对象的综合状况和潜在的竞争能力。

8. 评估方法论

面临一个实际的子项目建设、资源、服务、系统方面的评估问题,如何从众多的评估方法中选择出合适的方法得到客观合理的评估结果呢? 首先,评估目的和评估对象都由评估者本身确定,二者要具有一致性;其次,评估方法的选取要与评估者的目的相一致,充分体现评估者的评估目的和意愿;最后,要考虑评估方法与评估对象的特点相吻合。

多指标综合评价方法一般用于弥补统计指标体系方法的不足,便于被评价对象在不同时(空)间的整体性比较和排序。实际上,多指标综合评价方法处理的是一个多维空间,被评价对象相当于多维空间的若干个点,各个评价指标相当于用来衡量、刻度被评价事物的不同维度。

层次分析法主要运用在面对一个复杂的问题时先把目标、准则、方案措施分层划分出来,再做比较,后进行综合评价,通过计算可得出各指标的相对重要性,从而确定其权重,适用于系统效能评估。

德尔菲法是最流行的专家评估技术,在没有历史数据的情况下,这种方式适用于评定过去与将来、新技术与特定程序之间的差别,但专家“专”的程度及对项目的理解程度是工作中的难点。德尔菲法鼓励参加者就问题开展相互讨论,特别适用于难于集中专家同一时间到某地进行评估的情况。

抽样调查法适用于从全部对象中抽取一部分具有代表性的样本(普遍调查是全部对象;典型调查是典型对象),进行调查研究,从而推断调查整体。

主成分法是可以把多个指标约化为少数几个综合指标的评价方法。

用因子分析法作综合评价不仅可以给出排名顺序,还可以进一步探索影响排名次序的因素,从而找到进一步改善努力的方向,这是一般评价方法无法代替的。

DEA 法特别适用于对非单纯盈利的公共服务部门的评估分析,如学校、医院、图书馆等文化设施的评价。而且因子分析法和 DEA 法还可以用来消除指标间的相关影响,消除了由于指标分布不同,数值本身差异造成的不可比的情况。表 1 - 1 将各种评估方法适用的情况进行了总结。

表 1 - 1　评估方法适用情况

评估方法	适用情况
多指标综合评价法	评价对象在不同时(空)间的整体性比较和排序
层次分析法	系统效能评估
德尔菲法	对评估对象的主观评价
抽样调查法	抽取一部分具有代表性的样本,进行调查研究
主成分法	将多个指标约化为少数几个综合指标进行分析
因子分析法	探索影响排名次序的因素
DEA 法	对公共服务部门的评估分析

如果希望找到一种最优的评估方法,可以采用等级相关系数法对于不同评估方法所得的评估排序结果计算两两之间等级相关系数,如果某方法的结果与其他方法结果之间的等级相关系数都较大,则认为这一方法最优,也就是用该方法评估结果作为最终的评估结果。

七、评估指标体系构架

1. 指标的选取原则

选择合适的指标体系并使其量化是构架指标体系的关键之一。评价指标的选取是否合适,对评估结论有非常大的影响。为了保证选取指标的正确、科学和客观,在指标选取过程中要遵循如下的原则:

1)目的明确。指标的目的要明确,针对性要强,能够反映评估内容和评估对象的本质特征。注意不要将与评价内容和对象无关的指标选择进来。

2)内容完备。选择的指标要尽可能全面、有代表性,应覆盖评价目标所涉及的范围。需要注意的是,选择的评估指标不是越多越好,关键在于指标在评估中所起的作用的大小。评估指标太多或者太少,都会影响评估结果的客观性。指标太多,相互重复,缺少正交性,会造成结果的复杂性;指标太少,遗漏了一些重要的指标,会使评估结果片面。

3)便于统计测量,数据可靠,具有实践性。选取的指标能够通过数学计算、问卷调查、经验统计等方法得到具体数据,具有可操作性。

4)以定量指标为主,兼顾定性指标。一般来说,评估指标分为定性指标和定量指标两种。理论上讲,为了能够科学客观地反映评估结果,应该尽量选择定量指标。但是并不是所有的评估内容都可以用定量指标进行描述,所以为了全面地反映评估内容,也要采用一定的定性指标。

2. 指标体系构架方法

在高等教育数字图书馆评估指标体系构架的过程中,首先采用层次分析法将评估任务分解,确定分工。其次组建各个评估工作组,制定详细的评估计划。在此基础上,利用层次分析法的分析思路,将评估目标进行逐层分解,先由总目标到不同层次的分级指标,再由最后一层分级指标到末级可测指标,并确定评价指标集合。然后采用各种评估方法,如德尔菲法、主成分法、因子分析法等综合简化指标,形成基本指标体系。然后,完成将指标体系进一步归类分层,不断反复修改指标、征求意见、调整权值,最终确定高等教育数字图书馆评估指标体系的框架。

在实际的评估过程中,针对不同的评估项目,可以采取组合评估法对同样评估对象由不同评估方法所得的不同评估结果在此进行综合,得到一个最终的综合评估结果。比如,可以利用层次分析法构建综合分层指标体系,然后采用主成分法(PCA)对指标进行简化,消除原指标之间可能存在的相关关系,再用层次分析法的两两比较原则确定各指标的权值,以消除德尔菲法中主观的影响。在分层指标体系上,分别运用上述几种方法,计算定量指标,评估定性指标,最后按一定的综合法则进行加权合成,得到评估结果。

3. 指标描述

借鉴 ISO 11620 的描述框架,并考虑 CALIS 的实际情况,指标体系的定义应由六个方面组成:①指标名称,②定义,③目的,④方法,⑤影响指标的解释和因素,⑥二级指标;其中前五个方面是必备内容,第六个方面仅限于一级指标使用。

1)名称:每一个指标包括一个唯一的,描述性的名称。

2)目的:每个指标应该有明确的目的,根据对服务、活动和资源等估计的使用结果进行描述。

3)定义:根据收集的数据和(或)已建立起来的数据间的关系来唯一定义每个业绩指标。

4)方法:对收集的数据和用到的计算方法进行描述。

5)影响指标的解释和因素:影响评估结果的内部或外部因素。同时提供信息,提示采取什么行动使结果产生可预料的变化

6)二级指标(可选项):仅限于一级指标使用,每个一级指标可有若干二级指标。

4. 通用的指标计算方法

表1-2 通用指标计算方法

计算方法	名称	公式	说明
方法1	百分比	$C = A/B \times 100\%$	A = 实际值;B = 预期值;C = 百分比
方法2	多项选择	非常满意;满意;比较满意;比较不满意;不满意;非常不满意	如果总分定为10分,非常满意得10分;满意得8分;比较满意得6分;比较不满意得4分;不满意得2分;非常不满意得0分
方法3	分值叠加	$C = A \times B;$	A = 每合格一项的分值;B = 合格的项数(C > D 为合格,其中 D 为阈值);C = 实际分值
方法4	分值扣除	$C = D - A \times B$	A = 每不合格一项的分值;B = 不合格的项数(C > E 为合格,其中 E 为阈值);C = 实际分值;D = 总分值

续表

计算方法	名称	公式	说明
方法5	平均值	$C = (A + B)/2$	$A=$最小值；$B=$最大值；$C=$平均值
方法6	取样	$C = (A/B) \times D$	$A=$样例范围内的有效数值；$B=$样例包含的总数值；$D=$实际总量
方法7	人工定制	—	—

5. 权值确定方法论

（1）多专家意见横向综合法

多个评估专家意见横向综合可参考公式如下：

$$X_j = \sum_{i=1}^{N} (W_{专家ij} X S_{专家ij}) \Big/ \sum_{i=1}^{N} W_{专家ij}$$

式中：

X_j——N 个专家对第 j 项指标的综合评分值；W 专家 ij——专家 i 针对第 j 项指标的权重系数；S 专家 ij——专家 i 对第 j 项指标的评分值；N——专家数，通常 N≥5；专家权重系数 W 专家 ij 在 0 至 4 间动态取值，与专家 i 对该项目第 j 项指标方面的熟悉程度成正比，同一专家在项目不同评价方面的系数可不一样。专家权重系数可参考下表：

表 1－3　多个专家意见横向综合时的专家权重系数参考值

专家熟悉程度	熟悉	较熟悉	一般	不太熟悉	不熟悉
W 专家	4	3	2	1	0

有必要指出，在确定专家权重系数时，除了考虑专家的熟悉程度外，还应适当考虑专家的专业背景、评估态度以及评估机构所掌握的该专家其他一些信息等。

（2）抽样调查法

根据已初步拟定的指标体系，利用德尔菲法整理的调查问卷，采用抽样调查法，访谈一线工作人员，收集调查问卷，统计调查数据，撰写调查报告，确定指标权值。访谈重点是工作人员对各指标权重的看法。

同时，可以采用抽样调查法选择子项目服务主要服务对象进行访谈，访谈重点也是用户对各指标权重的看法。整理访谈报告，确定指标权值。

6. 确定指标权值

1）根据初步确定的评估指标体系，反复采用多专家意见横向综合法和抽样调查法不断调整，最终确定各指标权重值。

2）形成完整的指标评价体系，包括指标权值的给定。

3）采用德尔菲法，从全局上调整整个指标体系权值的赋值。

4）选取某局部数据进行评估实验。将具体数值的计算和相关指标的评估结果与评估目标相比较，根据试验结果及时改进评估方法，调整各评估指标的权重，完善评估指标体系。

7. 指标体系构架流程图

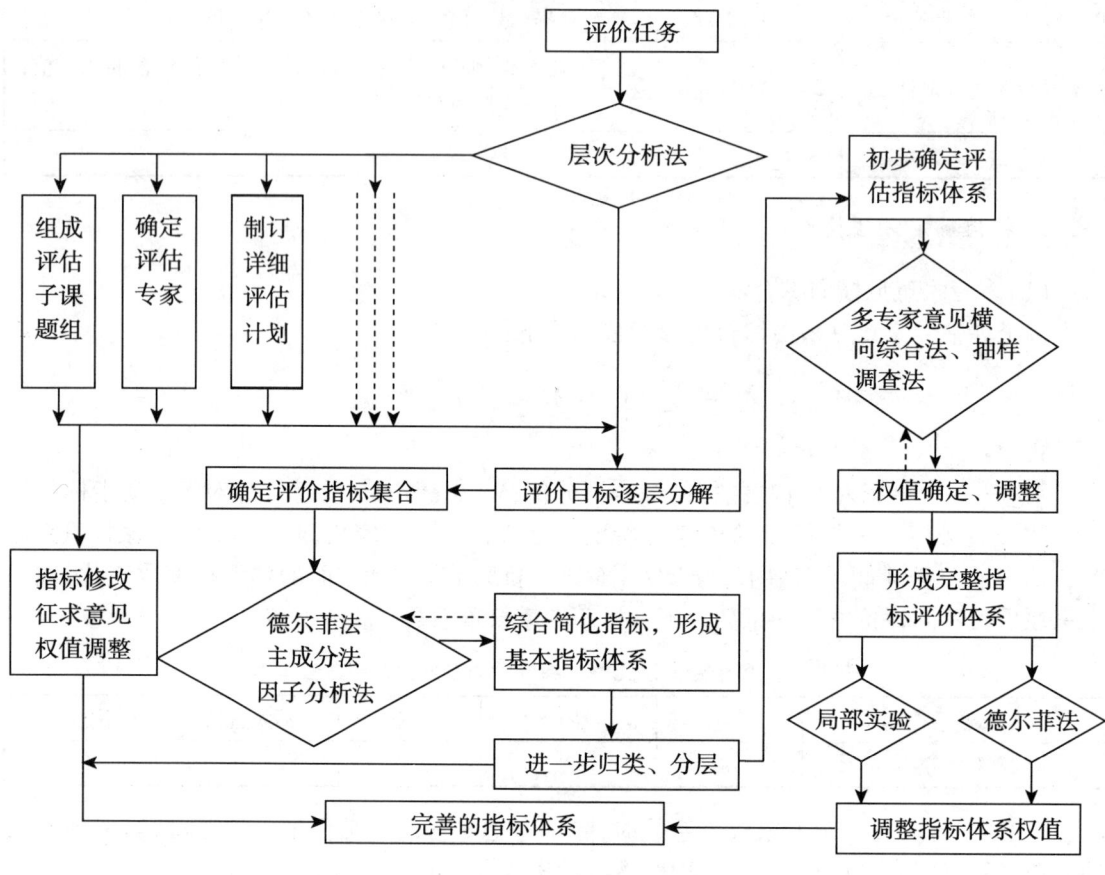

图1-1　指标体系架构流程

八、评估过程和实施

评估活动依据一定的程序和评价标准,采用特定的指标体系,对被评估对象进行实事求是的分析、比较和判断。每一项评估的设计、计划和实施,主要包括以下流程:

1. 确定评估对象和内容

确定评估对象和内容是评估的首要环节,也是最重要的环节。如果没有明确的对象,评估工作就无从着手,或者导致整个评估工作走偏方向。由于一项评估涉及许多因素,在确定评估对象和内容时,除了应遵循一般的评估原则外,还应同时注意到评估对象各因素的相关性、可比性等问题。只有注意到这些错综复杂的关系,遵循评估原则,才能正确地确定评估对象,做出符合客观实际的评价。

由于评估对象往往具有多重性。在具体操作时,应把评估内容集中在决定全局利益的问题上;要根据具体情况,按照主要性原则分清评估内容的主次。当发生冲突时,应以局部利益服从全局利益,以次要目标服从主要目标。

2. 建立评估指标体系

指标体系规定了评估的具体方面、内容和它们的逻辑系统，是评估对象有关属性的分解，也是整个评估方案的核心。评价指标设计是否恰当，对评估工作的质量起着决定性的作用。

在设计指标体系的过程中，首先要弄清楚指标体系的特点、结构、设计原则、设计方法，以及应注意的相互联系；其次从目标到指标逐层分解，先由总目标到不同层次的分级目标，再由最后一层分级指标到末级可测指标。所以指标体系建立的过程，是对评估对象进行深刻分析和认识的过程，是对评估对象的总体认识转化为各个局部方面的认识过程，同时也是人们价值认识取得一致的过程。

3. 确定评估模型和指标权重

评估模型是否合理将直接关系到评估结果的可信度和有效性。评估模型的确定是依照一种或几种评估方法，将定性评估指标和定量评估指标，按照一定的配置关系所进行的全面综合。也就是说，是人们使用层次分析法等方法将全部定性和定量指标集成为一个评估指标体系的有机整体。一般人们需要按评估指标体系和具体指标的含义与规定去选取和构造适宜的评估模型，确定各项评估指标的权重，最终得到项目评估结果。

评估指标的权重一般根据具体指标在评估中的相对重要性选择某种方法去确定，这是评估模型建立的重要步骤。评估指标权重既可以使用定性的专家经验判定方法确定，也可以使用定量的数据处理法确定，其中最常用的方法有定性的德尔菲法，定量的主因素分析法以及定性定量结合的层次分析法等。对于这些具体方法的选用要根据项目本身的独特要求和项目综合评估的需要。需要注意的是，不管选用哪种评估指标，权重的确定方法都需要做"正交化"处理，以防止评估指标权重的重叠性和评估指标体系的非正交化。

4. 数据样本实验和评估模型调整

任何评估过程，都是一个反复深化、不断创新的过程，不可能一蹴而就。任何评估模型的建立，必须要通过实践建议，并根据实际情况进行必要的修正。在评估模型确立的过程中，一般情况下，要在小范围内采集数据，对样本数据开展试验性评估，开展系统的、完备的、定量和定性的统计分析，确定评估方案的可行性，并且随着评估过程的进行不断完善和优化评估方案，保证评估指标体系的客观性与实用性。

5. 数据采集或获取方法

评估信息的获取是评估工作的一个重要组成部分。因为只有在充分可靠的信息基础上，才能正确地做出价值判断。在搜集信息资料时，应当注意仔细鉴别，并务求准确、及时和先进。开展评估活动所需的信息资料的来源主要包括以下几种：

1）通过问卷调查获取。这是信息采集的重要方法，信息工作者向被调查者发放事先设计好的调查表并由被调查者填写，通过调查表的回收和处理来获取所需要的信息资源。问卷调查的质量和效果一方面取决于调查表的设计质量和效果，另一方面还要取决于被调查者的配合及响应程度。调查表回收率的高低直接影响到信息搜集的效果，为了提高被调查者的响应度,调查表应当尽量简明,便于回答,便于填写。例如资源使用和服务提供的满意度调查等。

2)通过收集资料获取。已有的信息资料可以直接获取,应当尽量利用。例如数据库的购买价格,参加培训的人数等数据的获取。

3)通过设备统计获取。由于电子资源的使用和服务依托计算机、移动终端和网络,所以电子资源在使用和服务过程的原始数据可以通过计算机等设备的日志文件自动获取。例如数据库的使用统计,包括浏览、检索、下载次数等数据的获取。

4)通过访谈获取。通过直接面谈(访谈)和电话采访的方式向受访者询问以获得所需信息的方法。这两种访问调查方式各有特点,应根据实际情况和需要灵活选择。无论是哪种方式,都应当事先拟定调研提纲,选好采访对象和采访时间。为了提高采访效率,还应当掌握一定的采访技巧,使受访者愿意配合,主动提供有关信息。例如对资源内容和质量的定性评价等数据的获取。

6. 比较、分析与评价

在数据采集的基础上,对评估对象进行比较、分析和评价,主要通过下面四个步骤进行:

1)整理评估资料。对评估对象进行评价的首要工作是由评估活动的组织者对评估过程中的资料、数据和信息进行全面的整理与汇总。这包括对所做出的各种评估结果的检查、核实、整理和归类等一系列的信息整理工作。然后才能够在此基础上整理成书面材料,作为评估的基础材料。

2)比较分析数据。这一步的核心工作是对评估过程中得到的各种数据进行有机的集成和综合,从不同角度和方面去了解评估对象,在对评估对象进行系统分析的基础上,给出一个完整的评价和描述。

3)做出评估结论和建议。给出评估结果是一种结论性的工作。评估者要根据评估阶段性结果和评估最终结果,做出对评估对象整体性和结论性的意见,并且要根据在评估活动所发现的问题而提出相应的建议,以便相关部门采取相应的措施。

4)编写评估报告。对评估对象经过认真评价后,评估的最后一个步骤是撰写并提交评估报告。评估报告一般要交代评估的目的、目标、背景、主要内容等,介绍评估的方法及其局限性,详细地说明过程,给出评估的主要结论和建议,同时总结经验教训。具体来说每份评估报告主要包括如下几个部分:

- 评估目的:开展评估的目的和具体想法。
- 评估内容和对象:对评估内容和评估对象进行解释和说明。
- 评估指标:根据评估对象,设计合适的评估指标。
- 评估方法:针对具体的评估内容和对象,采取的主要评估方法。
- 评估程序:包括评估数据的收集、评估步骤和评估过程等。
- 评估分析:给出评估对象的总体定性和定量评估结果,分析主要评估指标,总结影响评估结果的主要因素。
- 评估结论:总结评估的主要意义和影响,以及评估结果对未来工作的指导意义。

7. 评估活动的实施

评估活动是一项工作量大、涉及知识面广的工作,有效的组织实施是完成这一工作的重要保障。所谓评估的组织实施,就是根据人力、物力、财力和时间状况以及评估目标和评估对象的特点与要求合理调配各类资源以保证评估活动按既定的进度要求保质保量、有条不紊地进行。评估活动需要考虑的要点有以下几个方面:

1)选择评估对象,设计评估指标体系。

2)对指标进行归一化和正交化处理,给出指标权重,确定评估模型。

3)在小范围内进行试验,根据实际情况,对评估模型进行调整。

4)对评估对象开展调查统计,获得实际可操作的指标具体数值。

5)根据每个指标计算方法,对指标进行量化处理。

6)整理评估数据,分析评估指标,总结评估效果。

7)完成评估报告。

九、术语和定义

本书采用了下列术语和定义,本书中的术语以汉语拼音顺序排列。

1. 保障式资源建设

保障式资源建设是 CALIS 为弥补我国高校图书馆馆藏建设的不足,所采用的一种资源建设方式和方法,特指 CALIS 以补贴方式鼓励全国中心、地区中心分别购买的彼此间不重复、对高校比较重要、一次性投入永久受益的外文全文数据库。通过这个方式购买的保障式全文数据库可通过文献传递等方式面向其他成员馆提供服务。

2. 编目外包

编目外包是指通过委托契约将图书馆文献编目工作交由专门的外包公司来完成的编目形式。

3. 标准化的电子资源使用统计获取(SUSHI)协议

SUSHI 协议(The Standardized Usage Statistics Harvesting Initiative protocol)是基于 Web 的 SOAP(Simple Object Access Protocol)协议,为获取网络电子资源的用户使用统计报告提供自动化的数据交换方法。

4. 层次分析法(AHP)

层次分析法(Analytic Hierarchy Process,AHP)是将与决策有关的元素分解成目标、准则、方案等层次,在此基础之上进行定性和定量分析的决策方法。这种方法的特点是在对复杂问题的本质、影响因素及其内在关系等进行深入分析的基础上,利用较少的定量信息使思维过程数学化,从而为多目标、多准则或无结构特性的复杂问题提供简便的分析方法。尤其适合于对结果难于直接准确计量的情景。

5. 抽样调查法

抽样调查法是按照一定方式,从调查总体中抽取部分样本进行调查,用样本结论说明总体情况的一种调查方法。

6. 代查代检

代查代检服务是机构(如图书馆或者共建共享组织)为了方便用户获取所需文献资源,由机构信息服务人员根据用户提出的具体信息检索要求,为用户提供检索结果的一项服务。

7. 德尔菲法(Delphi)

德尔菲法(Delphi method,Delphi),又称专家法,是20世纪60年代初美国兰德公司的专家们为避免集体讨论存在的屈从于权威或盲目服从多数的缺陷提出的一种定性评估方法。德尔菲法是一个将"调查、征集意见、汇总分析、反馈、再调查"反复多次的过程。为消除相互影响,参加评估的专家互不了解,运用匿名方式反复多次提出意见和进行背靠背的交流。

8. 定量指标

定量指标是可以准确数量定义、精确衡量并能设定绩效目标的考核指标。

9. 定性指标

定性指标是指无法直接通过数据计算分析评价内容,需对评价对象进行客观描述和分析来反映评价结果的指标。

10. 电子期刊数据库(e-journal Database)

电子期刊,指以数字(或称电子)形式出版发行的期刊。分为两种类型,一种是印刷性期刊的电子版;一种为原生数字资源,即只在互联网上发行的纯电子期刊。电子期刊数据库是指计算机可读的、有组织的提供期刊内容和信息的数字资源库。

11. 电子图书数据库(e-book database)

电子图书是以互联网络为流通渠道,以数字化内容为流通介质,以网上支付为主要交换方式,是基于网络的出版发行和阅读方式。电子图书数据库是指计算机可读的、有组织的提供图书内容和信息的数字资源库。

12. 都柏林核心(DC)

都柏林核心(Dublin Core,DC),全称为都柏林核心集(Dublin Core Elements Set),是OCLC组织专家设计和开发的元数据元素集,具有简练、易于理解、可扩展、能与其他元数据格式(如MARC)进行转换等特征,能较好地解决网络资源的发现、控制和管理问题,并正在逐步发展成为世界公认的标准。

13. 多指标综合评价方法

多指标综合评价方法是把多个描述被评价事物不同方面且量纲不同的统计指标,转化成无量纲的相对评价值,并综合这些评价值得出对该事物一个整体评价的方法系统。多指标综合评价的结果,是对被评价事物一般水平或趋势的抽象程度较高的数量描述,这种描述具有整体性和全面性。

14. e 读

e 读是 CALIS 推出的学术资源发现系统,用于检索、发现、获取中国高校图书馆的馆藏资源。e 读可以一站式检索中外文图书、中外文期刊目次、中外文学位论文、中文报纸、工具书、年鉴条目、特色资源等多种资源的元数据,部分资源还面向成员馆提供章节试读和全文服务。

15. 服务共享体系评估

服务共享体系评估是指依据一定的评估指标体系对机构(如图书馆或者共建共享组织)共享服务的组织形式、运作机制、共享范围、服务效果等内容进行的测度和分析。

16. 服务绩效评估

服务绩效评估是指对机构(如图书馆或者共建共享组织)数字化服务的效能、效率、利用以及适应程度的测评程序。

17. 服务内容评估

服务内容评估指对机构(如图书馆或者共建共享组织)数字化服务内容的多样性、可靠性、便捷性、友好性等进行评估,包括信息检索、文献提供、参考咨询等服务形式。

18. 服务条件评估

服务条件评估指对机构(如图书馆或者共建共享组织)数字化服务相关基础条件的评估,包括基础设施、人力资源等。

19. 服务政策评估

服务政策评估指对机构(如图书馆或者共建共享组织)数字化服务相关政策的合理性和有效性等进行评估,具体包括服务政策是否对服务范围、使用权限、用户隐私保护、知识产权保护等做出明确的规定,对用户的某些限制性规定是否合理等。

20. 高校图书馆数字资源采购联盟(DRAA)

高校图书馆数字资源采购联盟(Digital Resource Acquisition Alliance of Chinese Academic Libraries,DRAA),由中国部分高等学校图书馆共同发起成立,由成员馆、理事会、秘书处组成。DRAA 的宗旨为团结合作开展引进数字资源的采购工作,规范引进资源集团采购行为,通过联盟的努力为成员馆引进数字学术资源,谋求最优价格和最佳服务。

21. 跟踪评估

跟踪评估是指在项目或活动等实施和运行阶段及时组织力量,对建设情况等进行持续调查、分析和评价。

22. 共享版软件

共享版软件指 CALIS 开发的一系列通过软件即服务(Software as a Service,简称 SaaS)模式提供给成员馆的软件,包括馆际互借系统、统一认证系统、特色库系统等。共享版系统通常安装在 CALIS 管理中心或者 CALIS 共享域中心,由中心技术人员负责运维,成员馆通过远程方式使用。

23. 共享能力评估

共享能力评估指机构(如图书馆或者共建共享组织)利用外部平台和资源构建自身服务能力的评估。例如,对机构利用馆际互借和文献传递服务所带来的服务效益和经济效益的评估等。

24. 共享式资源建设

共享式资源建设指 CALIS 以补贴方式引导图书馆开展资源共享的一种方式和方法。具体做法是参加采购的成员馆每馆购买数据库的一部分内容或不同的文献,合并成一个数据库后,集中起来由参加集团采购的单位共同使用。如 PQDT、Netlibrary、Myilibrary 等。

25. 古籍数据库

古籍是指以纸为载体抄写或印刷的中国古代图书,通常是指 1911 年之前成书的图书。古籍数据库是指计算机可读的、有组织的提供古籍内容和信息的数字资源库。

26. 古文献数据库

古文献数据库指 CALIS 项目建设的"高校古文献资源库"。该库是一个汇集高校古文献资源的数字图书馆,由北京大学图书馆牵头,联合国内 23 家高等院校图书馆合力建设。资源库中的古文献类型目前为各馆所藏古籍和舆图。资源库内容不仅包括各参建馆所藏古文献资源的署名记录,还配有相应的书影或图像式电子图书。"学苑汲古"是该资源库的发布和服务平台。

27. 汉语主题词表

显示主题词与词间语义关系的规范化动态性的检索语言词表。1980 年由中国科学技术信息研究所与北京图书馆(今国家图书馆)主编,科学技术文献出版社出版。《汉语主题词表》收词量大、编制体例规范,是主题标引、检索和组织目录索引的主要工具。

28. 后评估

后评估是指在项目、活动等已经完成并运行一段时间后,对目的、执行过程、效益、作用和影响进行系统地、客观地分析和总结的一种技术经济活动。

29. 集团采购

集团采购是指多个机构(如图书馆或者共建共享组织)组织起来联合采购某种资源,以最少的经费,获取最优价格、最佳服务和最符合需求的资源。如 CALIS 和 DRAA 组织的引进数据库集团采购活动。

30. 教学参考书数据库

教学参考书是高校教师为开拓学生视野、培养学生自学能力,在教学过程中指定学生必读的辅助教材,是高校图书馆特有的一种文献类型。教学参考书数据库是指计算机可读的、有组织的提供教学参考书内容和信息的数字资源库。

31. 镜像数据库

镜像数据库是指在网上内容完全相同而且同步更新的两个或多个数据库,其目的是为了在主服务器不能服务的时候提供服务或是提升异地访问的速度。

32. 开放链接(OpenURL)接口

OpenURL 是一种解决不同的数字资源系统互操作、进行资源整合的方法,也是一项技术标准。OpenURL 接口提供带有元数据信息和资源地址信息的可运行的 URL,可用来解决二次文献数据库到原文服务的动态链接问题。

33. 可持续发展能力评估

可持续发展评估指对数字资源和服务的可持续使用和可持续服务能力的评估。

34. 联合目录数据库

联合目录数据库指包括两所或两所以上图书馆馆藏文献记录目录的数据库。CALIS 联合目录数据库建设始于 1997 年。秉承"高标准、高品质、高时效、高普及"的建设方针,截止到 2014 年,该数据库已拥有 623 万条书目与规范记录,服务于 863 家成员单位,成为国内高校图书馆编目工作不可或缺的编目数据源和国外图书馆中文书目数据的重要来源之一。

35. 联机编目

联机编目是指利用计算机和网络,由多个机构(如图书馆或者共建共享组织)共同编目,合作建立具有统一标准的书刊联合目录数据库。在此基础上实现联机共享编目,从而大大减少重复劳动,提高文献信息编目加工的效率和书目数据质量。

36. MARC21

MARC21 是由美国国会图书馆和加拿大国家图书馆共同完成的,是 USMARC 与 CAN/MARC 一体化后的新 MARC 格式,现为美、英、法、加等许多国家所应用。它是一种一体化格式,可用于描述、检索各种类型的文献;同时它也是一种重要交换格式,能与 UKMARC、UNI-MARC 等标准格式兼容。

37. 目录

图书、期刊、地图以及其他特藏资料以一定的顺序,通常是以作者、题名和主题等方式进行组织,以便于检索。目录也指存储在计算机硬盘或其他存储设备上的文档目录,以等级树顺序排列,便于用户存取和管理,最高级目录为根目录。

38. 前评估

前评估是指在项目、活动等的前期决策阶段，从全局出发，对目标、基础环境、方案、可行性等内容进行分析。

39. 全文数据库（Full-text Database）

全文数据库即收录有原始文献全文的数据库，集文献检索与全文提供于一体，即用户可以直接检索并获取原始文献。包括期刊文章全文库、商业信息和统计报告全文库、法律法规和案例全文库、混合型全文数据库等。

40. 善本

善本是指一种珍贵难得、复本极少而又极具价值、内容精辟的古书刻本、写本。

41. 事实数据库（Factual Database）

事实数据库指包含大量数据、事实，直接提供原始资源的数据库，又分为数值数据库（numeric database）、指南数据库（directory database）、术语数据库（terminological database）等，相当于印刷型文献中的字典、辞典、手册、年鉴、百科全书、组织机构指南、人名录、公式与数表、图册（集）等。数值数据库，专指以数值方式表示数据，如统计数据库、化学反应库等。

42. 数据包络分析法（DEA）

数据包络分析（Data Envelopment Analysis，DEA）是以相对效率概念为基础，根据多指标投入和多指标产出对同类型单位进行相对有效性或效益评价的一种方法。

43. 数据采集

数据采集，又称数据获取，一种是从各类数据源收集、识别和选取数据的过程。采集的数据类型主要观测数据、分析测量数据、科学计算数据、统计调查数据等。

44. 书目数据库

是指存储二次文献信息的数据库，也称二次文献数据库。可分为题录数据库、目录数据库、索引与文摘数据库等。主要提供文献检索服务，一般通过作者、题名、主题词、关键词等进行检索。

45. 书影

书影是显示书刊的版式和部分内容的印刷物。书影所起的作用是向读者展示和介绍一本书的样式，尤其多用于古籍的珍本展示。现在出版书影的目的主要是为版本目录学研究之用。

46. 数字（虚拟）参考咨询

数字参考咨询，也称为虚拟参考咨询，是电子形式的咨询服务，常常以实时形式产生，用户利用计算机或其他网络技术与图书馆员交流,而无需亲自到图书馆。数字参考咨询服务中经常利用的渠道包括实时问答、语音协议(VoIP)、社交网络、电子邮件等。

47. 数字化服务

数字化服务是机构(如图书馆或者共建共享组织)指依托数字化资源、采用数字化手段,为读者(或用户)提供的服务。

48. 数字化服务评估

数字化服务评估是指依据一定的标准(即指标体系)对机构(如图书馆或者共建共享组织)数字化服务的基础条件、服务政策、服务内容、服务效益、共享服务等进行科学的测度和分析。通过评估可以为机构合理地选择数字资源,改进服务方式,提高用户满意度等提供科学的依据。包括但不限于个体图书馆数字化服务的整体评估、单种类型数字化服务的评估、机构共享服务体系的评估等。

49. 数字图书馆

数字图书馆是传统图书馆功能的扩展,它对信息进行搜集、转换、描述,并以计算机可处理的形式存储信息,以智能化的信息检索和统一友好的检索界面,利用信息处理技术和互联的计算机网络,提供多种语言兼容的多媒体远程数字信息服务。

50. 数字资源评估

数字资源评估是指依据一定的标准(即指标体系)对机构(如图书馆或者共建共享组织)数字资源的数量和规模、内容和质量、体系与结构优化、信息组织能力、可持续发展能力、所产生的效益、共享能力等进行科学的测度和分析。通过评估可以为机构合理地选择数字资源,改进服务方式,提高用户满意度等提供科学的依据。包括但不限于对机构合作建设的数字化资源、集团采购的国内外文献数据库、机构之间资源共享状况、机构自行开发或单独引进的数字化资源等的评估。

51. 索引

索引是指按字母顺序排列的人名、地名和印刷品内容名称,并在每个名称后面注上页码,用以指引、指导读者或方便读者寻找资料。也指文件或资料的一种目录表,其中包括查找这些内容的关键词和引用标识。或是表示用来查找索引顺序数据集或索引文件中的记录的一种表。

52. 拓片

拓片是从碑刻、铜器等文物上拓印下其形状、文字或图画的纸片。

53. 特色数据库

特色数据库是指依托馆藏信息资源,针对用户的信息需求,对某一学科或者某一专题有利用价值的信息进行收集、分析、评价、处理、存储,并按照一定的标准和规范将本机构(如图书馆或者共建共享组织)的特色资源数字化,以满足用户个性化需求的信息资源库。

54. 题录

题录是指一组著录项目形成的反映某一文献形式特征的一条记录,主要包括题名项、责任者项和出处项等。

55. 统一检索

统一检索是指用户使用一个检索指令在统一的界面上一次查得所需的文献或信息,通常是指异构数据库跨平台文献或信息的检索。

56. 图书馆联盟

图书馆联盟是指图书馆之间通过某种协议建立起来的旨在降低成本、共享资源、利益互惠的一种联合体,它是信息技术发展或图书馆投资紧缺而产生的一种共享需求。图书馆联盟以共享理念为出发点,以资源建设为基础,以信息技术的发展为支撑,以组织制度为保证,以提供共享服务为目的。

57. CALIS 外文期刊网(CCC)

CALIS 外文期刊网(CALIS Current Content database,CCC)是 CALIS 推出的面向全国高校广大师生的一个外文期刊综合服务平台。它为普通用户获取外文期刊论文提供文献获取途径,为图书馆员提供基础数据源和期刊管理平台。截止到 2014 年年底,该平台收录近 10 万余种高校收藏的纸本期刊和电子期刊信息,其中有 4 万多种期刊的文章篇名信息周更新,期刊文章的篇名目次信息量达 8000 多万条。

58. 网络电子资源在线使用统计(COUNTER)标准

COUNTER(Counting Online Usage Network Electronic Resources)是由图书馆界、出版界和中间商共同发起的研究项目,其目的在于为在线信息服务商和用户提供可靠的、一致的、兼容的使用数据,建立开放的、国际化的标准协议,从而促进在线使用数据的记录、转换和解释。COUNTER 涉及主要的电子类型,如期刊、数据库、图书、工具书、多媒体资源 等。COUNTER 标准由 Counter Onlien Metrice(在英国注册的非营利性公司)研发和管理。

59. 文献保障率

文献保障率是一个国家、地区或机构(如图书馆或者共建共享组织)供给文献,满足文献情报需求以支持经济建设、社会发展和科学研究的能力。它是一定时期内"可提供文献种数"与"用户使用文献种数"的一个比率,是与某个国家、地区或机构的读者使用文献情况分不开的。

60. 文献传递(document delivery)

文献传递是机构(如图书馆或者共建共享组织)根据读者的要求,直接或间接向他们提供所需文献的服务方式,是通过馆际互借等渠道开展的非返还式的文献提供服务。

61. 文献联合保障体系

文献联合保障体系是通过有组织的机构(如图书馆或者共建共享组织)协作而形成的文献整体保障模式。既有统一的规划和管理,又有各机构在资源、系统和人力等方面的配合和协调,从而提高文献保障的综合实力。

62. 文献满足率

文献满足率特指机构(如图书馆或者共建共享组织)通过馆际互借和文献传递等文献提供服务,获得外部文献(如外馆、未订购数据库文献)和读者对外部文献需求的比例。

63. 文献提供服务

文献提供服务指机构(如图书馆或者共建共享组织)向读者提供其所需文献的服务,包括本机构的文献以及通过馆际互借与文献传递、单篇订购、按需印刷、代查代检等方式获取的文献。

64. 学位论文数据库

学位论文是指为了获得所修学位,按要求被授予学位的人所撰写的论文,是机构的特有资源。根据《中华人民共和国学位条例》的规定,学位论文分为学士论文、硕士论文、博士论文三种。学位论文数据库是指计算机可读的、有组织的提供学位论文内容和信息的数字资源库。

65. 引进数据库资源(Imported Database)

引进数据库资源指机构(如图书馆或者共建共享组织)采购的国外数据库资源。

66. 因子分析法

因子分析法是把变量表示成各因子的线性组合,通过对原始变量的标准化处理和数学变换,消除指标间的相关影响,消除由于指标分布不同,数值本身差异造成的不可比,从数据源头保证评价的质量。

67. 舆图

舆图是指古代地图。

68. 原生资源建设(Born Digital Database)

原生资源特指各机构在教学科研过程中,形成的大量文献信息资源。原生资源建设则指对这些原生资源的收集、整理、加工和利用。

69. 元数据仓储(Metadata Repository)

元数据是描述信息资源或数据等对象的数据。元数据仓储通常是在数据库已经大量存在的情况下,为了进一步挖掘数据资源、在对原有分散的数据库数据抽取、清理的基础上经过系统加工、汇总和整理得到的元数据仓库。

70. 元数据整合检索

元数据整合检索是指用户使用一个检索指令在统一的界面上一次查得所有的元数据，通常是指异构数据库跨平台文献或信息的元数据。

71. 元搜索（MetaSearch）接口

MetaSearch 接口是一种调用独立搜索引擎的接口，以便用户对这些独立搜索引擎进行整合、调用、控制和优化利用。

72. 云服务

云服务指基于云计算的产生的各项服务，主要包括 SaaS（软件即服务）、PaaS（平台即服务）和 IaaS（基础设施即服务）在内的三种云计算的应用模式。CALIS 云服务平台通过构建大型分布式的公共数字图书馆服务网络，把互联网中的各个机构（如图书馆或者共建共享组织）的资源和服务整合成为一个整体，形成一个可控的新型的服务体系，满足不同层次和规模的数字图书馆需求，支持馆际透明的协作和服务获取，支持多机构的资源共建和共享。

73. 指标权重

指标权重指某被测对象各个考察指标在整体中价值的高低和相对重要的程度以及所占比例的大小量化值。

74. 指标属性

指标属性是指评估指标的定性或定量属性。

75. 中国高等教育数字图书馆（CADLIS）

中国高等教育数字图书馆（China Academic Digital Library & Information System）是 CALIS 的建设成果，其核心任务是为高等教育领域的最终用户（包括高校教学科研用户、政府机构和教学科研管理机构用户）提供支持国内外海量文献信息检索获取和信息交流的网络应用平台和服务。

76. 中国高等教育文献保障系统（CALIS）

中国高等教育文献保障系统（China Academic Library & Information System，CALIS）是经国务院批准，由教育部领导的我国高等教育"211 工程"的公共服务体系之一。CALIS 的宗旨是，在教育部的领导下，把国家的投资、现代图书馆理念、先进的技术手段、高校丰富的文献资源和人力资源整合起来，建设以中国高等教育数字图书馆为核心的文献联合保障体系，实现信息资源共建、共知、共享，以发挥最大的社会效益和经济效益，为中国的高等教育服务。CALIS 从 1998 年开始建设，现在已经发展成为一个拥有 1800 多所成员馆的高校图书馆联盟。

77. 中国图书馆图书分类法

中国图书馆图书分类法是一部具有代表性的大型综合性分类法,简称"中图法"。该分类法与国内其他分类法相比,编制产生年代较晚,但发展很快,不仅系统得总结了中国分类法的编制经验,而且还吸取了国外分类法的编制理论和技术。

78. 主成分法

主成分法是把多个指标约化为少数几个综合指标的一种统计分析方法。主成分法是通过一种降维的方法进行数据简化,从较多的指标中找出较少的几个综合指标,使这些综合性指标尽可能反映原来指标的信息,并且之间互不相关。

79. 自建资源建设

自建资源建设是指机构(如图书馆或者共建共享组织)对馆藏特色资源的选择、加工、整理并进行数字化建设和服务的工作,通常指机构自行开展的特色数据库建设。

80. 资源的效益评估

资源效益评估是指对资源的投入和产出效益进行评估,包括资源的经费投入、使用情况、成本核算、保障率等方面的评估。

81. 资源共享能力评估

共享能力评估指机构(如图书馆或者共建共享组织)利用外部资源扩展自身文献服务能力的评估。

82. 资源可持续发展能力评估

资源可持续发展能力评估特指对数字资源的持久的可使用性、永久使用的权利和方法、存档的方式等的评估。

83. 资源检索与获取能力评估

资源检索与获取能力评估指对数字资源检索平台性能的评估,评估资源是否被有效组织、是否能够被快速准确发现、获取和有效利用。

84. 资源内容与质量评估

资源内容与质量评估主要是测评数字资源的学术性、权威性、完整性、时效性几个方面的指标。

85. 资源数量和规模评估

数字资源数量和规模评估指对资源的品种、数量、大小和多少等的评价,是衡量数字资源文献保障能力的基础。与传统印刷型资源不同,数字资源的计量比较复杂,其中包括对各种类型的资源品种和数量的计量。

86. 资源体系与结构优化评估

资源体系与结构优化评估是指对数字资源的学科结构、类型结构、级别结构、文种结构、媒介结构、来源机构等资源框架的评估。

87. 资源信息组织能力评估

信息组织能力评估是指对机构(如图书馆或者共建共享组织)依靠专门技术、方法和手段等对信息资源进行选择和整理以及使信息资源得以被充分利用能力的评估。

参考文献:

[1] ARL Statistics Purchase Options 2013[EB/OL]. [2014 – 10 – 20]. http://www. arl. org/storage/documents/arl-statistics-purchase-options – 2013. pdf

[2] Colleen Cook, Fred Heath, Bruce Thompson, et al. LibQUAL^{+TM}: preliminary results from 2002[J]. Performance Management and Metrics, 2003, 4(1):38 – 47

[3] Tom B. Wall. LibQUAL^{+TM} as transforming experience[J]. Performance Management and Metrics, 2002, 3(2):43 – 48

[4] Yao Xiaoxia. Evaluation and Promotion:The Cooperative Purchase Experience of Academic Libraries in China. Library Collections, Acquisitions and Technical Services, 2012, 36(3/4):97 – 106

[5] 北京高校图工委网站[EB/OL]. [2013 – 10 – 11]. http://bjgxtgw. ruc. edu. cn/index. html

[6] 曹作华. 图书馆信息资源建设与评价[M]. 徐州:中国矿业大学出版社, 2003

[7] 高凡,何雪梅,胡秀梅等.内地和香港地区高校图书馆统计规范之比较[J]. 大学图书馆学报,2013(6):50 – 53

[8] 何雪梅,李睦等."高校图书馆事实数据库"统计指标修订情况概述[J]. 大学图书馆学报,2011(6):86 – 91

[9] 胡晓红,郑君生. 图书馆评估方案及其设计之我见[J]. 河东学刊,1999(5):91 – 92

[10] 胡永宏,贺思辉. 综合评价方法[M]. 北京:科学出版社, 2000

[11] 教育部高等学校图书情报工作委员会网站[EB/OL]. [2013 – 10 – 11]. http://162. 105. 140. 111/

[12] 联合国评价小组. 联合国系统评价规范[S],2005

[13] 马费成. 信息资源开发与管理[M]. 北京:电子工业出版社,2004

[14] 戚安邦. 项目评估学[M]. 天津:南开大学出版社, 2006

[15] 邱东. 多指标综合评价方法的系统分析[M]. 北京:中国统计出版社, 1991

[16] 肖珑,张春红,刘素清等.数字信息资源的检索与利用(第二版)[M]. 北京:北京大学出版社,2013

[17] 肖珑,张洪元,钟建法等. 建国后高校文科外文文献的发展状况与未来保障研究[J]. 大学图书馆学报,2013(2):5 – 13

[18] 杨梁彬,姚晓霞,冯英等.CALIS 评估指标体系初探[J]. 大学图书馆学报,2006(4):42 – 47

[19] 姚晓霞,陈凌. 图书馆业绩评估标准及其应用[J]. 图书情报工作,2003(2):98 – 101

[20] 姚晓霞. 高校图书馆事实数据库的设计理念及其实现[J]. 大学图书馆学报,2013(5):114 – 117

[21] 中国高等教育文献保障系统网站[EB/OL]. [2013 – 10 – 11]. http://www. calis. edu. cn

第二章　高等教育数字图书馆资源评估规范

第一节　数字资源评估规范总则

为规范中国高等教育数字图书馆评估体系的建立和实施,做好 CALIS 数字资源的评估工作,以评估促建设,特制订《中国高等教育数字图书馆数字资源评估总则》(简称《资源总则》)。

本总则旨在指导各类资源与服务评估规范的制定。包括但不限于:引进数据库资源评估规范、特色资源评估规范、书刊类资源评估规范、论文类资源评估规范、古文献资源评估规范等。CALIS 各高校图书馆、各区域性图书馆联盟也可参考本《资源总则》,建立本馆、本区域或者单种资源的评估体系。

一、评估对象

高等教育数字图书馆资源评估以 CALIS 数字资源体系下的所有形式的数字化资源为评估对象。包括:

CALIS 各成员馆合作建设的数字化资源,如 CALIS 特色资源库、CALIS 学位论文、CALIS 中西文书目数据库、目次数据库、古文献资源、教学参考书数据库等。

CALIS 联盟引进的国内外文献数据库,如 PQDT 全文数据库、MyiLibrary 电子图书数据库等共享式全文数据库以及各中心馆购买的保障式全文数据库等。

CALIS 资源共享状况,评估 CALIS 的共享体系和共享能力,如 CALIS 在数字资源建设和资源共享上的投入和产出的效益,CALIS 成员馆通过集团采购、数字资源联合建设所获得的收益等。

CALIS 成员馆自行开发或单独引进的数字化资源,如各成员馆开发的古籍数据库、学位论文库、教学参考书等一系列特色资源等,也可参照本评估体系进行评估。

二、评估内容

1. 数量和规模评估

数字资源的数量和规模是评估体系的重要指标,是衡量数字资源文献保障能力的基础。与传统印刷型资源不同,数字资源的计量比较复杂,其中包括对各种类型的资源品种和数量的计量。应当尽可能地规范、准确、客观。

2. 内容与质量评估

内容与质量评估主要是测评数字资源的学术性、权威性、完整性、时效性几个方面的指标。例如,是否被权威的检索工具收录,数字资源的更新是否及时,收藏是否完整等。

3. 体系与结构优化评估

具体可以从以下几个方面进行评估：

（1）学科结构

包括：学科结构是否科学合理，评估学科专业的数字资源是否与学科专业的设置相适应，与目标读者的专业知识结构是否相适应，收藏是否完整，是否基本覆盖相关的学科专业，是否发展平衡比重适当等。

（2）类型结构

评估数字资源是否包括各种类型的电子出版物，是否全面包括书目/文摘/索引等参考数据库、电子期刊、电子图书、电子报纸、全文数据库、事实数据库、多媒体资源、开放获取资源、学科导航资源、学位论文等特种文献的完整体系，各种资源类型的比重如何等。

（3）级别结构

评估数字资源是否既有研究级的资源又有学习级、基础级的资源，既有典藏级的资源又有以获取为目的的服务级的资源。各个级别之间应当保持平衡，另外要注意典藏级资源的存档和永久使用权的问题，保障资源的可持续服务。

（4）文种结构

除中文资源外，还应该包括外文资源，尤其是英文文种的资源。近年来由于中国与周边国家、全球非英语国家关系的不断发展，也要注意非英语类资源的建设。

（5）媒介结构

数字资源的媒介包括光盘、磁带、网络、服务器等。目前由于网络及服务器存取和服务的便利性，这两种媒介应当优先选择作为发展的主要形式。其他媒介可以作为辅助，尤其是可以作为资源存档的媒介。

（6）来源结构

根据不同的来源——引进的商业数字资源、自建的特色资源、开放存取学术资源、网络免费资源等——对数据库来源的可靠性、学术性、权威性进行评估。购买的商业资源应当是其中的重点；自建资源一般是根据图书馆传统资源的特色精选出来的，也非常重要；免费开放资源也要看是否经过专业人员的选择、评价、组织，并方便读者利用等。

4. 信息组织能力评估

通过信息的有效组织、揭示和技术服务，可以提高资源的易用性和可获取性，达到资源的有效利用。例如，资源的检索系统、检索功能、检索技术是否先进并且易用，数据库商/出版商/系统商是否提供有效的技术服务，图书馆是否提供统一检索（如 metalib 系统）或者元数据整合检索平台（如 e 读、Primo 或者 Summon），是否能实现二次文献和一次文献、参考文献和原文的链接和调度功能，与传统印刷资源馆藏、馆际互借等服务的整合状况如何。

信息组织能力评估还包括对数字信息资源进行描述、揭示和有序组织的水平，例如，数据是否达到规范和实现标准化，是否采用 CALIS 数据规范进行数据库建设等。

5. 可持续发展能力评估

数字资源不同于传统印刷型资源的最大特点是数字资源以虚拟的形式存在，而非实体资源。很多商业出版的数字资源一般只提供使用权、租用权而没有拥有权。对图书馆来说，无论是引进资源还是自建资源，如何保障数字资源的可持续发展是越来越值得关注的问题。

（1）资源发展战略

要考虑数字资源的持久的可使用性，特别考虑重要学术资源的保障问题。通过一定的方式比如用户存档、国家存档或联盟存档来保障资源的长期发展和拥有。

（2）永久使用

评估已购买或者已建设的数字资源是否能够永久使用，是否对用户提供永久使用的权利，永久使用的方式是否合法、合理、有效。

（3）存档

评估数字资源是否存档，对数据是否拥有存档的权利，以及存档的方式是否合法、合理、有效。

6. 资源的效益评估

资源的效益评估是指对资源的投入和产出效益进行评估。对于数字资源而言，这个指标往往是决定是否继续建设、订购或进行调整的关键性指标。

（1）资源的经费投入

对资源建设和购置的费用进行统计分析，包括建设和购置数字资源的费用，数字资源经费投入所占比例、费用年增加变化情况等。

（2）资源的使用情况

资源使用状况是评估资源质量的重要依据。使用情况的评价可以从多个方面获取。既可以是数据库使用统计报告，也可以通过对用户进行调查来获取信息。

（3）资源的成本核算

通过费用和使用情况的分析，可以计算出数字资源的成本，例如，每做一次检索的费用，或每下载一篇全文的费用。要充分考虑有关的各种因素，例如，与纸本捆绑购买的费用、软硬件设备投入费用、网络访问费用等。

（4）资源的文献保障率

资源的文献保障是资源建设的目标。资源的文献保障率是考察资源是否满足最终用户的需要以及满足的程度如何。

7. 资源共享能力评估

CALIS 是高校图书馆资源共建共享的联盟，资源共享能力是评估数字资源建设效益的重要指标。

（1）资源共享评估

对 CALIS 各子项目给各成员馆所带来的服务效益和经济效益的评估。例如，有多少高校图书馆参加 CALIS 的项目，资源的数量和服务方式的变化状况，经费和成本是否有一定程度的节约等。

（2）服务共享评估

CALIS 各子项目给成员馆可以提供哪些服务，通过馆际互借和原文传递等服务共享数字资源的情况，是否有其他相关增值服务等。

三、评估指标体系

1. 一级评估指标及含义

借鉴 ISO 11620 的描述框架,并考虑 CALIS 的实际情况,指标体系的定义应由六个方面组成:①指标名称,②定义,③目的,④方法,⑤影响指标的解释和因素,⑥二级指标;其中前五个方面是必备内容,第六个方面仅限于一级指标使用。

1.1 ①
名称:数字资源的数量

定义:数字资源的品种与数量。

目的:主要用于评估资源的拥有和可访问的数量,有助于衡量和提高数字资源的发展。

方法:由图书馆、CALIS 自行统计,也可以由数据库商提供后再行核定。

影响指标的解释和因素:计量单位、计量方法需要统一,应以教育部高等学校图书情报指导工作委员会和 CALIS 管理中心联合提出的《高等学校图书馆数字资源计量指南》(2004年制定,2007 年修订)为标准;并可扩展二级指标。

二级指标:见表 2 - 1,可另行扩展。

1.2
名称:数字资源的结构

定义:数字资源的结构情况,包括类型结构、学科结构、文种结构、级别结构、媒介类型、来源结构等。

目的:评估与衡量数字资源体系结构是否合理,结构的构成成分和各成分所占的比重是否科学,资源配置布局是否得当等。

方法:由图书馆、CALIS 进行评估。

影响指标的解释和因素:在学科、文种等方面需要参照其他标准规范,如《中国图书馆图书分类法》等。

二级指标:见表 2 - 1,可另行扩展。

1.3
名称:数字资源的内容与质量

定义:数字资源的学术性、权威性、完整性、时效性等方面。

目的:评估数字资源的内容是否符合用户需要、学术性如何、重要程度等情况。

方法:由图书馆、CALIS 进行评价。

影响指标的解释和因素:要注意评价的客观性,同时也可参考使用其他一些评价工具,如 *Journal Citation Reports*、《中文核心期刊要目总览》等。

二级指标:见表 2 - 1,可另行扩展。

---

① "评估指标及定义"中两位数字编码者为一级指标(下同)。

1.4

名称:数字资源的检索与获取能力

定义:数字资源提供给用户检索、挖掘、发现和处理的平台性能,也包括整合功能。

目的:主要针对数字资源的检索平台进行评估,评估资源是否被有效组织,是否能够被快速、准确地发现、获取和有效利用;如检索系统、检索功能、检索技术是否先进,检索结果是否易用等;是否提供统一检索或者元数据整合检索平台,是否能实现二次文献和一次文献、参考文献和原文的链接和调度功能,与传统印刷资源馆藏、馆际互借等服务的整合状况如何等。也涉及其他相关信息,如网络、访问速度等。

方法:由图书馆、CALIS 进行评价;也可以由数据库商自评后再行核定。

影响指标的解释和因素:要注意评价的客观性、先进性,特别要结合用户需求的变化和信息技术的发展。

二级指标:见表 2 - 1,可另行扩展。

1.5

名称:出版商/数据库商的服务

定义:数字资源的出版商/数据库商的售后服务。

目的:针对引进资源,评估出版商/数据库商的售后服务,如用户培训是否到位、解决处理问题是否及时耐心、是否提供使用统计等。

方法:由图书馆、CALIS 进行评价;也可以由数据库商自评后再行核定。

影响指标的解释和因素:要注意评价的客观性,特别要结合用户的满意度进行评估。

二级指标:见表 2 - 1,可另行扩展。

1.6

名称:信息组织能力

定义:对数字信息资源进行描述、揭示和有序组织的水平。

目的:主要用于评估元数据、对象数据的规范化、标引的有效性、组织的有序化,为数字资源的科学揭示、易于发现和使用奠定基础。

方法:由图书馆、CALIS 进行评估。

影响指标的解释和因素:不同的评价需要使用不同的数据规范和信息组织规范,如 DC 元数据规范、MARC21 格式、《中国图书馆图书分类法》《汉语主题词表》、文本数据规范、图像数据规范、音频数据规范、视频数据规范等。

二级指标:见表 2 - 1,可另行扩展。

1.7

名称:可持续发展能力

定义:即数字信息资源被永久使用、长期保存的程度。

目的:主要用于评估数字资源的长期可用性,包括是否拥有永久使用权,永久使用的方式是否合法、合理、有效;对数据是否拥有存档的权利,以及存档的方式是否合法、合理、有效等。

方法:由图书馆、CALIS 进行评估。

影响指标的解释和因素:受数字资源的知识产权等相关法律法规限制;引进资源同时取决于数据库商的政策。

二级指标:见表 2 - 1,可另行扩展。

1. 8

名称:数字资源和相关设施的费用

定义:数字资源引进、开发建设、运营管理、维护所涉及的相关费用,如购买数据库的费用、资源建设投入的软硬件费用、数据加工费用等。

目的:为数字资源建设的投入产出、成本核算奠定基础。

方法:由图书馆、CALIS 进行评估。

影响指标的解释和因素:自建资源要考虑数据加工、软硬件开发、长期运营维护、持续建设的费用;引进资源则受限于采购价格,以及与印本相关的费用;如果是远程访问的资源,也包括网络通信费用等。

二级指标:见表 2 - 1,可另行扩展。

1. 9

名称:数字资源的使用数量

定义:用户使用数字资源的次数和数量。

目的:评价数字资源的使用情况,从中可以了解用户对资源的需要程度,同时也为数字资源建设的投入产出、成本核算奠定基础。可以通过数据库的登录量、查询量、全文下载数量等指标计量。

方法:由图书馆、CALIS 进行评估。

影响指标的解释和因素:受数字资源的统计计量标准影响,应按照 COUNTER 标准进行统计。

二级指标:见表 2 - 1,可另行扩展。

1. 10

名称:数字资源成本

定义:数字资源建设、运行维护、存档等的成本核算。

目的:用于评估数字资源的投入产出、成本等,由此可以进一步考量数字资源的必要性、可用性、易用性等。如被用户登录、查询、下载全文的平均费用等。

方法:由图书馆、CALIS 进行评估。

影响指标的解释和因素:受"数字资源和相关设施的费用""数字资源的使用数量"等指标的影响。

二级指标:见表 2 - 1,可另行扩展。

1. 11

名称:数字资源的文献保障程度

定义:用户通过数字资源已获得的文献和用户希望通过数字资源获取文献的比例。其中,通过本地收藏(如本馆文献、本数据库文献)获得文献的比例称为文献保障率;在此基础上,通过各类文献传递服务和整合服务,获得外部文献(如外馆、外数据库文献)的比例称为文献满足率。

目的:评价数字资源对用户需求的保障程度,进一步评价其必要性、可用性、易用性。

方法:由图书馆、CALIS 进行评估。

影响指标的解释和因素:受资源揭示程度、服务整合程度等多方面因素影响。

二级指标:见表 2-1,可另行扩展。

1.12

名称:数字资源共享能力

定义:数字资源的可共享程度、共享范围等。

目的:通过对数字资源共享程度的评估,考察合作共享的情况,评估共享方面的投入产出效益,是评估数字资源建设效益的重要指标。包括资源共享和服务共享两个方面的评估。

方法:由图书馆、CALIS 进行评估。

影响指标的解释和因素:涉及的因素很多,需要全面考察。

二级指标:见表 2-1,可另行扩展。

2. 二级指标、指标属性及其应用范围

该指标体系包括若干个二级指标,指标名称、指标属性(定量还是定性)以及指标应用范围如表 2-1 所示。

表 2-1 高等教育数字图书馆数字资源评估指标体系

一级指标	二级指标	指标属性		应用范围					
		定性指标	定量指标	单馆	联盟/合作	单种资源	整体资源	引进资源	自建资源
1. 数字资源的数量									
	数据库的数量		√	√	√		√	√	√
	电子图书的数量		√	√	√	√	√	√	
	电子期刊的数量		√	√	√	√	√	√	
	核心电子期刊的数量		√	√	√	√	√	√	
	学位论文全文数量		√	√	√	√	√	√	√
	教学参考资源的数量		√	√	√		√		√
	会议录和会议论文的数量		√	√	√	√	√	√	
	古文献(古籍/拓片/舆图/方志/家谱等的数量)		√	√	√	√	√	√	
	图像、多媒体数量		√	√	√	√	√	√	
	网络资源导航数量		√	√	√	√	√	√	

续表

一级指标	二级指标	指标属性		应用范围					
		定性指标	定量指标	单馆	联盟/合作	单种资源	整体资源	引进资源	自建资源
2. 数字资源的结构									
类型结构	类型总体分布		√	√	√		√	√	
	电子图书在全部图书藏量中的比重		√	√	√		√	√	
	电子期刊在全部期刊藏量中的比重		√	√	√		√	√	
	核心期刊在电子期刊中的比重		√	√	√	√	√	√	
	参考数据库在全部参考资源中的比重		√	√	√		√	√	
	学位论文库提供电子全文的比重		√	√	√		√	√	√
学科结构	学科种类/名称	√		√	√		√	√	√
	学科总体分布		√	√	√		√	√	√
	单个学科拥有的资源数量统计		√	√	√		√	√	√
	单个学科拥有的资源数量的比重		√	√	√		√	√	√
	数字资源经费的学科分布		√	√	√		√	√	
文种结构	中文资源比重		√	√	√		√	√	
	英文资源比重		√	√	√		√	√	
	其他语种资源比重		√	√	√		√	√	
级别结构	大学基础级资源比重		√	√	√		√	√	
	研究级资源比重		√	√	√		√	√	
媒介结构	光盘		√	√	√	√	√		
	局域网访问		√	√	√	√	√	√	√
	网络远程访问		√	√	√	√	√	√	
	机读磁带		√	√	√	√	√	√	
来源结构	引进资源比重		√	√	√		√	√	
	自建资源比重		√	√	√		√		√
3. 数字资源的内容与质量									
收录时间范围			√				√	√	√
收录地域范围			√				√		
学科主题领域			√			√	√	√	√
核心或重要出版物比重			√			√		√	
内容质量用户评价		√		√		√	√	√	√
内容质量专家评价		√		√		√	√	√	√
与馆藏印刷型资源的重复率			√			√	√	√	

一级指标	二级指标	指标属性		应用范围					
		定性指标	定量指标	单馆	联盟/合作	单种资源	整体资源	引进资源	自建资源
	与相关数字资源的重复率		√			√	√	√	
	更新频率		√			√		√	√
	时间滞后情况		√			√		√	
	注销出版物的比例		√			√		√	
4. 数字资源检索与获取能力									
	检索功能的完整性	√				√		√	√
	检索技术的先进性	√				√		√	√
	检索速度评测	√				√		√	√
	检索结果的格式与处理	√				√		√	√
	检索平台的稳定性	√				√		√	√
	并发用户限制	√				√		√	
	学科导航	√		√	√	√	√	√	√
	统一检索	√		√	√		√	√	√
	参考链接/资源调度	√				√		√	√
	与文献传递服务的整合	√		√	√	√		√	√
	与印本资源的整合	√		√	√		√	√	√
5. 出版商/数据库商的服务									
	用户访问	√				√		√	
	用户培训	√				√		√	
	对用户问题或技术故障的响应和处理	√				√		√	
	及时通报数据库的变化	√				√		√	
	指标与格式统一的数据库使用统计报告	√				√		√	
	是否有专人负责	√				√		√	
6. 信息组织能力									
	元数据规范	√		√	√	√	√	√	√
	主题词表/主题法	√		√	√	√	√	√	√
	分类法	√		√	√	√	√	√	√
	本体应用	√		√	√	√	√	√	√
	导航体系	√		√	√	√	√	√	√
	对象数据规范	√		√	√	√	√	√	√

续表

一级指标	二级指标	指标属性		应用范围					
		定性指标	定量指标	单馆	联盟/合作	单种资源	整体资源	引进资源	自建资源
7. 可持续发展能力									
	可存档资源的数量/占资源总量的比重		√	√	√	√	√	√	√
	有永久使用权资源数量/占资源总量的比重		√	√	√	√	√	√	
	数字资源长期保存的经费		√	√	√	√	√	√	√
	合理使用的限制	√				√			
	存档方式评价	√		√		√		√	√
8. 数字资源和相关设施的费用									
	电子期刊的价格/费用		√	√	√	√	√	√	
	参考数据库的价格/费用		√	√	√	√	√	√	
	电子图书的价格/费用		√	√	√	√	√	√	
	数据库的开发建设费用		√	√	√	√	√		√
	数据库的运营、管理和维护费用		√	√	√	√	√		√
	数据库的年价格上涨幅度		√	√		√	√		
	数据库的检索系统与其他专门设备的费用		√	√		√			√
	数据库的存档费用		√	√		√			√
9. 数字资源的使用数量									
	数据库的登录量		√	√	√	√	√	√	√
	数据库的查询量		√	√	√	√	√	√	√
	数据库的全文下载量		√	√	√	√	√	√	√
	数据库的拒绝访问量		√	√	√	√	√	√	
10. 数字资源成本									
	数据库的登录成本		√	√	√	√	√	√	√
	数据库的查询成本		√	√	√	√	√	√	√
	数据库的请求成本		√	√	√	√	√	√	√
	数据库的全文下载成本		√	√	√	√	√	√	√
	数据库的建设成本		√	√	√	√	√		√
	数据库的存档成本		√	√	√	√	√	√	√
11. 数字资源的文献保障程度									
	数字资源的文献保障率		√	√	√	√		√	√
	数字资源的用户满足率		√	√	√	√		√	√

续表

一级指标	二级指标	指标属性		应用范围					
		定性指标	定量指标	单馆	联盟/合作	单种资源	整体资源	引进资源	自建资源
12. 数字资源共享能力									
	参加集团采购/合作建设的成员馆总数		√		√			√	√
	图书馆联盟集团引进/合作建设的数字资源总量		√		√		√	√	√
	成员馆参加集团引进/合作建设的数字资源数量		√	√	√			√	√
	成员馆参加集团引进/合作建设的数字资源比重		√		√			√	√
	图书馆联盟数字资源建设的总经费投入		√		√		√		√
	图书馆联盟每年补贴成员馆的经费总额		√		√			√	√
	图书馆联盟给成员馆带来的成本节省总额		√		√			√	√
	图书馆联盟举办的研讨/培训次数		√		√			√	√
	图书馆联盟内部的合作项目数量		√		√			√	√
	图书馆联盟设立的数据库服务器数量		√		√			√	√
	图书馆联盟谈判获得的国际专线数量		√		√			√	√
	图书馆联盟为成员馆节省的国际网通信费用		√		√			√	√
	数字资源建设的标准规范数量		√		√		√	√	√
	数字资源的整合/集中发布平台	√			√		√	√	√
	资源共享服务(联合目录/馆际互借等)		√		√		√	√	√
	图书馆联盟网站/平台的使用量		√		√				
	成员馆对联盟的满意度	√			√		√	√	√

四、评估指标体系应用指南

1. 本地/本项目评估体系的建立

在选择建立本馆、本项目或某种资源的评估指标体系时,应在本《资源总则》的基础上,遵循以下步骤和要求:

1)确定评估对象和内容。

2)建立评估指标体系,选择、扩展和定义指标。

3)评估模型的建立与权重的选择。

4)数据样本实验和评估模型调整。

5)数据采集与获取。

6)比较、分析与评价,包括:

- 整理评估资料;
- 比较分析数据;
- 做出评估结论和建议;

● 编写评估报告。

2. 评估指标的选择、扩展与定义

《资源总则》第3部分列出的评估指标体系是一套完整的指标体系,具有可选择性、可扩展性、可定义性特点,实际应用时应考虑选择、扩展和按定义要求进行描述。

(1)选择指标

可选择性特点是指第3部分列出的每一个指标都有相应的应用范围,包括单个图书馆的资源评估、联盟的资源评估;单种资源的评估、整体资源的评估;引进资源的评估以及自建资源的评估等。在实际的数字资源的评估活动中,评估者可以根据不同的评估对象和评估内容,选取需要的指标进行评估。

(2)扩展指标

可扩展性特点是指评估者可以在第3部分列出的一级指标下扩展二级指标,例如,在一级指标"数字资源的数量"下,增加"数字特藏的数量"等二级指标。扩展时需遵守"向上兼容"原则,即增加的二级指标不得超出一级指标的定义范围,不得与其他二级指标重复。

(3)定义指标

选择和确定评估指标后,需要对每个指标进行描述并给出定义。其中,一级指标定义可参照本"资源总则"第(三)部分"1、一级评估指标及定义"中的指标定义给出;二级指标定义由评估者自行给出,描述时应遵守"向上兼容"原则,其定义不得与其他指标定义重复。借鉴ISO 11620的描述框架,并考虑CALIS的实际情况,指标体系的定义应由六个方面组成:①指标名称,②定义,③目的,④方法,⑤影响指标的解释和因素,⑥二级指标;其中前五个方面是必备内容,第六个方面仅限于一级指标使用。

《资源总则》中的一级指标,涉及的评估内容比较宽泛,没有制订具体的指标方法。对于各类具体资源的评估指标描述可参考下面的通用指标计算方法,也可以根据需要采用自定义的方法。

表2-2 高等教育数字图书馆数字资源评估指标计算方法

计算方法	名称	公式	说明
方法1	百分比	$C = A/B \times 100\%$	A=实际值;B=预期值;C=百分比
方法2	多项选择	非常满意;满意;比较满意;比较不满意;不满意;非常不满意	如果总分定为10分,非常满意得10分;满意得8分;比较满意得6分;比较不满意得4分;不满意得2分;非常不满意得0分
方法3	分值叠加	$C = A \times B;$	A=每合格一项的分值;B=合格的项数($C > D$为合格,其中D为阈值);C=实际分值
方法4	分值扣除	$C = D - A \times B$	A=每不合格一项的分值;B=不合格的项数($C > E$为合格,其中E为阈值);C=实际分值;D=总分值
方法5	平均值	$C = (A + B)/2$	A=最小值;B=最大值;C=平均值
方法6	取样	$C = (A/B) \times D$	A=样例范围内的有效数值;B=样例包含的总数值;D=实际总量
方法7	人工定制	—	—

3. 建立评估模型

高等教育数字图书馆评估指标体系需要根据具体的评估工作建立评估模型,即针对不同的评估对象和评估目标,选择不同的指标,确定指标的权重。例如,针对单馆的引进资源评估工作、针对 CALIS 联盟层面的引进资源评估工作,指标的选择与权重都有所不同。

4. 不同范围的评估体系应用参照

(1)对 CALIS 联合共建的数字资源进行评估

CALIS 联合共建的数字资源具备整体性、共享性和分布性的特点。因此要注意选取多个层面的相关指标。这些资源包括 CALIS 引进数据库、CALIS 学位论文、期刊论文等各类论文库、CALIS 联合目录数据库、CALIS 特色资源数据库、高校古文献数据库等。除了资源本身的评估,联盟对数字资源的整合和增值服务也是评估的重要项目。

(2)对单种资源进行评估

评价者可以选取能够应用于单种资源和应用于引进资源的指标,例如,若评估的是期刊数据库,在一级指标"数字资源结构评估"中可选取"核心期刊在电子期刊中的比例"作为评估项目。同时还可以选取"数字资源内容与质量""数字资源检索与获取能力""出版商/数据库商的服务""可持续发展能力"等一级指标中所包含的可以针对单种引进资源进行评估的二级指标。

(3)对单个图书馆的数字资源作整体性的评估

评估的方法是选取可应用于整体资源评估的指标。通过这样的评估,可以全面了解馆藏数字资源整体状况,检查数字资源的建设情况是否符合本馆数字资源的发展政策,并指导下一步的发展计划,如有疏漏和偏离可以及时做出调整和修订。

(4)对图书馆自建的数字资源进行评估

各高校图书馆根据自身所拥有的具有特色的或具有优势的馆藏资源,开发一系列的自建数据库,这些资源极大地丰富了数字资源的内容体系。应用评估指标体系中相关指标可以评估这些资源的内容和质量、开发建设的经济投入和服务效益各方面的情况。

(5)对数字资源共享性进行评估

共享性评估主要是考察 CALIS 数字资源体系、特别是联合共建数据库的共享性和共享的实际效益,通过对共享性的评估,确定 CALIS 共享体系的必要性、现存问题和发展需求。

第二节　引进数据库资源评估规范

一、评估背景及评估目标

2006 年 10 月,CALIS 项目二期建设期间,由 CALIS 引进资源工作组起草,CALIS 管理中心审定了《CALIS 引进资源工作规范》。该规范要求高校在集团采购引进数据库时,要对数据库进行前评估;续订数据库时,要对数据库进行后评估。自此,CALIS 对引进数据库的评估正式开展起来。

2010 年以前,CALIS 对引进数据库的评估由引进数据库集团采购的牵头单位分别独立开展,主要包括以下内容:资源的内容与数量,资源的价格、采购方案,以及相关设施的费用,资源检索系统与功能,出版商服务情况,存档与永久使用、资源使用情况和成本效益的评估等。

2010 年 5 月,CALIS 项目三期启动后,为了规范引进数据库的评估,CALIS 设立了"引进资源管理与评估"子项目,对 200 个应用面较广的,由高校图书馆数字资源采购联盟(DRAA)集团采购的外文资源数据库开展前评估及使用评估。为此 CALIS 管理中心制定了《CALIS 引进数据库评估大纲》,指导引进资源的评估工作。

CALIS 引进资源评估的目的主要有以下三点:

- 规范引进数据库的评估工作;
- 指导和协调 CALIS 及其成员馆开展引进资源建设;
- 调查和了解成员馆的意见建议,帮助数据库商/出版商改进和提升产品服务水准。

《高等教育数字图书馆引进数据库评估规范》在采纳《高等教育数字图书馆数字资源评估总则》中规定的引进资源的一级和二级评估指标的基础上,根据《CALIS 引进数据库评估大纲》中规定的评估内容对引进资源的二级评估指标进行了扩展和补充。鉴于 CALIS 三期对引进资源的评估是依据《CALIS 引进数据库评估大纲》进行的,本评估规范在建立评估模型时只抽取《大纲》要求的一级和二级评估指标,并且对其进行定义和说明。

需要注意的是:由于引进数据库一般都是独有资源,属于垄断性的资源,每种资源的使用有特殊的受众和人群,资源的数量和规模、内容和质量缺少横向可比性,不宜采用定量的方法开展评估。所以本评估规范建立的评估模型目前不考虑建立评分方法、分值和权重。

二、评估对象

1)高校以"高校图书馆数字资源采购联盟(DRAA)"名义集团采购的数据库。
2)CALIS 经费补贴建设的共享式全文资源、保障式全文资源。
3)高校在地区范围内集团采购的引进数据库。
4)高校自行购买的引进数据库。

三、评估内容

1. 数量和规模评估

数字资源的数量和规模是引进资源评估体系的重要指标,是衡量引进资源文献保障能力的基础。引进资源的类型多样,计量比较复杂,包括对数据库本身以及各种类型的资源品种和数量的计量。应当尽可能地规范、准确、客观。

2. 内容与质量评估

引进资源内容与质量评估主要是测评引进资源的学术性、权威性、完整性、时效性几个方面的指标。例如,核心期刊在电子期刊中的比重、内容质量评价、资源更新是否及时等。

3. 体系与结构优化评估

(1)类型结构

引进资源类型结构评估主要是测评各类型资源在资源库中所占的比重。一方面要测评引进资源库中所包含的电子出版物类型及比重,另一方面也需测评引进资源库自身的类型。

（2）学科结构

引进资源学科结构评估主要测评学科结构是否合理,具体学科的资源总量以及收藏的完整性等。

（3）文种结构

引进资源文种结构评估主要测评资源文种的类型与范围。引进资源文种类型以英文为主,同时也要注意根据学校的学科特点和研究重点开展非英语资源的引进和建设。

（4）级别结构

引进数字资源是否既有研究级的资源又有学习级、基础级的资源,既有典藏级的资源又有以获取为目的的服务级的资源。各个级别之间应当保持平衡,同时需注意典藏级资源的存档和永久使用权的问题,保障资源的可持续服务。

（5）媒介结构

引进资源的媒介包括光盘、磁带、局域网访问和网络远程访问。引进资源的主体应根据数据商提供的服务方式以及自身的网络、设备等情况选择最适合本馆使用的媒介。

4. 信息组织能力评估

引进资源的信息组织能力评估主要包括两方面的内容,一是引进数据库对资源的组织、揭示水平,是否采用了恰当的元数据规范、分类法及主题词表,对象数据是否规范等。二是资源发布与服务水平,如系统的稳定性、易用性、资源的可获取性以及与纸本资源及文献传递服务整合情况等。

5. 可持续发展能力评估

引进资源一般只提供使用权、租用权而没有拥有权。图书馆在引进资源的过程中,需要考虑资源永久使用和存档的问题。比如资源是否可以永久使用、是否可以存档、长期保存的费用、合理使用的限制等。

6. 资源的效益评估

引进资源的效益评估是对资源建设经费投入和资源使用情况进行评估,通过评估资源使用情况和使用成本来衡量资源是否值得继续订购。

（1）资源的经费投入

对资源及相关设施的费用进行统计分析,包括资源费用、运营管理与维护费用、检索系统和其他专门设备的费用、存档费用以及年价格上涨幅度等。

（2）资源的使用情况

资源使用情况是评估资源质量的重要依据。引进资源重点统计评估登录量、检索量、全文下载量和拒绝访问量等。

（3）资源的成本核算

通过费用和使用情况的分析来计算数字资源的成本。引进资源成本核算的内容包括登录成本、请求成本、全文下载成本、存档成本等。

（4）资源的文献保障率

引进资源的文献保障率是考察资源是否满足最终用户的需要以及满足的程度如何。

7. 资源共享能力评估

CALIS 是高校图书馆共建共享联盟,资源共享能力是评估引进资源建设效益重要指标。

（1）资源共享评估

资源共享评估是 CALIS 引进资源项目给各成员馆带来的服务效益和经济效益的评估。例如,参加集团采购的成员馆数量,联盟引进数字资源的数量与比重,联盟对成员馆经费补贴情况、成员馆通过参加联盟所节省的经费及所获得的增值服务等。

（2）服务共享评估

服务共享评估是引进资源项目给成员馆提供服务情况的评估,比如数字资源的整合和揭示服务、馆际互借与文献传递服务等。

四、评估方法及评估步骤

1）根据评估目标和评估对象,确定评估内容,建立评估指标体系。指标体系包括一级指标和二级指标,给出每项指标的定义。

2）采用以下方法收集指标数据：

- 通过 CALIS 引进资源管理与评估系统填报数据,成员馆、数据库商和牵头馆都可以填写;然后由 DRAA 集团采购牵头馆审核数据,并发布。
- 通过相关 SUSHI 协议收割、E-mail 自动推送、提供下载、人工索取等方式获取统计数据。
- 通过在成员馆中开展对联盟集团采购服务及高校集团采购资源的调查,间接获取数据。

3）通过 CALIS 引进资源管理与评估系统对数据进行统计、分析和研究,得出评估结果。

4）分析评估结果,总结和分析问题。

5）根据实际情况,修订评估指标。

五、评估指标体系

1. 一级评估指标及含义

借鉴 ISO 11620 的描述框架,并考虑 CALIS 的实际情况,指标体系的定义应由六个方面组成：①指标名称,②定义,③目的,④方法,⑤影响指标的解释和因素,⑥二级指标;其中前五个方面是必备内容,第六个方面仅限于一级指标使用。

1.1

名称:数字资源的数量

定义:引进资源的品种与数量。

目的:主要用于评估资源的拥有和可访问的数量,有助于衡量和提高引进资源的发展。

方法:由图书馆、CALIS 自行统计,也可以由数据库商提供后再行核定。

影响指标的解释和因素:计量单位、计量方法需要统一,应以教育部高等学校图书情报指导工作委员会和 CALIS 管理中心联合提出的《高等学校图书馆数字资源计量指南》(2004年制定,2007 年修订)为标准;并可扩展二级指标。

二级指标:见表2-3,可另行扩展。

1.2
名称:数字资源的结构

定义:引进资源的结构情况,包括类型结构、学科结构、文种结构、级别结构、媒介类型、来源结构等。

目的:评估与衡量引进资源体系结构是否合理,结构的构成成分和各成分所占的比重是否科学,资源配置布局是否得当等。

方法:由图书馆、CALIS 进行评估。

影响指标的解释和因素:在学科、文种等方面需要参照其他标准规范,如《中国图书馆图书分类法》等。

二级指标:见表2-3,可另行扩展。

1.3
名称:数字资源的内容与质量

定义:引进资源的学术性、权威性、完整性、时效性等几个方面。

目的:评估引进资源的内容是否符合用户需要、学术性如何、重要程度等情况。

方法:由图书馆、CALIS 进行评价。

影响指标的解释和因素:要注意评价的客观性,同时也可参考使用其他一些评价工具,如 *Journal Citation Reports*、《中文核心期刊要目总览》等。

二级指标:见表2-3,可另行扩展。

1.4
名称:数字资源的检索与获取能力

定义:引进资源提供给用户检索、挖掘、发现和处理的平台性能,也包括整合功能。

目的:主要针对引进资源的检索平台进行评估,评估资源是否被有效组织,是否能够被快速、准确地发现、获取和有效利用;如检索系统、检索功能、检索技术是否先进,检索结果是否易用等;是否提供有统一检索或者元数据整合检索平台,是否能实现二次文献和一次文献、参考文献和原文的链接和调度功能,与传统印刷资源馆藏、馆际互借等服务的整合状况如何等。也涉及其他相关信息,如网络、访问速度等。

方法:由图书馆、CALIS 进行评价;也可以由数据库商自评后再行核定。

影响指标的解释和因素:要注意评价的客观性、先进性,特别要结合用户需求的变化和信息技术的发展。

二级指标:见表2-3,可另行扩展。

1.5
名称:出版商/数据库商的服务

定义:引进资源的出版商/数据库商的售后服务。

目的:针对引进资源,评估出版商/数据库商的售后服务,如用户培训是否到位、解决处理问题是否及时耐心、是否提供使用统计等。

方法：由图书馆、CALIS 进行评价；也可以由数据库商自评后再行核定。

影响指标的解释和因素：要注意评价的客观性，特别要结合用户的满意度进行评估。

二级指标：见表2－3，可另行扩展。

1.6

名称：信息组织能力

定义：对引进资源进行描述、揭示和有序组织的水平。

目的：主要用于评估元数据、对象数据的规范化、标引的有效性、组织的有序化，为引进资源的科学揭示、易于发现和使用奠定基础。

方法：由图书馆、CALIS 进行评估。

影响指标的解释和因素：不同的评价需要使用不同的数据规范和信息组织规范，如 DC 元数据规范、MARC21 格式、《中国图书馆图书分类法》《汉语主题词表》、文本数据规范、图像数据规范、音频数据规范、视频数据规范等。

二级指标：见表2－3，可另行扩展。

1.7

名称：可持续发展能力

定义：即引进资源被永久使用、长期保存的程度。

目的：主要用于评估引进资源的长期可用性，包括是否拥有永久使用权，永久使用的方式是否合法、合理、有效；对数据是否拥有存档的权利，以及存档的方式是否合法、合理、有效等。

方法：由图书馆、CALIS 进行评估。

影响指标的解释和因素：受数字资源的知识产权等相关法律法规限制；同时取决于数据库商的政策。

二级指标：见表2－3，可另行扩展。

1.8

名称：数字资源和相关设施的费用

定义：引入资源引进、运营管理、维护所涉及的相关费用。

目的：为数字资源建设的投入产出、成本核算奠定基础。

方法：由图书馆、CALIS 进行评估。

影响指标的解释和因素：引进资源则受限于采购价格，以及与印本相关的费用；如果是镜像数据库，涉及软硬件维护费用；如果是远程访问的资源，也包括网络通信费用等。

二级指标：见表2－3，可另行扩展。

1.9

名称：数字资源的使用数量

定义：用户使用引进资源的次数和数量。

目的:评价引进资源的使用情况,从中可以了解用户对资源的需求程度,同时也为引进资源建设的投入产出、成本核算奠定基础。可以通过数据库的登录量、查询量、全文下载数量等指标计量。

方法:由图书馆、CALIS 进行评估。

影响指标的解释和因素:受数字资源的统计计量标准影响,应按照 COUNTER 标准进行统计。

二级指标:见表 2-3,可另行扩展。

1.10

名称:数字资源成本

定义:引进资源建设、运行维护、存档等的成本核算。

目的:用于评估引进资源的投入产出、成本等,由此可以进一步考量引进资源的必要性、可用性、易用性等。例如,被用户登录、查询、下载全文的平均费用等。

方法:由图书馆、CALIS 进行评估。

影响指标的解释和因素:受"数字资源和相关设施的费用""数字资源的使用数量"等指标的影响。

二级指标:见表 2-3,可另行扩展。

1.11

名称:数字资源的文献保障程度

定义:用户通过引进资源已获得的文献和用户希望通过数字资源获取文献的比例。其中,通过本馆购买的引进资源获得文献的比例称为文献保障率;在此基础上,通过各类文献传递服务和整合服务,获得外部文献(如外馆、未订购数据库文献)的比例称为文献满足率。

目的:评价引进资源对用户需求的保障程度,进一步评价其必要性、可用性、易用性。

方法:由图书馆、CALIS 进行评估。

影响指标的解释和因素:受资源揭示程度、服务整合程度等方面因素影响。

二级指标:见表 2-3,可另行扩展。

1.12

名称:数字资源共享能力

定义:数字资源的可共享程度、共享范围等。

目的:通过对引进资源共享程度的评估,考察合作共享的情况,评估共享方面的投入产出效益,是评估集团采购的引进资源建设效益的重要指标。包括资源共享和服务共享两个方面的评估。

方法:由图书馆、CALIS 进行评估。

影响指标的解释和因素:涉及的因素很多,需要全面考察。

二级指标:见表 2-3,可另行扩展。

2. 二级指标、指标属性及其应用范围

该指标体系包括若干个二级指标,指标名称、指标属性(定量还是定性)以及指标应用范围如表2-3所示。

表2-3 高等教育数字图书馆引进资源评估指标体系

一级指标	二级指标	指标属性		应用范围				引进资源管理与评估子项目采用的指标
		定性指标	定量指标	单馆	联盟/合作	单种资源	整体资源	
1. 数字资源的数量								
	数据库的数量		√	√	√		√	√
	电子图书的数量		√	√	√	√	√	√
	电子期刊的数量		√	√	√	√	√	√
	核心电子期刊的数量		√	√	√	√	√	
	学位论文全文数量		√	√	√	√	√	
	会议录和会议论文的数量		√	√	√	√	√	
	古文献(古籍/拓片/舆图/方志/家谱等的数量)		√	√	√	√	√	
	图像、多媒体数量		√	√	√	√	√	
	资源总量(GB)							√
2. 数字资源的结构								
类型结构	类型总体分布		√	√	√		√	
	电子图书在全部图书藏量中的比重		√	√	√		√	
	电子期刊在全部期刊藏量中的比重		√	√	√		√	
	核心期刊在电子期刊中的比重		√	√	√	√	√	
	参考数据库在全部参考资源中的比重		√	√	√		√	
	学位论文库提供电子全文的比重		√	√	√		√	√
	数据库类型	√						
学科结构	学科种类/名称	√		√	√		√	√
	学科总体分布		√	√	√		√	
	单个学科拥有的资源数量统计		√	√	√		√	
	单个学科拥有的资源数量比重		√	√	√		√	
	数字资源经费的学科分布		√	√	√		√	

一级指标	二级指标	指标属性		应用范围				引进资源管理与评估子项目采用的指标
		定性指标	定量指标	单馆	联盟/合作	单种资源	整体资源	
文种结构	中文资源比重		√	√	√		√	
	英文资源比重		√	√	√		√	
	其他语种资源比重		√	√	√		√	
级别结构	大学基础级资源比重		√	√	√		√	
	研究级资源比重		√	√	√		√	
媒介结构	光盘		√	√		√		
	局域网访问		√	√		√		
	网络远程访问		√	√	√	√		
	机读磁带		√	√		√		
来源结构	引进资源比重		√	√	√		√	
访问方式	专线							√
	国际网访问							√
	镜像方式							√
	本地服务方式							√
	其他							√
3. 数字资源的内容与质量								
收录时间范围			√			√		√
收录地域范围			√			√		
学科主题领域			√			√	√	√
核心或重要出版物比重			√			√		
内容质量用户评价		√			√	√	√	√
内容质量专家评价		√			√	√	√	√
与馆藏印刷型资源的重复率			√			√	√	
与相关数字资源的重复率			√			√	√	
更新频率			√			√		√
时间滞后情况			√			√		√
注销出版物的比例			√			√		
资源列表(图书/期刊)								√
4. 数字资源的检索与获取能力								
检索功能的完整性		√				√		√

续表

一级指标	二级指标	指标属性		应用范围				引进资源管理与评估子项目采用的指标
		定性指标	定量指标	单馆	联盟/合作	单种资源	整体资源	
检索技术的先进性		√				√		√
检索速度评测		√				√		
检索结果的格式与处理		√				√		
检索平台的稳定性		√				√		√
并发用户限制		√				√		
学科导航		√		√	√	√	√	
统一检索		√		√	√		√	
参考链接/资源调度		√		√	√	√	√	√
与文献传递服务的整合		√		√	√		√	
与印本资源的整合		√		√	√		√	
数据库管理端提供情况								√
访问控制								√
5. 出版商/数据库商的服务								
数据库试用								√
用户访问		√				√		√
用户培训		√				√		√
对用户问题或技术故障的响应和处理		√				√		√
及时通报数据库的变化		√				√		√
指标与格式统一的数据库使用统计报告		√				√		
是否有专人负责		√				√		
统计数据的提供方式和频率								√
赠送资源和服务								√
6. 信息组织能力								
元数据规范		√		√	√	√	√	
主题词表/主题法		√		√	√	√	√	
分类法		√		√	√	√	√	
本体应用		√		√	√	√	√	
导航体系		√		√	√	√	√	
对象数据规范		√		√	√	√	√	
元数据更新方式和周期								√

一级指标	二级指标	指标属性		应用范围				引进资源管理与评估子项目采用的指标
		定性指标	定量指标	单馆	联盟/合作	单种资源	整体资源	
7. 可持续发展能力								
	可存档资源的数量/占资源总量的比重		√	√	√	√	√	
	有永久使用权资源数量/占资源总量的比重		√	√	√	√	√	
	数字资源长期保存的经费		√	√	√	√	√	
	合理使用的限制	√				√		√
	存档方式评价	√			√	√		√
	永久使用评价							√
8. 数字资源和相关设施的费用								
	电子期刊的价格/费用		√	√	√	√	√	
	参考数据库的价格/费用		√	√	√	√	√	
	电子图书的价格/费用		√	√	√	√	√	
	数据库的运营、管理和维护费用		√	√	√	√	√	
	数据库的年价格上涨幅度		√			√		√
	数据库的检索系统与其他专门设备的费用		√			√		
	数据库的存档费用		√			√		
	数据库的价格/费用							√
9. 数字资源的使用数量								
	数据库的登录量		√	√	√	√	√	
	数据库的查询量(检索量)		√	√	√	√	√	√
	数据库的全文下载量		√	√	√	√	√	√
	数据库的拒绝访问量		√	√	√	√	√	
10. 数字资源成本								
	数据库的登录成本		√	√	√	√	√	
	数据库的查询成本(检索成本)		√	√	√	√	√	
	数据库的请求成本		√	√	√	√	√	
	数据库的全文下载成本		√	√	√	√	√	√
	数据库的存档成本		√	√	√	√	√	
11. 数字资源的文献保障程度								
	数字资源的文献保障率		√	√	√	√		√
	数字资源的用户满足率		√	√	√	√		√

续表

一级指标	二级指标	指标属性		应用范围				引进资源管理与评估子项目采用的指标
		定性指标	定量指标	单馆	联盟/合作	单种资源	整体资源	
12. 数字资源共享能力								
	参加集团采购的成员馆总数		√		√			√
	图书馆联盟集团引进的数字资源总量		√		√		√	√
	成员馆参加集团引进的数字资源数量		√	√	√			√
	成员馆参加集团引进的数字资源比重		√	√	√			√
	图书馆联盟数字资源建设的总经费投入		√		√		√	
	图书馆联盟每年补贴成员馆的经费总额		√		√		√	
	图书馆联盟给成员馆带来的成本节省总额		√		√		√	
	图书馆联盟举办的研讨/培训次数		√		√			
	图书馆联盟内部的合作项目数量		√		√		√	
	图书馆联盟设立的数据库服务器数量		√		√		√	
	图书馆联盟谈判获得的国际专线数量		√		√			
	图书馆联盟为成员馆节省的国际网通信费用		√		√			
	数字资源建设的标准规范数量		√		√		√	
	数字资源的整合/集中发布平台	√			√		√	
	资源共享服务(联合目录/馆际互借等)		√		√		√	
	成员馆对联盟的满意度	√			√		√	
	集团采购的历史和组团情况							√
	集团的成员馆分类和付费标准							√

六、评估内容与评估模型的设计

1. 评估指标设计原则

1)针对性:紧紧围绕 CALIS 引进资源管理与评估子项目的要求进行、根据 DRAA 集团采购的工作要求,设计相应的指标。

2)科学性与可操作性:能真实客观地反映高校集团采购工作的实际情况,同时在指标的收集、统计上也具备实际意义和可操作性。

3)导向性原则:要体现 CALIS 资源发展的宏观引导,把握 CALIS 的发展方向。

2. 评估模型

在一级指标和二级指标的设计基础上,结合 CALIS 三期建设的特性,我们设计了作为 CALIS 三期建设子项目的"引进资源管理与评估"的评估模型。此评估模型中的一级指标和二级指标主要从上述列表中选取,但根据实际情况进行取舍,这样做的目的是为了增加评估的可行性。

表 2 – 4　CALIS 三期"引进资源管理与评估"项目评估模型

一级指标	二级指标	二级指标定义
数字资源的数量	数据库的数量	数据库的最小订购单元
	电子图书的数量	数字资源中包含的电子图书数量
	电子期刊的数量	数字资源中包含的电子期刊数量
	资源总量(GB)	数字资源以其所占有的磁盘空间作为计量标准
数字资源的结构	数据库类型	方案一: 体系 1:文摘索引数据库、全文数据库、事实数值型数据库、电子期刊数据库、电子图书数据库、学位论文数据库、软件数据库、书目数据库 体系 2:A 期刊　B 图书　C 学位论文　D 会议论文　E 专利　F 标准　G 报纸　H 多媒体资源　I 百科/参考工具　J 数值　K 图谱 L 其他 方案二: 两种分类体系组合揭示 体系 1(揭示层次):全文、文摘、索引、目录、题录 体系 2(收录文献类型):建议采用 ISBD-AREA 0(一般资料标识项)—2010 版
	数据库的访问方式	数据库提供的各种访问方式,包括专线、国际网、镜像、本地服务、教育网等
数字资源的内容与质量	收录时间范围	数据库收录资源的起止年份
	学科主题领域	将数据库所属学科用《教育部授予博硕士专业一览表》中的学科分类进行标引
	核心或重要出版物比重	被 SCI(SSCI)收录的情况(种),影响因子列表(基于 SCI 标准)
	内容质量用户评价	用户对资源质量的主观评价(通过用户对引进资源的满意度调查开展)
	内容质量专家评价	同行评议信息
	与相关数字资源的重复率	与高校(DRAA)已集团采购数据库的重复度
	更新频率	更新频率主要包括按日、周、月、季度、年更新
	时间滞后情况	资源入库时间和资源出版时间相比,平均滞后的时间
	注销出版物的比例	按年给出注销的资源占资源总量的比例
	资源列表(图书/期刊)	数据库中图书/期刊的整体情况,并及时更新

续表

一级指标	二级指标	二级指标定义
数字资源检索与获取能力	检索功能的完整性	简单检索、高级检索、二次检索、浏览、索引等检索方式是否齐全
	检索技术的先进性	是否具有独特的检索途径等
	检索平台的稳定性	系统的稳定性
	参考链接/资源调度	包括：OpenURL 接口、MetaSearch 接口、数据同步更新接口等
	数据库管理端提供情况	是否提供专门的管理员入口（填写网址等信息）
	访问控制	包括：IP 控制、用户名密码控制、联合认证、并发数控制
出版商/数据库商的服务	数据库试用	是否提供试用？如有试用，试用期限、其他说明、试用报告等
	用户访问	是否有客户回访？如有回访，回访频率
	用户培训	数据库资源内容/检索平台/检索技巧使用培训、上门培训/在线培训（培训课件/视频等）/poster 海报
	对用户问题或技术故障的响应和处理	问题反馈解决时限
	及时通报数据库的变化	内容更新情况
	指标与格式统一的数据库使用统计报告	• 如提供 COUNTER 标准，采用哪种 Counter 标准（JR1、JR1a、JR2、JR5、DB1、DB2、DB3、CR1、CR2、JB1、JR3、JR4、BR1、BR2、BR3、BR4、BR5） • 如不提供 COUNTER 标准，采用 DRAA 扩展格式统计
	是否有专人负责	联系人详细信息、是否提供专人技术支持
	统计数据的提供方式和频率	SUSHI 协议收割、E-mail 自动推送、提供下载、人工索取 • 数据格式：XML、excel（版本）、CSV、html 等 频率：年度、季度、月度、任意时间定制，其他说明
	赠送资源和服务	如赠书、软硬件等
信息组织能力	元数据规范	是否提供规范或标准的元数据，包括 • 格式：excel、marc、XML、PDF、其他 • 质量：每条记录字段数 • 必备字段列表
	元数据更新方式和周期	• 更新方式：自动收割、定期邮件、人工下载、人工索取 • 更新周期
可持续发展能力	合理使用的限制	包括对恶意下载的认定标准及处理方式
	存档方式评价	提供方式：裸数据、裸数据＋检索平台（免费/付费） 提供介质：纸质、光盘、磁盘、硬盘等 存档方式：成员馆存档、集团存档、第三方存档、其他
	永久使用评价	是否提供，提供方式：免费在线访问、付费访问

续表

一级指标	二级指标	二级指标定义
数字资源和相关设施的费用	数据库的年价格上涨幅度	数据库每个订购期的上涨幅度是否合理
	数据库的价格/费用	数据库每个订购期的订购费用
数字资源的使用数量	数据库的查询量(检索量)	数据库每个订购期的查询量(检索量)
	数据库的全文下载量	数据库每个订购期的全文下载量
数字资源的使用成本	数据库的查询成本(检索成本)	数据库每个订购期的查询成本(检索成本)
	数据库的全文下载成本	数据库每个订购期的全文下载成本
数字资源共享能力	参加集团采购的成员馆总数	每个订购期,参加集团采购的成员馆总数
	图书馆联盟集团引进的数字资源总量	每个订购期,联盟集团引进的数字资源总量
	成员馆参加集团引进的数字资源数量	每个订购期,每次集团采购参加的成员馆馆次以及参加集团采购的总馆次
	成员馆参加集团引进的数字资源比重	每个订购期,成员馆参加集团引进的数字资源占本馆资源采购的比重
	成员馆对联盟的满意度	成员馆对 DRAA 集团采购工作的满意度(通过对成员馆的调查得出)
	集团采购的历史和组团情况	● 组团起始年:系统生成 ● 组团历史:显示年份,组团采购方案 ● 用户数及详细用户列表
	集团的成员馆分类和付费标准	学校类型的界定标准,如大型学校、中型学校等;以及每种类型学校的订购费用标准

注:数据来源于"CALIS 引进资源管理与评估系统"。

七、其他说明

由于 CALIS 三期建设时间短,任务重,"引进资源管理与评估"子项目建设和标准规范建设子项目同时启动,为了组织成员馆按时完成 200 个数字资源评估报告,《CALIS 引进数据库评估大纲》出台得更早。为了增加在指导 CALIS 目前开展的引进数据库评估工作中的可行性,《高等教育数字图书馆引进数据库资源评估规范》中目前给出的评估模型是参照《CALIS 引进数据库评估大纲》中的评估内容建立的,在具体实施时可以根据本规范中给出的高等教育数字图书馆引进资源评估指标(表 2－3)对评估模型进行适当调整。

第三节　特色资源评估规范

一、评估背景及评估目标

全国高校专题特色数据库是 CALIS 建设的子项目之一,遵循"分散建设、统一检索、资源共享、服务全国"的建设思路,由全国各类型各层次的高校图书馆在 CALIS 统一指导下联合建设。各高校图书馆对国内独有或稀缺资源进行数字化建设,对网络原生数字资源进行挖掘和整理,并根据自身所拥有的具有特色的或具有优势的馆藏资源,开发了一系列具有地方特色、民族特色和学科特色的自建特色资源数据库。这些特色资源数据库极大地丰富了 CALIS 数字资源的内容体系,形成了集中的特色资源元数据仓储和服务平台,面向全国用户提供多层次和个性化的特色资源服务。

为了定性、定量地评估 CALIS 全国高校专题特色数据库的建设成果,分析和评价特色资源建设的质量与水平,评估特色资源应用服务的绩效,保障专题特色数据库的可持续发展,特制订《高等教育数字图书馆特色资源评估规范》。评估目标是:以评估促进参建馆水平,督促并引导参建馆完成预定目标,建成一批特色鲜明、质量上乘、技术领先、服务效益显著的高校专题特色数据库;以评估带动子项目建设,为 CALIS 特色资源建设的未来发展、特色资源服务模式和质量的改进等管理决策提供可量化的指导。

二、评估对象

高等教育数字图书馆特色资源评估以 CALIS 全国高校专题特色数据库为评估对象。具体包括两个层次:

1)CALIS 各成员馆建设的单个专题特色资源库,如羌族文献数据库、中药标本数据库、音乐艺术特色资源共享平台、医学三维动画网络原生资源数据库、新闻数据库、多媒体数据库等的评估。通过对分散建设的专题特色库资源的内容、数量和质量进行有效评估,保障专题特色库资源可持续发展。

2)CALIS 全国高校专题特色数据库共享平台,包括建设平台与服务平台,评估 CALIS 特色资源的共享体系、整合与共享能力,CALIS 在特色资源建设和资源共享上的投入和产出的效益,CALIS 成员馆通过特色资源联合建设所节约的成本,通过特色资源共享服务获得的收益等。

三、评估内容

1. 数量和规模评估

数字资源的数量和规模是特色资源评估体系的重要指标,是衡量特色数字资源文献保障能力的基础。与传统印刷型资源不同,特色数字资源的类型多样,计量比较复杂,在评估时应考虑到对不同类型的资源品种和数量的计量。

2. 内容与质量评估

内容与质量评估是测评特色数字资源内容的主题特色、资源独特性和完整性的指标。

例如,数字资源的内容是否具有学科特色、地方特色或民族特色;特色资源是否只有本地或本馆独有,或散在各处、难以收集和利用,且通过商业数据库或其他公开渠道难以获得;特色资源的收藏是否完整等。

3. 体系与结构优化评估

(1)类型结构

类型结构评估主要是测评各类型资源,特别是全文数字资源在特色数据资源库中的比例。一方面,由于特色资源自身的特点和局限性,不同的特色资源数据库往往有着完全不同的资源类型。有的特色资源数据库可能包含单一的资源类型,如古籍数据库、乐谱数据库、图像数据库等;有的特色资源数据库由多种类型的数字资源组成,包括书目、索引、文摘、电子图书、电子期刊、音频、视频、地图等。因此全文占全部特色资源的比例是衡量特色资源类型结构的重要指标。

(2)学科结构

包括 CALIS 全国高校专题特色数据库的整体学科结构是否科学合理,特定专题的数字资源是否与学校学科专业的设置及馆藏资源优势相适应,与目标读者的知识结构是否相适应,收藏是否完整,是否基本覆盖相关的学科专业等。

4. 信息组织能力评估

特色资源是由各高校图书馆根据本馆特色和优势进行分散建设的数据库,只有在统一的标准规范框架下对资源进行有效组织、揭示和技术服务,才能提高资源的可获取性和共享性,实现资源的有效利用。因此评估特色资源库的资源组织及揭示能力尤为重要。

资源组织和揭示能力评估包括两方面的内容,一是对特色数字资源进行描述、揭示和有序组织的水平,如数据是否达到规范和实现标准化,是否采用 CALIS 全国高校专题特色库项目所规定的各类标准规范进行数据库建设等。二是对特色数字资源进行发布、提供服务的水平,如特色资源的检索系统、检索功能、检索技术是否先进并且易用,图书馆是否提供有效的技术服务,是否提供统一检索或者元数据整合检索平台,是否能实现二次文献和一次文献、参考文献和原文的链接和调度功能,与文献传递服务的整合状况如何。

5. 可持续发展能力评估

特色数字资源不同于传统印刷型资源的最大特点是数字资源以虚拟的形式存在,而非实体资源,特别是对网络原生资源的挖掘和整理形成的特色数据库。如何保障数字资源的可持续使用是越来越值得关注的问题。

(1)资源发展战略

要考虑特色数字资源的持久的可使用性,特别是稀缺资源和网络原生资源的保障问题。通过一定的方式比如用户存档或联盟存档来保障资源的长期发展和拥有。

(2)永久使用

评估已建设的特色数字资源是否能够永久使用,是否对用户提供永久使用的权利,永久使用的方式是否合法、合理、有效。

（3）存档

评估数字资源是否存档,对数据是否拥有存档的权利,以及存档的方式是否合法、合理、有效。

6. 资源效益评估

资源的效益评估是指对资源的投入和产出效益进行评估。特色资源库的建设除将图书馆传统优势资源进行数字化外,还承担着挖掘与整理未开发利用资源,保存独有或稀缺资源的任务。因此,与一般购置的数字资源不同,这个指标并不是决定特色数字资源是否继续建设的关键性指标,但应成为特色资源建设调整的重要因素。

（1）资源的经费投入

对特色资源建设经费和人力投入进行统计分析,包括建设特色数字资源的费用、购置特色数字资源加工设备的费用、构建特色资源共享平台体系的费用、人力资源投入等。

（2）资源的使用情况

特色资源使用状况是评估特色资源质量的重要依据。使用情况的评价可以从多个方面获取。既可以是数据库使用统计报告,也可以来自用户的调查反馈。

（3）资源的使用成本核算

通过费用和使用情况的分析,可以计算出数字资源的使用成本,例如,每做一次检索的费用,或每下载一篇全文的费用。要充分考虑有关的各种因素,比如软硬件设备投入费用、网络访问费用等。

7. 资源共享能力评估

CALIS 是高校图书馆资源共建共享的联盟,资源共享能力是评估特色数字资源建设效益的重要指标。

（1）资源共享评估

对 CALIS 全国高校专题特色数据库给各成员馆所带来的服务效益和经济效益的评估。例如有多少高校图书馆参加 CALIS 全国高校专题特色数据库的建设,特色资源的数量和服务方式的变化状况,经费和成本是否有一定程度的节约等。

（2）服务共享评估

CALIS 各全国高校专题特色数据库给成员馆和用户可以提供哪些服务,参建馆和用户是否可以使用基于云计算基础的平台共享服务,是否使用元数据的共享服务,是否可以通过馆际互借和文献传递等服务共享特色资源等。

四、评估方法及评估步骤

对特色资源的评估有定性和定量等方法,具体评估步骤包括:

1）确定评估目标与评估内容。

2）建立评估指标体系,指标体系包括一级指标和二级指标,并给出每项指标的定义。

3）确定评估模型,给出指标的权重比例,以及每个指标的具体分值。全国高校专题特色数据库的评估模型需要针对特殊的评估对象和评估目标,选择不同的指标,确定指标的权重。评估结果采用百分制,每个一级和二级指标分别给予相应的分值。

4）采集1—2个样本特色资源数据库进行评估试验,并根据样本评估结果调整评估模型,包括指标权重与分值。采用以下方法收集指标数据:

- 通过CALIS全国高校专题特色库数据库中心系统直接获取成员馆提交的数据量;
- 利用CALIS全国高校专题特色库数据库中心系统对各个子项目的数据进行各类统计和分析;
- 各成员馆自行上报,间接获取数据;
- 由专家根据评估指标的各项详细内容和分值权重,进行打分测评。

5）对数据进行统计、分析和研究,得出评估结果。

6）分析评估结果,总结和分析问题。

7）做出评估结论和建议,并编写评估报告。

五、评估指标体系

1. 一级评估指标及含义

借鉴ISO 11620的描述框架,并考虑CALIS的实际情况,指标体系的定义应由六个方面组成:①指标名称,②定义,③目的,④方法,⑤影响指标的解释和因素,⑥二级指标;其中前五个方面是必备内容,第六个方面仅限于一级指标使用。

高等教育数字图书馆特色资源评估指标体系的一级指标遵循了《高等教育数字图书馆数字资源评估总则》,在总则规定的12个指标中根据特色资源库分散建设、服务共享的建库情况选取了10个一级指标。其二级指标在一级指标的框架内结合特色资源的实际特点进行设计,具有可操作性,可以对单个特色资源库及整个CALIS全国高校专题特色数据库进行实际评估。

1.1

名称:特色资源的数量

定义:特色资源的品种与数量。

目的:主要用于评估特色资源的建设和发布的数量,有助于衡量和发展特色数字资源。

方法:特色资源的建设数量由参建馆自行统计,发布数量由CALIS全国高校专题特色数据库中心系统统计。

影响指标的解释和因素:计量单位、计量方法以教育部高等学校图书情报指导工作委员会和CALIS管理中心联合提出的《高等学校图书馆数字资源计量指南》(2004年制定,2007年修订)为标准。

二级指标:特色资源总量、新增数据量占申报数据总量比例、特色资源发布量。

特色资源总量是指各个特色资源库所包含的各类型文献资源的总和,包括书目、文摘、图片、音频、视频、电子图书、论文等。各类型或各主题领域的特色资源总量不一,有的稀缺资源总量非常有限,只有数千或数百条;有的综合性资源则比较丰富,数据量可以达到几十万条。因此对特色资源数量的评估不能仅从统计数据的绝对数量出发,而是应强调其收录的完整性,即是否对某一特定主题领域或类型的特色资源收集完整。评估时应以子项目在项目申报时调研的该类型或该主题领域数据总量为依据,评估新增数据量占所申报数据总量比例。

特色资源发布量是指各个特色资源库进行网站发布并提供用户服务的各类型文献资源的总和。全国高校专题特色资源库有两种服务模式，一种是由各个特色资源库自行发布并提供用户发布网址，一种是把所有资源的元数据提交到全国高校专题特色数据库中心系统，提供统一检索服务。为强调"资源共享、服务全国"的建设思路，对各个特色资源库的发布量的统计以提交到 CALIS 全国高校专题特色数据库中心系统的元数据量为准。

1.2

名称：特色资源的结构

定义： 特色资源的结构情况，包括资源学科结构、类型结构及全文所占比例。

目的： 评估与衡量特色资源体系结构是否合理，结构的构成成分和各成分所占的比重是否科学，资源建设布局是否得当等。

方法： 资源的学科结构和类型结构由 CALIS 全国高校专题特色数据库中心系统统计，全文所占比例由参建馆自行统计。

影响指标的解释和因素： 在学科方面需要参照教育部颁发的《学科分类与代码表》，在资源类型方面需要参照特色库项目管理组制定的"专题特色库信息资源名称规范表"。

二级指标： 资源类型分布、全文比例、所覆盖的学科名称、学科总体分布、单个学科拥有的资源数量统计、单个学科拥有的资源数量的比重。

由于特色资源特有的局限性，如某个学科性的特色资源库只限于对单个学科的特色资源的收集和整理；某个网络原生资源库只限于对特定主题领域的网络资源的收集和整理，因此针对单个特色资源库来说，其结构评估主要是评估一次文献和二次文献分布的比例，以及全文文献在所有特色资源中所占的比重。

对于 CALIS 全国高校专题特色数据库来说，除资源的类型分布与全文比例外，还要考虑其总体的学科分布是否合理，是否覆盖了所有一级学科，是否满足高等学校及社会对稀缺资源或不易通过商业数据库获得的资源，或者特殊类型专题资源的需求等。

1.3

名称：特色资源的内容与质量

定义： 特色资源内容包括主题特色、独特性、完整性和时效性等方面。

目的： 评估特色资源的内容与质量是否符合用户需要，其特色性如何，收藏是否完整等情况。

方法： 包括定性和定量两种评价方法。

影响指标的解释和因素： CALIS 全国高校专题特色数据库项目建设方案确定的特色资源建设目标和建设重点。

二级指标： 主题特色、内容独特性、网络原生、内容质量用户评价、内容质量专家评价。

特色资源在内容上应具有一定的特色，如学科特色、民族特色、地方特色等；从收集渠道上来说，应是本地或本馆独有的；或散在各处、难以收集和利用的；且商业数据库或其他公开渠道难以获得的资源。对主题特色和内容独特性的评价主要采用定性和定量相结合的方式进行。

对特色资源内容和主题的定性评价主要包括内容质量用户评价和内容质量专家评价两个方面。前者主要通过对用户的访问调查获得,后者主要由专家根据特色数据库的整体内容、栏目设计等进行综合评价。

1.4

名称: 特色资源的检索与获取能力

定义: 特色资源提供给用户检索、挖掘、发现和处理的平台性能,也包括整合功能。

目的: 主要针对特色资源的检索平台进行评估,评估资源是否被有效组织,是否能够被快速、准确地发现、获取和有效利用;如检索系统、检索功能、检索技术是否先进,检索结果是否易用等;是否提供有统一检索或者元数据整合检索平台,是否提供浏览与导航功能,与文献传递服务的整合状况如何等。也涉及其他相关信息,如网络、访问速度等。

方法: 网上实时测评。

影响指标的解释和因素: 要结合信息技术的最新发展和用户需求的变化进行评价,指标设计要具备客观性与先进性。

二级指标: 检索方式、检索途径、检索功能、检索速度、检索结果处理、检索平台的稳定性、导航浏览、统一检索、与文献传递服务的整合。

全国高校专题特色资源库要求具备简单检索、高级检索、限定检索、浏览、索引等服务功能,高级检索应实现多个检索条件的组配检索。限定检索包括对资源类型、日期范围、语种、有全文的资源等的限定。在简单检索和高级检索的结果页面上还应提供二次检索和重新检索功能,并在检索页面提供多种浏览导航方式。通过对特色资源信息的有效组织、揭示和技术服务,提高特色资源的易用性和可获取性,达到特色资源的有效利用。

除此之外,全国高校专题特色资源库还应满足 CALIS 的统一检索需求,逐步实现 CALIS 体系内的特色资源传递等功能。

CALIS 应该提供与上述需求相符合的技术支持和服务,保证全国高校专题特色资源库的检索系统、检索功能、检索技术始终先进并且易用。

1.5

名称: 信息组织能力

定义: 对特色资源进行描述、揭示和有序组织的水平。

目的: 主要用于评估元数据、对象数据的规范化、标引的有效性、组织的有序化,以及特色资源的数据加工质量是否满足读者需求,为特色资源的科学揭示、易于发现和使用奠定基础。

方法: 采用抽样测评的方式进行,每个特色资源数据库可随机抽样一定数量的各种类型的元数据及对象数据进行测评。

影响指标的解释和因素: CALIS 全国高校专题特色数据库项目管理组所制定的图书、图片、音频、视频等13类元数据标准规范和对象数据加工规范。

二级指标: 元数据规范应用、元数据标引质量、对象数据加工质量。

全国高校专题特色数据库采用分散建设、统一检索方式进行,而且资源类型各异、资源主题各异,因此特别强调建库过程中要遵循项目管理组所制定的各类元数据标准规范、元数据著录细则,数据对象的加工规范等。

元数据规范应用主要包括是否采用了项目管理组规定的元数据规范、项目组规定的编码体系是否采用、元数据扩展是否遵守扩展规则。

元数据标引质量主要评估项目管理组要求的必备字段是否具备、著录是否严格遵守了著录规则、编码体系的著录是否符合要求、元数据著录内容是否有误等。

对象数据加工质量主要评估对象数据的加工格式是否符合加工规范的要求、对象数据误链率、文本错别字和断句差错率和图像倾斜、不清晰率等。

1.6

名称:可持续发展能力

定义:即特色资源被永久使用、长期保存的程度。

目的:主要用于评估特色资源的长期可用性,包括是否拥有永久使用权,永久使用的方式是否合法、合理、有效;对数据是否拥有存档的权利,以及存档的方式是否合法、合理、有效等。

方法:由参建馆自行统计有永久使用权资源的数量和可存档资源的数量。

影响指标的解释和因素:受特色资源的知识产权等相关法律法规限制。

二级指标:有永久使用权资源数量占资源总量的比重、可存档资源的数量占资源总量的比重、存档方式评价、配套经费、专业建库人员。

全国高校专题特色数据库由各馆分散建设,全文级资源归各成员馆所有,CALIS 管理中心仅保存享有元数据及文摘级数据。因此要特别重视特色资源的持久的可使用性,强调各个专题特色库数据库的数据安全与备份制度。要评估各个特色资源库的数字资源是否能够永久使用,永久使用的方式是否合法、合理、有效,还要评估数字资源是否存档,对数据是否拥有存档的权利,以及存档的方式是否合法、合理、有效,是否采用了异质存储、异地存储等方式,以确保资源库数字资源的长期发展。

此外,专题特色数据库主要依靠各个高校自行投入开发建设,是否有配套经费,是否配备了专业建库人员也是衡量特色资源可持续发展的重要指标。

1.7

名称:特色资源和相关设施的费用

定义:特色资源开发建设、运营管理、维护所涉及的相关费用,如数据采集费用、数据加工费用、资源建设投入的软硬件费用、特色资源共享平台开发与长期运营维护的费用等。

目的:为特色资源建设的投入产出、成本核算奠定基础。

方法:由参建馆和项目管理组分别统计各类费用。

影响指标的解释和因素:要考虑数据采集、数据加工、软硬件开发、长期运营维护、持续建设的费用。

二级指标:数据采集/加工费用、数据库的运营、管理和维护费用、数据库的建库系统费用、数据库的检索系统费用、数据库的相关设备费用、数据库的存档费用。

全国高校专题特色数据库的建设和维护主要依靠各校自主投入,CALIS 进行政策和技术引导,根据不同的情况适当给予经费补贴和奖励。因此各个特色库的建设费用包括两大块:CALIS 补贴经费和各校配套经费。费用构成主要包括数据采集/加工费用、数据库的运营、管理和维护费用、数据库的相关设备费用、数据库的存档费用等。通过费用和使用情况的分析,可以计算出特色资源的成本。数据库的建库系统费用、数据库的检索系统费用主要指全国高校专题特色数据库的通用建库系统平台和中心服务系统的开发、建设和维护费用。

1.8

名称:特色资源的使用数量

定义:用户使用特色资源的次数和数量。

目的:评价特色资源的使用情况,从中可以了解用户对特色资源的需要程度,同时也为特色资源建设的投入产出、成本核算奠定基础。可以通过数据库的登录量、查询量、全文下载数量等指标计量。

方法:由参建馆本地系统、全国高校专题特色数据库中心系统分别统计使用数量并叠加。

影响指标的解释和因素:受特色资源的统计计量标准影响,应按照 COUNTER 标准进行统计。

二级指标:数据库的登录量、数据库的查询量、数据库的全文下载量、文献传递的数量。

1.9

名称:CALIS 和参建馆的服务

定义:CALIS 和参建馆提供的各项服务。

目的:评估 CALIS 和参建馆的服务机制,保障特色资源的后续服务顺利运行。

方法:由 CALIS、图书馆提交报告,结合用户调查进行评估。

影响指标的解释和因素:要注意评价的客观性,特别要结合用户的满意度进行评估。

二级指标:用户培训、对用户问题或技术故障的响应和处理、及时通报数据的变化、是否有专人负责。

"全国高校专题特色数据库"属于自建资源,CALIS 是否为参建馆和用户提供了各项服务,包括对参建馆的指导服务、技术服务,为用户提供的相关服务,如使用指导,中心服务系统的维护,是否有专人负责等,都是评估 CALIS 和参建馆服务的内容和指标。

1.10

名称:特色资源共享能力

定义:特色资源的可共享程度、共享范围等。

目的:通过对特色资源共享程度的评估,考察合作共享的情况,评估共享方面的投入产出效益,是评估特色资源建设效益的重要指标。共享能力评估包括资源共享和服务共享两个方面的评估。

方法:由参建馆和项目管理组分别统计并根据固定公式进行计算。

影响指标的解释和因素:涉及的因素很多,需要全面考察。

二级指标:对单个专题特色资源数据的共享能力的评估指标包括:共享机制和参与合作

建设的成员馆总数。共享机制主要评估特色资源是否面向全国范围提供共享,即是否提供元数据的公开免费检索,对于无版权问题的全文文献是否提供公开获取,对于涉及版权问题的全文文献是否提供文献传递等。

对 CALIS 全国高校专题特色数据库共享能力的评估指标包括:参与合作建设的成员馆总数、项目中心网站的特色资源总量、成员馆建设的特色资源数量、成员馆建设的特色资源比重、项目资源建设的总经费投入、成员馆投入的经费总额、项目补贴成员馆的经费总额、项目举办的研讨/培训次数、项目中的合作项目数量、项目设立的数据库服务器数量、项目建设的标准规范数量、特色资源的通用建设平台、特色资源的整合/集中发布平台、资源共享服务、用户对特色资源的满意度。

2. 二级指标、指标属性及其应用范围

该指标体系包括若干个二级指标,其指标名称、指标属性(定量还是定性)以及指标应用范围如表 2-5 所示。

表 2-5　高等教育数字图书馆特色资源评估指标体系

一级指标	二级指标	指标属性		应用范围	
		定性指标	定量指标	单个特色资源数据库	CALIS 全国高校专题特色数据库
1. 特色资源的数量					
特色资源总量			√	√	√
新增数据量占申报数据总量比例			√	√	√
特色资源发布量			√	√	√
2. 特色资源的结构					
类型结构	资源类型分布		√	√	√
	全文比例		√	√	√
学科结构	所覆盖的学科名称	√			√
	学科总体分布		√		√
	单个学科拥有的资源数量统计		√	√	√
	单个学科拥有的资源数量的比重		√	√	√
3. 特色资源的内容与质量					
主题特色			√	√	√
内容独特性			√	√	√
网络原生			√	√	
内容质量用户评价		√		√	√
内容质量专家评价		√		√	√
4. 特色资源检索与获取能力					
检索方式		√		√	√

续表

一级指标	二级指标	指标属性		应用范围	
		定性指标	定量指标	单个特色资源数据库	CALIS 全国高校专题特色数据库
检索途径		√		√	√
检索功能		√		√	√
检索速度		√		√	√
检索结果处理		√		√	√
检索平台的稳定性		√		√	√
导航浏览		√		√	√
统一检索		√		√	√
与文献传递服务的整合		√		√	√
5. 信息组织能力					
元数据规范应用		√		√	√
元数据标引质量			√	√	√
对象数据加工质量			√	√	√
6. 可持续发展能力					
有永久使用权资源数量占资源总量的比重		√		√	√
可存档资源的数量占资源总量的比重					
存档方式评价		√		√	√
配套经费			√	√	
专业建库人员		√		√	
7. 特色资源和相关设施的费用					
数据的采集/加工费用			√	√	√
数据库的运营、管理和维护费用			√	√	√
数据库的建库系统费用			√		√
数据库的检索系统费用			√		√
数据库的相关设备费用			√	√	√
数据库的存档费用			√	√	√
8. 特色资源的使用数量					
数据库的登录量			√	√	√
数据库的查询量			√	√	√
数据库的全文下载量			√	√	√
文献传递的数量			√	√	√

续表

一级指标	二级指标	指标属性		应用范围	
		定性指标	定量指标	单个特色资源数据库	CALIS 全国高校专题特色数据库
9. CALIS 和参建馆的服务					
	用户培训	√		√	√
	对用户问题或技术故障的响应和处理	√		√	√
	及时通报数据库的变化	√		√	√
	是否有专人负责	√		√	√
10. 特色资源共享能力					
	服务级次	√		√	
	共享机制	√		√	
	参与合作建设的成员馆总数		√	√	√
	项目中心网站的特色资源总量		√	√	√
	成员馆建设的特色资源数量		√	√	√
	成员馆建设的特色资源比重		√		√
	项目资源建设的总经费投入		√		√
	成员馆投入的经费总额		√		√
	项目补贴成员馆的经费总额		√		√
	项目举办的研讨/培训次数		√		√
	项目中的合作项目数量		√		√
	项目设立的数据库服务器数量		√	√	
	特色资源的通用建设平台	√			√
	特色资源的整合/集中发布平台	√			√
	特色资源建设的标准规范数量		√		√
	特色资源共享服务	√			√
	成员馆对项目的满意度	√			√

六、评估内容与评估模型的设计

1. 评估指标设计原则

1)针对性:紧紧围绕 CALIS 全国高校专题特色数据库的建设目标、内容与验收要求,设计相应的指标。

2)科学性与可操作性:能真实客观地反映 CALIS 全国高校专题特色数据库参建馆的实际情况,同时在指标的收集、统计上也具备实际意义和可操作性。

3）导向性原则：要体现 CALIS 特色资源建设的宏观引导，把握 CALIS 特色资源的发展方向。

2. 评估模型

在一级指标和二级指标的设计基础上，结合 CALIS 三期高校专题特色资源的建设特点，我们设计了作为 CALIS 三期专题特色数据库建设子项目的评估模型。此评估模型中的一级指标和二级指标完全从上述列表中选取，但根据实际情况稍有取舍，不是全盘照搬。这样做的目的是为了使评估的分值能够按照满分 100 分的标准进行，以免产生误解。具体评估指标模型见表 2－6。

表 2－6　CALIS 三期"专题特色数据库"项目评估模型

一级指标	分值/权重	二级指标	分值/权重	评估意向	数据来源	评分方法
特色资源的数量	10	特色资源总量	4	新增数据总量是否达到一定规模	参建馆提供	1. 新增数据量 5 万条以上，4 分
						2. 新增数据量 3—4 万条，3 分
						3. 新增数据量 2—3 万条，2 分
						4. 新增数据量 1 万条，1 分
		新增数据量占申报数据总量比例	6	新增数据量是否达到预期目标	对比立项申报表	1. 达到项目申报数量 100%，6 分
						2. 达到项目申报数量 60% 以上，4 分
						3. 达到项目申报数量 40% 以上，2 分
特色资源的结构	15	资源类型分布	3	是否涵盖多种类型资源	参建馆本地发布系统	1. 涵盖与选题有关的各种数据类型，包括题录、文摘、全文、图像、音频、视频等 3 种以上文献类型，3 分
						2. 涵盖与选题有关的多种数据类型，包括题录、文摘、全文、图像、音频、视频等不少于 2 种文献类型，2 分
						3. 仅涵盖与选题有关的一种数据类型，1 分
		全文比例	12	是否提供一定比例的全文	验收总结报告	1. 新增数据中全文或图像等一次文献的比例大于 80%，10—12 分
						2. 新增数据中全文或图像等一次文献的比例为 50%—80%，6—9 分
						3. 新增数据中全文或图像等一次文献的比例为 30%—50%，1—5 分

续表

一级 指标	分值/ 权重	二级 指标	分值/ 权重	评估 意向	数据 来源	评分方法
特色 资源 的内 容与 质量	24	内容独特性	12	资源是否为独有或稀缺资源	参建馆本地发布系统	1. 独有或稀缺资源占 80%—100%，与其他高校的专题特色库内容和主题不重复，且商业数据库或其他公开渠道难以获得的资源，10—12 分
						2. 独有或稀缺资源占 50%—80%，与其他高校的专题特色库内容和主题不重复，且商业数据库或其他公开渠道难以获得的资源，7—9 分
						3. 独有或稀缺资源占 30%—50%，与其他高校的专题特色库内容和主题不重复，且商业数据库或其他公开渠道难以获得的资源，4—6 分
						4. 独有或稀缺资源占 30% 以下，与其他高校的专题特色库内容和主题不重复，且商业数据库或其他公开渠道难以获得的资源，1—3 分
		网络原生	6	网络原生资源是否具有实用与保存价值	参建馆本地发布系统	1. 网络原生资源占 60%—100%，属当前重点关注的学科、实事热点，内容具有实用与保存价值，无其他出版形式，5—6 分
						2. 网络原生资源占 30%—50%，属当前重点关注的学科、实事热点，内容具有实用与保存价值，无其他出版形式，3—4 分
						3. 网络原生资源占 30% 以下，属当前重点关注的学科、实事热点，内容具有实用与保存价值，无其他出版形式，1—2 分。
		主题特色	6	内容是否具有一定的主题特色	参建馆本地发布系统	1. 主题鲜明，有很强的学科特色、地方特色和民族特色，且前期成果良好，数据量达到 10 万条以上，5—6 分
						2. 主题鲜明，有较强的学科特色、地方特色和民族特色，且前期成果良好，数据量达到 5 万—10 万条，3—4 分
						3. 主题一般，无突出特色，且前期成果良好，数据量 5 万条以下，1—2 分

续表

一级指标	分值/权重	二级指标	分值/权重	评估意向	数据来源	评分方法
特色资源检索与获取能力	14	检索方式	3	简单检索、高级检索、二次检索、关联检索等检索方式是否齐全	参建馆本地发布系统	1. 提供实现多个字段组配的高级检索功能 1 分
						2. 具有二次检索功能 1 分
						3. 具有检索结果的关联检索功能 1 分
		检索途径	2	是否提供多种检索途径		1. 3 种及 3 种以上检索途径,2 分
						2. 2 种及 2 种以下检索途径,1 分
		检索功能	2	系统的辅助检索功能		具有检索限定、检索历史等检索辅助功能,功能较强 2 分,功能较差 1 分,依次递减
		检索结果处理	2	检索结果显示的内容和方式是否合理		具有检索结果排序、输出等结果处理功能,功能较强 2 分,功能较差 1 分,依次递减
		检索速度	2	系统的反应速度		正常反应速度 2 分,速度较慢 1 分,依次递减
		检索平台的稳定性	1	系统的稳定性		平台稳定 1 分,不稳定 0 分
		导航浏览	1	是否有导航浏览功能		有导航浏览功能 1 分,无导航功能 0 分
		统一检索	1	是否有统一检索	CALIS 统一检索平台	有统一检索 1 分,无统一检索 0 分
信息组织能力	20	元数据规范应用	4	是否严格遵循了项目组规定的系列元数据标准规范	CALIS 特色库中心服务系统	1. 是否采用项目组规定的元数据规范,0—2 分
						2. 是否采用项目组规定的编码体系,0—1 分
						3. 是否遵循项目组规定的扩展规则,0—1 分
		元数据标引质量	8	元数据标引质量是否符合要求		1. 项目组要求的必备字段是否具备,0—2 分
						2. 著录是否严格遵守了著录规则,0—2 分
						3. 编码体系的著录是否符合要求,0—2 分
						4. 著录是否有错误(有错别字或标引内容与字段不符),0—2 分

续表

一级指标	分值/权重	二级指标	分值/权重	评估意向	数据来源	评分方法
信息组织能力	20	对象数据加工质量	8	对象数据加工质量是否符合要求	CALIS 特色库中心服务系统	1. 数据选择质量,是否来自学术机构,是否属于相关专题领域,适合特定用户群,0—2分
						2. 对象数据误链率,0—2分,满分2分,依误链率的提高递减
						3. 文本错别字和断句差错率,0—2分,满分2分,依错误率的提高递减
						4. 图像倾斜、不清晰率,0—2分,满分2分,依不清晰率的提高递减
可持续发展能力	8	有永久使用权资源数量占资源总量的比重	2	有永久使用权和可存档资源的比重是否符合长期使用的需求	验收总结报告	1. 有永久使用权资源数量占资源总量比重占50%以上为2分
						2. 有永久使用权资源数量占资源总量比重占30%以上为1分
		可存档资源的数量占资源总量的比重	2	可存档资源的比重是否符合长期使用的需求		1. 可存档资源数量占资源总量比重占90%以上为2分
						2. 可存档资源数量占资源总量比重占50%以上为1分
		存档方式评价	2	方式应先进合理		1. 有两种媒介以上或有异地备份为2分
						2. 只有1中存储媒介为1分
		配套经费	2	参建学校是否给予一定比例的配套经费		1. 有100%以上的配套经费为2分
						2. 有50%以上的配套经费为1分
						3. 无配套经费为0分
特色资源和相关设施的费用	4	数据的采集/加工费用	1	各项费用能否落实并有保障	验收总结报告	列出此项费用开支为1分,未列出为0分
		数据库的运营、管理和维护费用	1			列出此项费用开支为1分,未列出为0分
		数据库的相关设备费用	1			列出此项费用开支为1分,未列出为0分
		数据库的存档费用	1			列出此项费用开支为1分,未列出为0分

续表

一级指标	分值/权重	二级指标	分值/权重	评估意向	数据来源	评分方法
特色资源的使用数量	0	数据库的登录量		评估用户使用量是否足够多	参建馆本地发布系统	三期建设刚刚完成,很多子项目尚未展开服务,此次暂不评估
		数据库的查询量				
		数据库的全文下载量				
		文献传递的数量				
参建馆的服务	0	用户培训		评估参建馆是否面向用户开展及时全面的服务	验收总结报告	三期建设刚刚完成,很多子项目尚未展开服务,此次暂不评估
		对用户问题或技术故障的响应和处理				
		及时通报数据库的变化				
		是否有专人负责				
特色资源共享能力	5	共享机制	3	评估资源是否面向全国用户提供共享	验收总结报告	1. 提供元数据的公开免费检索,1分
						2. 对于无版权问题的全文文献提供公开获取,1分
						3. 对于涉及版权问题的全文文献提供文献传递服务,1分
		参加合作建库的成员馆数量	2	评估资源是否多馆或多单位联合共建		1. 有校外合作建库单位,各参建单位有体承担和完成的建设内容和数据量,2分
						2. 仅有校内合作建库单位,各参建单位有具体承担和完成的建设内容和数据量,1.5分
						3. 有校内外合作建库单位,各参建单位无具体承担的数据量,1分
						4. 无合作建库单位,0分

69

七、其他说明

本评估规范列出对单个特色资源数据库的评估和对 CALIS 全国高校专题特色数据库的整体评估指标。在实际的评估活动中，应根据不同的评估对象和评估目标选取需要的指标进行评估。

第四节　书刊类资源评估规范

一、评估背景及评估目标

书刊类资源建设是高等教育数字图书馆建设的主要任务之一。书刊类资源建设通过全国中心、地区中心和省中心的带头作用，推广到各高校，同时也带动各级文献保障体系的建设。文献信息服务的基础是高校资源的揭示，这就要求收集各成员馆的馆藏数据，形成各级高校资源的联合目录。成员馆有义务积极创造条件向 CALIS 管理中心提供全部馆藏目录数据，并协助及时更新维护。同时，CALIS 管理中心在获得这些馆藏数据并完成数据处理工作后，可以帮助成员馆更新、优化现有馆藏数据，更好地揭示成员馆的馆藏资源，提供更精确的服务调度（如馆际互借、文献传递与相关资源的链接等）。

为了定性、定量地评估 CALIS 全国高校书刊类资源的建设成果，分析和评价书刊类资源的质量及其利用情况，保障书刊类资源的可持续发展，特制定《高等教育数字图书馆书刊类资源评估规范》。评估目标是：以评估促进成员馆水平提升，督促并引导成员馆完成预定目标，建成数量庞大、内容广泛、质量较高、服务效益显著的高校联合仓储数据库；以评估带动项目建设，为 CALIS 书刊资源建设的未来发展、服务模式和质量改进等管理决策提供可量化的指导。

二、评估对象

高等教育数字图书馆书刊类资源评估以 CALIS 联合仓储数据库所拥有的各种书刊文献资源为评估对象。具体包括三个层次：

1）CALIS 各成员馆建设的单馆书刊类资源库，通过对分散建设的单馆书刊类资源库的数量和质量进行有效评估，保障单馆书刊类资源可持续发展。

2）CALIS 各共享域建设的共享域书刊类资源库，包括以地理范围集中的省中心、地区中心，以及以学科范畴集中的专科共享域（如农学、外语、旅游等）。通过对集中建设的共享域书刊类资源库的数量和质量进行有效评估，保障共享域书刊类资源可持续发展。

3）CALIS 联合仓储数据库及相应的服务平台（如 e 读），评估 CALIS 联合仓储数据库的集成体系、整合与服务能力，CALIS 在书刊类资源建设和资源服务上的投入和产出的效益，CALIS 成员馆通过联合仓储资源建设所节约的成本，通过书刊类资源共享服务获得的收益等。

三、评估内容

1. 数量和规模评估

书刊类资源的数量和规模是评估体系的重要指标,是衡量书刊类资源文献保障能力的基础。其中包括对各种类型的资源品种和数量的计量,应当尽可能地规范、准确、客观。

2. 内容与质量评估

内容与质量评估是测评书刊类资源的学术性、权威性、完整性等方面的指标。例如,书刊类资源的内容是否具有学科特色、地方特色或民族特色;资源更新是否及时;收藏是否完整等。

3. 体系与结构优化评估

（1）类型结构

评估书刊类资源是否包括各种类型的出版物,是否全面包括纸本图书、纸本期刊、电子图书、电子期刊等文献的完整体系,各种资源类型的比重如何等。

（2）学科结构

包括:学科结构是否科学合理,评估学科专业的书刊类资源是否与学科专业的设置相适应,与目标读者的专业知识结构是否相适应,收藏是否完整,是否基本覆盖相关的学科专业,是否发展平衡、比重适当等。

（3）文种结构

除中文资源外,还应该包括外文资源,尤其是英文文种的资源。近年来,由于中国与全球非英语国家关系的不断发展,也要注意非英语类资源的建设。

（4）级别结构

评估书刊类资源是否既有研究级的资源又有学习级、基础级的资源,既有典藏级的资源又有以获取为目的的服务级的资源。各个级别之间应当保持平衡,另外要注意典藏级资源的存档和永久使用权的问题,保障资源的可持续发展。

4. 信息组织能力评估

通过信息的有效组织、揭示和技术服务,可以提高资源的易用性和可获取性,达到资源的有效利用。例如,资源的检索系统、检索功能、检索技术是否先进并且易用,图书馆是否提供统一检索或者元数据整合检索平台,是否能实现二次文献和一次文献、参考文献和原文的链接和调度功能,与电子资源馆藏、馆际互借等服务的整合状况如何。

信息组织能力评估还包括对信息资源进行描述、揭示和有序组织的水平,例如,数据是否达到规范和实现标准化,是否采用CALIS数据规范进行数据库建设等。

5. 资源效益评估

资源效益评估是指对资源的投入和产出效益进行评估。书刊类资源建设除将图书馆传统优势资源进行数字化外,还承担着挖掘与整理未开发利用资源的任务。

（1）资源的经费投入

对书刊类资源建设经费和人力投入进行统计分析，包括：建设和购置书刊类资源的费用，资源经费投入所占比例、费用年增加变化情况等。

（2）资源的使用情况

资源使用状况是评估资源质量的重要依据。使用情况的评价可以从多个方面获取。既可以是资源使用统计报告，也可以通过对用户进行调查来获取信息。

（3）资源的使用成本核算

通过费用和使用情况的分析，可以计算出书刊类资源的使用成本。要充分考虑有关的各种因素，如软硬件设备投入费用、网络访问费用等。

（4）资源的文献保障率

资源的文献保障是资源建设的目标。资源的文献保障率是考察资源是否满足最终用户的需要以及满足的程度如何。

6. 资源共享能力评估

CALIS 是高校图书馆资源共建共享的联盟，资源共享能力是评估书刊类资源建设效益的重要指标。

（1）资源共享评估

对 CALIS 书刊类资源建设给各成员馆所带来的服务效益和经济效益的评估。例如，有多少高校图书馆参加 CALIS 书刊类资源建设，资源的数量和服务方式的变化状况，经费和成本是否有一定程度的节约等。

（2）服务共享评估

CALIS 书刊类资源建设给成员馆和用户可以提供哪些服务，成员馆和用户是否可以使用基于云计算基础的平台共享服务，是否使用元数据的共享服务，是否可以通过馆际互借和原文传递等服务共享资源等。

四、评估方法及评估步骤

对书刊类资源建设评估方法分为定性和定量等多种方法，具体评估步骤包括：

1）确定评估目标与评估内容。

2）建立评估指标体系，指标体系包括一级指标和二级指标，给出每项指标的定义。

3）确定评估模型，给出指标的权重比例，以及每个指标的具体分值。

4）采集 1—2 个样本书刊类资源数据库进行评估试验，并根据样本评估结果调整评估模型，包括指标权重与分值。

5）采用以下方法收集指标数据：

- 通过 CALIS 联合仓储数据库直接获取成员馆提交的数据；
- 通过各个省中心和共享域间接获取成员馆提交的数据；
- 各成员馆自行上报，间接获取数据；
- 由专家根据评估评估指标的各项详细内容和分值权重，进行打分测评。

6）对数据进行统计、分析和研究，得出评估结果。

7）分析评估结果，总结和分析问题。

8）做出评估结论和建议,并编写评估报告。

五、评估指标体系

1. 一级评估指标及含义

借鉴 ISO 11620 的描述框架,并考虑 CALIS 的实际情况,指标体系的定义应由六个方面组成:①指标名称,②定义,③目的,④方法,⑤影响指标的解释和因素,⑥二级指标;其中前五个方面是必备内容,第六个方面仅限于一级指标使用。

1.1
名称:书刊类资源的数量
定义: 书刊类资源的品种与数量。
目的: 主要用于评估书刊类资源的拥有和可访问的数量,有助于衡量和提高书刊类资源的发展。
方法: 书刊类资源的拥有数量由成员馆自行统计,可访问数量由 CALIS 全国高校统一交换系统和数据管理系统统计。
影响指标的解释和因素: 计量单位、计量方法以教育部高等学校图书情报指导工作委员会和 CALIS 管理中心联合提出的《高等学校图书馆数字资源计量指南》(2004 年制定,2007 年修订)为标准。
二级指标: 见表 2 – 7,可另行扩展。

1.2
名称:书刊类资源的结构
定义: 书刊类资源的结构情况,包括资源类型结构、文种结构、级别结构、学科结构等。
目的: 评估与衡量书刊类资源体系结构是否合理,结构的构成成分和各成分所占的比重是否科学,资源建设布局是否得当等。
方法: 资源的结构由 CALIS 全国高校统一交换系统和数据管理系统统计。
影响指标的解释和因素: 在学科方面需要参照《中国图书馆图书分类法》,及教育部颁发的《学科分类与代码表》、《杜威十进图书分类法》(*Dewey Decimal Classification*)、《美国国会图书馆分类法》(*Library of Congress Classification*)。
二级指标: 见表 2 – 7,可另行扩展。

1.3
名称:书刊类资源的内容与质量
定义: 书刊类资源内容包括学术性、权威性、完整性、时效性等方面。
目的: 评估书刊类资源的内容与质量是否符合用户需要、学术性如何、收藏是否完整等情况。
方法: 由数据部根据书刊类资源的整体内容进行定性评价,数据管理系统进行定量评价。
影响指标的解释和因素: 要注意评价的客观性,同时也可参考使用其他一些评价工具,如《CALIS 联机合作编目手册》、ISBD、AACR2 等。

二级指标:见表 2 - 7,可另行扩展。

1.4

名称:书刊类资源的检索与获取能力

定义:书刊类资源提供给用户检索、挖掘、发现和处理的平台性能,也包括整合功能。

目的:主要针对书刊类资源的检索平台进行评估,评估资源是否被有效组织,是否能够被快速、准确地发现、获取和有效利用;检索系统、检索功能、检索技术是否先进,检索结果是否易用等;是否提供有统一检索或者元数据整合检索平台,是否提供浏览与导航功能,与电子资源馆藏、馆际互借等服务的整合状况如何等。也涉及其他相关信息,如网络、访问速度等。

方法:由数据部根据书刊类资源的整体内容进行定性评价,数据管理系统和 e 读进行定量评价。

影响指标的解释和因素:要注意评价的客观性、先进性,特别要结合用户需求的变化和信息技术的发展。

二级指标:见表 2 - 7,可另行扩展。

1.5

名称:信息组织能力

定义:对书刊类资源进行描述、揭示和有序组织的水平。

目的:主要用于评估元数据、对象数据的规范化、标引的有效性、组织的有序化,为书刊类资源的科学揭示、易于发现和使用奠定基础。

方法:由数据部根据书刊类资源的整体情况进行定性评价,对数据管理系统和 e 读进行定量评价。

影响指标的解释和因素:使用相关的数据规范和信息组织规范,如 CNMARC 格式标准、MARC21 格式标准、《中国图书馆分类法》《汉语主题词表》《LC 主题词表》等。

二级指标:见表 2 - 7,可另行扩展。

1.6

名称:书刊类资源和相关设施的费用

定义:书刊类资源开发建设、运营管理、维护所涉及的相关费用,如数据采集费用、数据加工费用、资源建设投入的软硬件费用、书刊类资源共享平台开发与长期运营维护的费用等。

目的:为书刊类资源建设的投入产出、成本核算奠定基础。

方法:由数据部根据书刊类资源的整体情况进行定性评价,对数据管理系统和 e 读进行定量评价。

影响指标的解释和因素:要考虑数据采集、数据加工、软硬件开发、长期运营维护、持续建设的费用。

二级指标:见表 2 - 7,可另行扩展。

1.7

名称:书刊类资源的使用数量

定义:用户使用书刊类资源的次数和数量。

目的:评价书刊类资源的使用情况,从中可以了解用户对书刊类资源的需要程度,同时也为书刊类资源建设的投入产出、成本核算奠定基础。可以通过数据的查询量、借阅量等指标计量。

方法:数据管理系统和 e 读进行定量评价。

影响指标的解释和因素:受书刊类资源的统计计量标准影响,应按照 COUNTER 标准进行统计。

二级指标:见表 2 - 7,可另行扩展。

1.8

名称:书刊类资源成本

定义:书刊类资源建设、运行维护、存档等的成本核算。

目的:用于评估书刊类资源的投入产出、成本等,由此可以进一步考量书刊类资源的必要性、可用性、易用性等。

方法:由数据部根据书刊类资源的整体情况进行定性评价,对数据管理系统和 e 读进行定量评价。

影响指标的解释和因素:受"书刊类资源和相关设施的费用""书刊类资源的使用数量"等指标的影响。

二级指标:见表 2 - 7,可另行扩展。

1.9

名称:书刊类资源的文献保障程度

定义:通过书刊类资源已获得文献的用户希望通过书刊类资源获取文献的比例。其中,通过本地收藏(如本馆文献)获得文献的比例称为文献保障率;在此基础上,通过各类文献传递服务和整合服务,获得外部文献(如外馆文献)的比例称为文献满足率。

目的:评价书刊类资源对用户需求的保障程度,进一步评价其必要性、可用性、易用性。

方法:由数据部根据书刊类资源的整体情况进行定性评价,对数据管理系统和 e 读进行定量评价。

影响指标的解释和因素:受资源揭示程度、服务整合程度等多方面因素影响。

二级指标:见表 2 - 7,可另行扩展。

1.10

名称:书刊类资源共享能力

定义:书刊类资源的可共享程度、共享范围等。

目的:通过对书刊类资源共享程度的评估,考察合作共享的情况,评估共享方面的投入产出效益,是评估书刊类资源建设效益的重要指标。共享能力评估包括资源共享和服务共享两个方面的评估。

方法:由数据部根据书刊类资源的整体情况进行定性评价,数据管理系统和 e 读进行定量评价。

影响指标的解释和因素:涉及的因素很多,需要全面考察。

二级指标:见表 2 - 7,可另行扩展。

总之,对 CALIS 全国高校书刊类资源共享能力的评估指标包括:参与合作建设的成员馆总数、联合仓储库的书刊类资源总量、共享域的书刊类资源数量、成员馆建设的书刊类资源数量、资源建设的标准规范数量、书刊类资源的整合/集中发布平台、资源共享服务、用户对书刊类资源的满意度。

2. 二级指标、指标属性及其应用范围

该指标体系包括10 个一级指标、78 个二级指标,并标记其指标属性(定量还是定性)和指标应用范围,如表 2 - 7 所示。

表 2 - 7 高等教育数字图书馆书刊类资源评估指标体系

一级指标	二级指标	指标属性		应用范围					
		定性指标	定量指标	单馆	共享域	联合仓储	单种资源	整体资源	发布资源
1. 书刊类资源的数量									
	中文书刊的拥有量		√	√	√	√	√	√	√
	中文书刊的可访问量		√	√	√	√	√	√	√
	西文书刊的拥有量		√	√	√	√	√	√	√
	西文书刊的可访问量		√	√	√	√	√	√	√
	日文书刊的拥有量		√	√	√	√	√	√	√
	日文书刊的可访问量		√	√	√	√	√	√	√
	俄文书刊的拥有量		√	√	√	√	√	√	√
	俄文书刊的可访问量		√	√	√	√	√	√	√
	其他书刊的拥有量		√	√	√	√	√	√	√
	其他书刊的可访问量		√	√	√	√	√	√	√
2. 书刊类资源的结构									
类型结构	类型总体分布		√	√	√	√		√	√
	图书在全部文献藏量中的比重		√	√	√	√		√	√
	期刊在全部文献藏量中的比重		√	√	√	√		√	√
	电子图书在全部图书中的比重		√	√	√	√		√	√
	电子期刊在全部期刊中的比重		√	√	√	√		√	√

一级指标	二级指标	指标属性		应用范围					
		定性指标	定量指标	单馆	共享域	联合仓储	单种资源	整体资源	发布资源
学科结构	学科种类/名称	√		√	√	√	√	√	√
	学科总体分布		√	√	√	√		√	√
	单个学科拥有的资源数量统计		√	√	√	√		√	√
	单个学科拥有的资源数量的比重		√	√	√	√		√	√
	书刊类资源经费的学科分布		√	√	√	√		√	√
文种结构	中文资源比重		√	√	√	√		√	√
	西文资源比重		√	√	√	√		√	√
	日文资源比重		√	√	√	√		√	√
	俄文资源比重		√	√	√	√		√	√
	其他语种资源比重		√	√	√	√		√	√
级别结构	大学基础级资源比重		√	√	√	√		√	√
	研究级资源比重		√	√	√	√		√	√
3. 书刊类资源的内容与质量									
	收藏时间范围		√		√	√	√	√	√
	收藏地域范围		√		√	√	√	√	√
	核心或重要出版物比重		√		√	√	√	√	√
	内容质量用户评价	√			√	√	√	√	√
	内容质量专家评价	√			√	√	√	√	√
	与馆藏电子资源的重复率		√		√	√	√	√	√
	更新频率		√		√	√	√	√	√
	时间滞后情况		√		√	√	√	√	√
	注销出版物的比例		√		√	√	√	√	√
4. 书刊类资源检索与获取能力									
	检索方式	√		√	√	√	√	√	√
	检索途径	√		√	√	√	√	√	√
	检索速度	√		√	√	√	√	√	√
	检索结果的格式与处理	√		√	√	√	√	√	√
	检索平台的稳定性	√		√	√	√	√	√	√
	学科导航	√		√	√	√	√	√	√
	统一检索	√		√	√	√	√	√	√
	参考链接/资源调度	√		√	√	√	√	√	√

续表

一级指标	二级指标	指标属性		应用范围					
		定性指标	定量指标	单馆	共享域	联合仓储	单种资源	整体资源	发布资源
	与文献传递服务的整合	√		√	√	√	√	√	√
	与电子资源的整合	√		√	√	√	√	√	√
5. 信息组织能力									
	著录格式	√		√	√	√	√	√	√
	主题词表/主题法	√		√	√	√	√	√	√
	分类法	√		√	√	√	√	√	√
	名称规范	√		√	√	√	√	√	√
	馆藏数据质量	√		√	√	√	√	√	√
6. 书刊类资源和相关设施的费用									
	数据管理系统的开发建设费用		√	√	√	√	√	√	√
	数据管理系统的运营、管理和维护费用		√	√	√	√	√	√	√
	数据的检索系统与其他专门设备的费用		√	√	√	√	√	√	√
	数据的存档费用		√	√	√	√	√	√	√
7. 书刊类资源的使用数量									
	书刊类资源的查询量		√	√	√	√	√	√	√
	书刊类资源的借阅量		√	√	√	√	√	√	√
8. 书刊类资源成本									
	书刊类资源的入库成本		√	√	√	√	√	√	√
	书刊类资源的查询成本		√	√	√	√	√	√	√
	书刊类资源的建设成本		√	√	√	√	√	√	√
	书刊类资源的存档成本		√	√	√	√	√	√	√
9. 书刊类资源的文献保障程度									
	书刊类资源的文献保障率		√	√	√	√	√	√	√
	书刊类资源的用户满足率		√	√	√	√	√	√	√
10. 书刊类资源共享能力									
	参加书刊类资源建设项目的成员馆总数		√		√	√		√	√
	书刊类资源建设项目的书刊类资源总量		√		√	√		√	√

续表

一级指标	二级指标	指标属性		应用范围					
		定性指标	定量指标	单馆	共享域	联合仓储	单种资源	整体资源	发布资源
	共享域参加书刊类资源建设项目的资源数量		√		√	√		√	√
	成员馆参加书刊类资源建设项目的资源数量		√	√	√	√		√	√
	成员馆参加书刊类资源建设项目的资源比重		√	√	√	√		√	√
	书刊类资源建设项目的总经费投入		√		√	√		√	√
	书刊类资源建设给成员馆带来的成本节省总额		√		√	√		√	√
	书刊类资源建设项目举办的研讨/培训次数		√		√	√		√	√
	书刊类资源建设项目内部的合作项目数量		√		√	√		√	√
	书刊类资源建设项目设立的数据库服务器数量		√		√	√		√	√
	书刊类资源建设项目的标准规范数量		√		√	√		√	√
	书刊类资源建设项目的整合/集中发布平台	√			√	√		√	√
	资源共享服务(e读/联合目录/馆际互借等)		√		√	√		√	√
	书刊类资源建设项目网站/平台的使用量		√		√	√		√	√
	成员馆对书刊类资源建设项目的满意度	√			√	√		√	√

六、评估内容与评估模型的设计

1. 评估指标设计原则

1)针对性:紧紧围绕 CALIS 书刊类资源建设的目标、内容与验收要求,设计相应的指标。

2)科学性与可操作性:能真实客观地反映 CALIS 书刊类资源建设的实际情况,同时在指标的收集、统计上也具备实际意义和可操作性。

3)导向性原则:要体现 CALIS 书刊类资源建设的宏观引导,把握 CALIS 书刊类资源的发展方向。

2. 评估模型

在一级指标和二级指标的设计基础上,结合 CALIS 三期建设的特性,设计了作为 CALIS 三期建设重点的"书刊类资源建设"的评估模型。此评估模型中的一级指标和二级指标完全从上述列表中选取,按照满分 100 分的标准进行。

表 2-8 CALIS 书刊类资源评估模型

一级指标	分值/权重	二级指标	分值/权重	评估意向	数据来源	评分方法
书刊类资源的数量	15	中文书刊的拥有量	3	是否达到预期建设目标	统一交换系统和数据管理系统	达标满分,未达标依程度递减可至 0 分
		中文书刊的可访问量	3			
		西文书刊的拥有量	2			
		西文书刊的可访问量	2			
		日文书刊的拥有量	1			
		日文书刊的可访问量	1			
		俄文书刊的拥有量	1			
		俄文书刊的可访问量	1			
		其他书刊的拥有量	0.5			
		其他书刊的可访问量	0.5			
书刊类资源的结构	15	类型总体分布	1	是否覆盖多样类型	统一交换系统和数据管理系统	三种及以上满分,两种 2 分,只有一种 1 分
		图书在全部文献藏量中的比重	2	是否达到预期建设目标		超过三分之一满分,未足三分之一减半,五分之一以下再减半,没有为 0 分
		期刊在全部文献藏量中的比重	2			
		电子图书在全部图书中的比重	0.5			
		电子期刊在全部期刊中的比重	0.5			
		学科种类/名称	1			
		学科总体分布	1			
		单个学科拥有的资源数量统计	1			
		单个学科拥有的资源数量的比重	1			
		书刊类资源经费的学科分布	0.5			
		中文资源比重	1			
		西文资源比重	1			
		日文资源比重	0.5			
		俄文资源比重	0.5			
		其他语种资源比重	0.5			
		大学基础级资源比重	0.5			
		研究级资源比重	0.5			

一级指标	分值/权重	二级指标	分值/权重	评估意向	数据来源	评分方法
书刊类资源的内容与质量	9	收藏时间范围	1	是否覆盖各个时代	专业人员根据书刊类资源的整体内容进行定性评价，数据管理系统进行定量评价	超过四个年代满分，未足四个年代减半，未足两个年代再减半
		收藏地域范围	1	是否覆盖各个地区		超过八个地区满分，未足八个地区减半，未足四个地区再减半
		核心或重要出版物比重	1	是否达到预期建设目标		达标满分，未达标依程度递减可至0分
		内容质量用户评价	1			
		内容质量专家评价	1			
		与馆藏电子资源的重复率	1			
		更新频率	1			
		时间滞后情况	1			
		注销出版物的比例	1			
书刊类资源检索与获取能力	9	检索方式	1	简单检索、高级检索、二次检索、浏览、索引等检索方式是否齐全	专业人员根据书刊类资源的整体内容进行定性评价，数据管理系统进行定量评价	检索方式齐全满分，否则依程度递减至0分
		检索途径	1	是否有独特的检索途径等		有为满分，依程度递减至0分
		检索速度	1	系统的反应速度		正常满分，否则依满意程度递减至0分
		检索结果的格式与处理	1	格式与处理是否合理		合理满分，否则依满意程度递减至1分
		检索平台的稳定性	1	系统的稳定性		正常满分，否则依满意程度递减至0分
		学科导航	1	是否有学科导航		有为满分，依满意程度递减至0分
		统一检索	0.5	是否有统一检索		有为满分，依满意程度递减至0分
		参考链接/资源调度	0.5	是否有参考链接/资源调度		有为满分，依满意程度递减至0分
		与文献传递服务的整合	0.5	是否与文献传递整合		有为满分，依满意程度递减至0分
		与电子资源的整合	1.5	是否与电子资源整合		有为满分，依满意程度递减至0分

续表

一级指标	分值/权重	二级指标	分值/权重	评估意向	数据来源	评分方法
信息组织能力	8	著录格式	1	是否有相应的规范或标准	专业人员根据书刊类资源的整体内容进行定性评价，数据管理系统进行定量评价	有为满分,依满意程度递减至0分
		主题词表/主题法	1			有为满分,依满意程度递减至0分
		分类法	1			有为满分,依满意程度递减至0分
		名称规范	1			有为满分,依满意程度递减至0分
		馆藏数据质量	4			有为满分,依满意程度递减至0分
书刊类资源和相关设施的费用	10	数据管理系统的开发建设费用	3	各项费用能否落实并有保障	相关文件	能够落实并有保障满分,不能落实或没有保障依程度递减至0分
		数据管理系统的运营、管理和维护费用	2			
		数据的检索系统与其他专门设备的费用	3			
		数据的存档费用	2			
书刊类资源的使用数量	8	书刊类资源的查询量	4	用户使用量是否足够多	数据管理系统和e读进行定量评价	用户使用量足够多满分,依程度递减至0分
		书刊类资源的借阅量	4			
书刊类资源成本	6	书刊类资源的入库成本	1.5	各项成本是否合理	专业人员根据书刊类资源的整体内容进行定性评价	成本合理满分,依程度递减至0分
		书刊类资源的查询成本	1.5			
		书刊类资源的建设成本	1.5			
		书刊类资源的存档成本	1.5			
书刊类资源的文献保障程度	10	书刊类资源的文献保障率	5	是否保障/满足用户需求	专业人员根据书刊类资源的整体内容进行定性评价，数据管理系统进行定量评价	保障有力满分,依程度递减至0分
		书刊类资源的用户满足率	5			

一级指标	分值/权重	二级指标	分值/权重	评估意向	数据来源	评分方法
书刊类资源共享能力	10	参加书刊类资源建设项目的成员馆总数	1	数量是否达到预期目标	专业人员根据书刊类资源的整体内容进行定性评价,数据管理系统进行定量评价	达到满分,未达到依程度递减至0分
		书刊类资源建设项目的书刊类资源总量	1	数量是否达到预期目标		达到满分,未达到依程度递减至0分
		共享域参加书刊类资源建设项目的资源数量	1	数量是否达到预期目标		达到满分,未达到依程度递减至0分
		成员馆参加书刊类资源建设项目的资源数量	1	数量是否达到预期目标		达到满分,未达到依程度递减至0分
		成员馆参加书刊类资源建设项目的资源比重	1	各成员馆合作建设的书刊类资源数量占其馆藏文献的比重		依比重程度递减至0分
		书刊类资源建设项目的总经费投入	0.5	经费成本是否合理		依合理程度递减至0分
		书刊类资源建设给成员馆带来的成本节省总额	0.5			依合理程度递减至0分
		书刊类资源建设项目举办的研讨/培训次数	0.5	培训次数是否合理		依合理程度递减至0分
		书刊类资源建设项目内部的合作项目数量	0.5	合作项目是否合理		依合理程度递减至0分
		书刊类资源建设项目设立的数据库服务器数量	0.5	服务器数量是否合理		依合理程度递减至0分
		书刊类资源建设项目的标准规范数量	0.5	标准规范数量是否合理		依合理程度递减至0分
		书刊类资源建设项目的整合/集中发布平台	0.5	数据资源的开放程度		依开放程度递减至0分
		资源共享服务(e读/联合目录/馆际互借等)	0.5	数据资源的开放程度		依开放程度递减至0分
		书刊类资源建设项目网站/平台的使用量	0.5	数据资源的开放程度		依开放程度递减至0分
		成员馆对书刊类资源建设项目的满意度	0.5	满意程度是否合理		依满意程度递减至0分
合计			100			

第五节　论文类资源评估规范

一、评估背景及评估目标

高校学位论文资源库项目是 CALIS 建设的子项目之一,由全国"211 工程"高校图书馆和部分非"211 工程"高校图书馆在 CALIS 统一指导下联合建设。三期项目在一期、二期建设 CALIS 学位论文数据库的基础上,进一步扩大数据收集规模,增加数据量,同时集成国内的其他机构收集的中文学位论文数据以及国外 PQDD、NDLTD 等西文学位论文数据,建成国内获取中外文学位论文信息的综合、权威的服务门户,通过网络为用户提供集中式元数据检索和分布式全文获取的两级学位论文信息保障服务,实现推动高校教学、科研活动的广泛交流以及创新人才培养的目标。

为了定性、定量地评估 CALIS 高校学位论文资源库的建设成果,分析和评价学位论文资源的质量及其利用情况,保障高等教育数字图书馆学位论文项目的可持续发展,特制定《高等教育数字图书馆高校学位论文资源库评估规范》。评估目标是:以评估促进参建馆水平提升,督促并引导参建馆完成预定目标,建成数据质量上乘、技术领先、服务效益显著的分布式高校学位论文服务体系;以评估带动子项目建设,为 CALIS 学位论文资源建设的未来发展、学位论文资源服务模式和质量的改进等管理决策提供可量化的指导。

二、评估对象

高等教育数字图书馆学位论文资源评估以 CALIS 高校学位论文数据库服务体系建设为评估对象。具体包括两个层次:

1)CALIS 各参建馆建设的本地学位论文数据库,通过对分散建设的学位论文系统的资源内容、数量、质量和服务质量进行有效评估,保障学位论文资源的可持续发展。

2)CALIS 高校学位论文资源库中心服务系统,评估 CALIS 高校学位论文资源库的共享体系、整合与共享能力,涵盖学位论文数据的数量、质量、时效性和来源等,CALIS 在学位论文资源建设和资源共享上的投入和产出的效益,CALIS 成员馆通过学位论文资源联合建设所节约的成本,通过学位论文资源共享服务获得的收益等。

三、评估内容

1. 数量和规模评估

数字资源的数量和规模是学位论文资源评估体系的重要指标,是衡量学位论文数字资源文献保障能力的基础。

2. 内容与质量评估

内容与质量评估是测评学位论文数字资源内容的主题特色、资源独特性、时效性、学术性和完整性的指标。例如,学位论文资源的内容是否具有学科特色;学位论文资源是否只有本地或本馆独有,或散在各处、难以收集和利用,且商业数据库或其他公开渠道难以获得;学位论文资源的收藏是否完整等。

3. 体系与结构优化评估

（1）来源结构

根据不同的来源对学位论文资源来源的可靠性、学术性、权威性进行评估。学位论文项目的数据来源涉及从各参建馆收割的自建资源、引进商业数字资源等。

（2）媒介结构

数字资源的媒介包括光盘、磁带、网络、服务器等。目前由于网络及服务器存取和服务的便利性，这两种媒介应当优先选择作为发展的主要形式。其他媒介可以作为辅助，尤其是可以作为资源存档的媒介。

（3）学科结构

评估 CALIS 学位论文资源的整体学科结构是否科学合理，是否与学校学科专业的设置及馆藏资源优势相适应，与目标读者的知识结构是否相适应，收藏是否完整，是否基本覆盖相关的学科专业等。

（4）文种结构

评估 CALIS 学位论文资源的文种结构，除中文资源外，还应该包括外文资源，尤其是英文文种的资源。

4. 信息组织能力评估

学位论文资源是由各高校图书馆根据本馆特色和优势进行分散建设的数据库，只有在统一的标准规范框架下对资源进行有效组织、揭示和技术服务，才能提高资源的可获取性和共享性，达到资源的有效利用。因此，评估学位论文资源库的资源组织及揭示能力尤为重要。

资源组织和揭示能力评估包括两方面的内容：一是对学位论文资源进行描述、揭示和有序组织的水平，如数据是否实现规范化和标准化，是否采用高校学位论文资源库项目所规定的标准规范进行数据库建设等。二是对学位论文数字资源进行发布、提供服务的水平，如学位论文资源的检索系统、检索功能、检索技术是否先进并且易用，图书馆是否提供有效的技术服务，是否提供统一检索或者元数据整合检索平台，是否能实现二次文献和一次文献、参考文献和原文的链接和调度功能，与传统印刷资源馆藏、馆际互借等服务的整合状况如何。

5. 可持续发展能力评估

学位论文数字资源不同于传统印刷型资源的最大特点是数字资源以虚拟的形式存在，而非实体资源，如何保障数字资源的可持续使用是越来越值得关注的问题。

（1）资源发展战略

要考虑学位论文数字资源持久的可使用性，通过一定的方式比如用户存档或联盟存档来保障资源的长期发展和拥有。

（2）永久使用

评估已建设的学位论文数字资源是否能够永久使用，是否对用户提供永久使用的权利，永久使用的方式是否合法、合理、有效。

（3）存档

评估学位论文数字资源是否存档，对数据是否拥有存档的权利，以及存档的方式是否合法、合理、有效。

6. 资源效益评估

资源效益评估是指对资源的投入和产出效益进行评估，这个指标是决定是否对学位论文数字资源进行继续建设或者调整的关键性指标。

（1）资源的经费投入

对学位论文资源建设经费和人力投入进行统计分析，包括：建设学位论文数字资源的费用，购置学位论文数字资源加工设备的费用，构建学位论文资源共享平台体系的费用、人力资源投入等。

（2）资源的使用情况

学位论文资源使用状况是评估资源质量的重要依据。使用情况的评价可以从多个方面获取。既可以是数据库使用统计报告，也可以来自用户的调查反馈。

（3）资源的使用成本核算

通过费用和使用情况的分析，可以计算出数字资源的使用成本，例如，每做一次检索的费用，或每下载一篇全文的费用。要充分考虑有关的各种因素，例如，软硬件设备投入费用、网络访问费用等。

（4）资源的文献保障率

资源的文献保障是资源建设的目标。学位论文资源的文献保障率考察资源是否满足最终用户的需要以及满足的程度如何。

7. 资源共享能力评估

CALIS 是高校图书馆资源共建共享的联盟，资源共享能力是评估学位论文数字资源建设效益的重要指标。

（1）资源共享评估

对 CALIS 高校学位论文资源库项目给各成员馆所带来的服务效益和经济效益的评估。例如，有多少高校图书馆参加 CALIS 高校学位论文资源库项目的建设，学位论文资源的数量和服务方式的变化状况，经费和成本是否有一定程度的节约等。

（2）服务共享评估

CALIS 高校学位论文资源库项目给成员馆和用户可以提供哪些服务，参建馆和用户是否可以使用基于云计算基础的平台共享服务，是否使用元数据的共享服务，是否可以通过馆际互借和原文传递等服务共享学位论文资源等。

四、评估方法及评估步骤

对 CALIS 高校学位论文资源库项目评估方法分为定性和定量等多种方法，具体评估步骤包括：

1）确定评估目标与评估内容。

2）建立评估指标体系，指标体系包括一级指标和二级指标，给出每项指标的定义。

3）确定评估模型,给出指标的权重比例,以及每个指标的具体分值。CALIS 高校学位论文资源库的评估模型需要针对特殊的评估对象和评估目标,选择不同的指标,确定指标的权重。评估结果采用百分制,每个一级和二级指标分别给予相应的分值。

4）采集 1—2 个样本本地学位论文数据库进行评估试验,并根据样本评估结果调整评估模型,包括指标权重与分值。

5）采用以下方法收集指标数据:

- 通过 CALIS 学位论文中心服务系统直接获取成员馆提交的数据;
- 利用 CALIS 全国学位论文资源库中心系统对各成员馆的数据进行各类统计和分析;
- 各成员馆自行上报,间接获取数据;
- 由专家根据评估评估指标的各项详细内容和分值权重,进行打分测评。

6）对数据进行统计、分析和研究,得出评估结果。

7）分析评估结果,总结和分析问题。

8）做出评估结论和建议,并编写评估报告。

五、评估指标体系

1. 一级评估指标及含义

借鉴 ISO 11620 的描述框架,并考虑 CALIS 的实际情况,指标体系的定义应由六个方面组成:①指标名称,②定义,③目的,④方法,⑤影响指标的解释和因素,⑥二级指标;其中前五个方面是必备内容,第六个方面仅限于一级指标使用。

高等教育数字图书馆学位论文资源评估指标体系的一级指标遵循《高等教育数字图书馆数字资源评估总则》,在总则规定的 12 个指标中根据学位论文资源库分散建设、服务共享的建库情况选取了 11 个一级指标。其二级指标在一级指标的框架内结合学位论文资源的实际特点进行设计,具有可操作性,可以对单个参建馆学位论文数据库及整个 CALIS 高校学位论文资源库进行实际评估。

1.1
名称:学位论文资源的数量
定义:学位论文资源的品种与数量。
目的:主要用于评估学位论文资源的建设和发布的数量,有助于衡量和提高学位论文数字资源的发展。
方法:学位论文资源的建设数量由参建馆自行统计,发布数量由 CALIS 学位论文中心服务系统统计。
影响指标的解释和因素:计量单位、计量方法以教育部高等学校图书情报指导工作委员会和 CALIS 管理中心联合提出的《高等学校图书馆数字资源计量指南》(2004 年制定,2007 年修订)为标准。
二级指标:学位论文元数据的数量、前 16 页全文的数量、学位论文全文的数量。
学位论文元数据数量指各参建馆学位论文资源库和 CALIS 高校学位论文资源库所包含的所有元数据的综合。因各参建学校的毕业生数量不同,因此对学位论文元数据数量的评估不能仅统计数据的绝对数量,而是应强调其收录的完整性,即是否完全收集了全部的学位论文。前 16 页全文的数量指 CALIS 高校学位论文资源库中包含的前 16 页全文的数量。学位论文全文的数量指各参建馆本地学位论文数据库中有全文的论文数量。

1.2
名称：学位论文资源的结构
定义：学位论文资源的结构情况，包括资源学科结构、来源结构、文种结构及全文所占比例。
目的：评估与衡量学位论文资源体系结构是否合理，结构的构成成分和各成分所占的比重是否科学，资源建设布局是否得当等。
方法：资源的学科结构和类型结构由 CALIS 高校学位论文资源库中心系统统计，全文所占比例由参建馆自行统计。
影响指标的解释和因素：在学科方面需要参照教育部颁发的《学科分类与代码表》。
二级指标：其他语种资源数量的比重、从参建馆收割的资源数量的比重、所覆盖的学科名称、学科总体分布、单个学科拥有的资源数量统计、单个学科拥有的资源数量的比重。
对于 CALIS 高校学位论文资源库来说，要考虑其他语种资源数量的比重，从参建馆收割的资源数量的比重，还要考虑其总体的学科分布是否合理，是否覆盖了所有一级学科，是否满足高等学校及社会对稀缺资源或不易通过商业数据库获得的资源。

1.3
名称：学位论文资源的内容与质量
定义：学位论文资源内容包括主题特色、独特性、完整性和时效性等方面。
目的：评估学位论文资源的内容与质量是否符合用户需要，其特色性如何，收藏是否完整等情况。
方法：由专家根据学位论文数据库的整体内容、栏目设计等进行定性评价。
影响指标的解释和因素：CALIS 高校学位论文资源库项目建设方案确定的学位论文资源建设目标和建设重点。
二级指标：收录学位论文的地域范围、收录学位论文的时间范围、内容质量用户评价、内容质量专家评价。
收录学位论文的地域范围和收录学位论文的时间范围评估可通过定量评价获得。对学位论文资源内容与质量的定性评价，主要包括内容质量用户评价和内容质量专家评价两个方面。前者主要通过对用户的访问调查获得，后者主要由专家根据学位论文数据库的整体内容进行综合评价。

1.4
名称：学位论文资源的检索与获取能力
定义：学位论文资源提供给用户检索、挖掘、发现和处理的平台性能，也包括整合功能。
目的：主要针对学位论文资源的检索平台进行评估，评估资源是否被有效组织，是否能够被快速、准确地发现、获取和有效利用；如检索系统、检索功能、检索技术是否先进，检索结果是否易用等;是否提供有统一检索或者元数据整合检索平台,是否提供浏览与导航功能,与传统印刷资源馆藏、馆际互借等服务的整合状况如何等。也涉及其他相关信息,如网络、访问速度等。

方法:网上实时测评。

影响指标的解释和因素:要注意评价的客观性、先进性,特别要结合用户需求的变化和信息技术的发展。

二级指标:检索方式、检索途径、检索速度、检索结果的格式与处理、检索平台的稳定性、并发用户限制、导航浏览、统一检索、与文献传递服务的整合。

CALIS 高校学位论文资源库要求具备简单检索、高级检索、限定检索、浏览、索引等服务功能,高级检索应实现多个检索条件的组配检索。限定检索包括对资源类型、日期范围、语种等的限定。系统提供多种途径的导航浏览服务。系统提供检索结果页面丰富化显示,包括分面信息、聚类信息、相关词语推荐、wiki 解释等。增加了互动功能。实现了与统一认证系统、馆际互借系统等多个系统的互联,读者通过单点登录可无缝使用中心系统的各项功能,提供无缝接入馆际互借系统提交文献传递申请和在线试读学位论文前 16 页。除此之外,高校学位论文资源库还应满足 CALIS 的统一检索需求,实现了与其他 CALIS 系统的统一检索。

1.5

名称:信息组织能力

定义:对学位论文资源进行描述、揭示和有序组织的水平。

目的:主要用于评估元数据、对象数据的规范化、标引的有效性、组织的有序化,以及学位论文资源的数据加工质量是否满足读者需求,为学位论文资源的科学揭示、易于发现和使用奠定基础。

方法:采用抽样测评的方式进行,每个参建馆学位论文数据库可随机抽样一定数量的各种类型的元数据及对象数据进行测评。

影响指标的解释和因素:CALIS 高校学位论文资源库项目管理组所制定元数据标准规范、元数据著录规则、数据对象加工规范等。

二级指标:元数据规范、元数据著录规则、对象数据加工规范。

元数据规范应用主要包括是否采用了项目管理组规定的元数据规范、编码体系,元数据扩展是否遵守扩展规则。元数据著录规则规定了各元素的取值要求、编码体系的著录是否符合要求、元数据著录内容是否有误以及元素必备性和重复性要求。对象数据加工规范主要评估对象数据的命名和格式规范。

1.6

名称:可持续发展能力

定义:即学位论文资源被永久使用、长期保存的程度。

目的:主要用于评估学位论文资源的长期可用性,包括是否拥有永久使用权,永久使用的方式是否合法、合理、有效;对数据是否拥有存档的权利,以及存档的方式是否合法、合理、有效等。

方法:由参建馆和项目管理组分别统计有永久使用权资源的数量和长期保存的经费。

影响指标的解释和因素:受学位论文数字资源的知识产权等相关法律法规限制。

二级指标:有永久使用权资源数量占资源总量的比重、学位论文资源长期保存的经费、存档方式评价。

高校学位论文资料库由各馆分散建设,全文级资源归各成员馆所有,CALIS 管理中心仅保存享有元数据及 16 页全文数据。因此,要特别重视学位论文资源的持久的可使用性,强调各个学位论文数据库的数据安全与备份制度。要评估各个学位论文数据库的数字资源是否能够永久使用,永久使用的方式是否合法、合理、有效,是否采用了异质存储、异地存储等方式,以确保资源库数字资源的长期发展。此外,各参建馆学位论文数据库主要依靠各个高校自行投入开发建设,是否有配套经费,是否配备了专业建库人员,也是衡量学位论文资源可持续发展的重要指标。

1.7

名称:学位论文资源和相关设施的费用

定义:学位论文资源开发建设、运营管理、维护所涉及的相关费用,如数据采集费用、数据加工费用、资源建设投入的软硬件费用、学位论文资源共享平台开发与长期运营维护的费用等。

目的:为学位论文资源建设的投入产出、成本核算奠定基础。

方法:由参建馆和项目管理组分别统计各类费用。

影响指标的解释和因素:要考虑数据采集、数据加工、软硬件开发、长期运营维护、持续建设的费用。

二级指标:数据库的开发建设费用、数据库的运营、管理和维护费用、数据库的建库系统费用、数据库的检索系统费用、数据库的相关设备费用、数据库的存档费用。

高校学位论文资源库的建设和维护主要依靠各校自主投入,CALIS 进行政策和技术引导。涉及数据库的开发建设费用、数据库的运营、管理和维护费用、数据库的建库系统费用、数据库的检索系统费用、数据库的相关设备费用、数据库的存档费用等。

1.8

名称:学位论文资源的使用数量

定义:用户使用学位论文资源的次数和数量。

目的:评价学位论文资源的使用情况,从中可以了解用户对学位论文资源的需要程度,同时也为学位论文资源建设的投入产出、成本核算奠定基础。可以通过数据库的登录量、查询量、全文下载数量等指标计量。

方法:由参建馆本地系统、高校学位论文资源库中心系统分别统计使用数量并叠加。

影响指标的解释和因素:受学位论文资源的统计计量标准影响,应按照 COUNTER 标准进行统计。

二级指标:数据库的登录量、数据库的查询量、数据库的全文下载量、文献传递的数量。

1.9

名称：CALIS 和参建馆的服务

定义：CALIS 和参建馆提供的各项服务。

目的：评估 CALIS 和参建馆的服务机制，保障学位论文资源的后续服务顺利运行。

方法：由 CALIS、图书馆提交报告，结合用户调查进行评估。

影响指标的解释和因素：要注意评价的客观性，特别要结合用户的满意度进行评估。

二级指标：用户培训、对用户问题或技术故障的相应处理、及时通报数据的变化、是否有专人负责。

高校学位论文资源库属于自建资源，CALIS 是否为参建馆和用户提供了指导服务、技术服务，是否为用户提供了使用指导，中心服务系统的服务维护情况如何，是否有专人负责等，都是评估 CALIS 和参建馆服务的内容和指标。

1.10

名称：学位论文资源共享能力

定义：学位论文资源的可共享程度、共享范围。

目的：通过对学位论文资源共享程度的评估，考察合作共享的情况，评估共享方面的投入产出效益，是评估学位论文资源建设效益的重要指标。共享能力评估包括资源共享和服务共享两个方面的评估。

方法：由参建馆和项目管理组分别统计并根据固定公式进行计算。

影响指标的解释和因素：涉及的因素很多，需要全面考察。

二级指标：共享机制、参与合作建设的成员馆总数、项目中心网站的学位论文资源总量、成员馆建设的学位论文资源数量、项目举办的研讨/培训次数、项目完成的文献传递请求的满足率。

对单个学位论文数据库的共享能力的评估指标包括：共享机制和参与合作建设的成员馆总数。共享机制主要评估学位论文资源是否面向全国范围提供共享，即是否提供元数据的公开免费检索，对学位论文全文文献是否提供文献传递和馆际互借服务等。对 CALIS 高校学位论文数据库共享能力的评估指标包括：参与合作建设的成员馆总数、项目中心网站的学位论文资源总量、成员馆建设的学位论文资源数量、项目举办的研讨/培训次数、项目完成的文献传递请求的满足率。

1.11

名称：学位论文资源的文献保障程度

定义：用户实际获得的学位论文文献和用户希望获取学位论文文献的比例。其中，通过本地收藏（如本馆文献、本数据库文献）获得文献的比例称为文献保障率；在此基础上，通过各类文献传递服务和整合服务，获得外部文献（如外馆、外数据库文献）的比例称为文献满足率。

目的：评价学位论文资源对用户需求的保障程度，进一步评价其必要性、可用性、易用性。

方法：由参建馆和项目管理组分别统计并根据固定公式进行计算。

影响指标的解释和因素:受资源揭示程度、服务整合程度等多方面因素影响。

二级指标:学位论文资源的文献保障率、学位论文资源的文献满足率。

2. 二级指标、指标属性及其应用范围

该指标体系包括若干个二级指标,其指标名称、指标属性(定量还是定性)以及指标应用范围如表 2-9 所示。

表 2-9　高等教育数字图书馆学位论文资源评估指标体系

一级指标	二级指标	指标属性		应用范围	
		定性指标	定量指标	单个参建馆学位论文数据库	CALIS 高校学位论文资源库
1. 学位论文资源的数量					
学位论文元数据的数量			√	√	√
前 16 页全文的数量			√	√	√
学位论文全文的数量			√	√	
2. 学位论文资源的结构					
文种结构	其他语种资源数量的比重		√	√	√
来源结构	从参建馆收割的资源数量的比重		√		√
学科结构	所覆盖的学科名称	√		√	√
	学科总体分布		√	√	√
	单个学科拥有的资源数量统计		√	√	√
	单个学科拥有的资源数量的比重		√	√	√
3. 学位论文资源的内容与质量					
收录学位论文的地域范围			√	√	√
收录学位论文的时间范围			√	√	√
内容质量用户评价		√		√	√
内容质量专家评价		√		√	√
4. 学位论文资源检索与获取能力					
检索方式		√		√	√
检索途径		√		√	√
检索速度		√		√	√
检索结果的格式与处理		√		√	√
检索平台的稳定性		√		√	√
并发用户限制		√		√	√
导航浏览		√		√	√
统一检索		√		√	√
与文献传递服务的整合		√			√

一级指标	二级指标	指标属性		应用范围	
		定性指标	定量指标	单个参建馆学位论文数据库	CALIS 高校学位论文资源库
5. 信息组织能力					
	元数据规范	√		√	√
	元数据著录规则	√		√	√
	对象数据加工规范		√	√	√
6. 可持续发展能力					
	有永久使用权资源数量占资源总量的比重		√	√	√
	学位论文资源长期保存的经费		√	√	√
	存档方式评价	√		√	√
7. 学位论文资源和相关设施的费用					
	数据库的开发建设费用		√	√	√
	数据库的运营、管理和维护费用		√	√	√
	数据库的建库系统费用		√	√	√
	数据库的检索系统费用		√	√	√
	数据库的相关设备费用		√	√	√
	数据库的存档费用		√	√	√
8. 学位论文资源的使用数量					
	数据库的登录量		√	√	√
	数据库的查询量		√	√	√
	数据库的全文下载量		√	√	√
	文献传递的数量		√		√
9. CALIS 和参建馆的服务					
	用户培训		√	√	√
	对用户问题或技术故障的响应和处理		√	√	√
	及时通报数据的变化		√	√	√
	是否有专人负责		√	√	√
10. 学位论文资源共享能力					
	共享机制	√		√	
	参与合作建设的成员馆总数		√	√	√
	项目中心网站的学位论文资源总量		√		√
	各成员馆建设的学位论文资源数量		√	√	√
	项目举办的研讨/培训次数		√		√

续表

一级指标	二级指标	指标属性		应用范围	
		定性指标	定量指标	单个参建馆学位论文数据库	CALIS 高校学位论文资源库
项目完成的文献传递请求的满足率		√			√
11. 学位论文数字资源的文献保障程度					
学位论文资源的文献保障率			√	√	√
学位论文资源的文献满足率			√	√	√

六、评估内容与评估模型的设计

1. 评估指标设计原则

1）针对性：紧紧围绕 CALIS 高校学位论文资源库项目的建设目标、内容与验收要求，设计相应的指标。

2）科学性与可操作性：能真实客观地反映 CALIS 高校学位论文资源库项目参建馆的实际情况，同时在指标的收集、统计上也具备实际意义和可操作性。

3）导向性原则：要体现 CALIS 学位论文资源建设的宏观引导，把握 CALIS 学位论文资源的发展方向。

2. 评估模型

在一级指标和二级指标的设计基础上，结合 CALIS 三期高校学位论文资源库建设的特点，我们设计了作为 CALIS 三期高校学位论文资源库建设子项目的评估模型。此评估模型中的一级指标和二级指标完全从上述列表中选取，但根据实际情况稍有取舍，不是全盘照搬。这样做的目的是为了使评估的分值能够按照满分 100 分的标准进行，以免产生误解。

表 2-10　CALIS 三期"学位论文资源库"项目评估模型

一级指标	分值权重	二级指标	分值权重	评估意向	数据来源	评分方法
学位论文资源的数量	30	学位论文元数据的数量	12	数据量是否达到预期目标	对比立项申报表	1. 达到项目申报数量100%，12分
						2. 达到项目申报数量60%以上，5分
						3. 达到项目申报数量40%以上，2分
						4. 达到项目申报数量20%，1分
		前 16 页全文的数量	9	数据量是否达到预期目标	对比项目调查表	1. 达到项目申报数量100%，9分
						2. 达到项目申报数量60%以上，3分
						3. 达到项目申报数量40%以上，1分
		学位论文全文的数量	9	数据量是否达到预期目标	对比项目调查表	1. 达到项目申报数量100%，9分
						2. 达到项目申报数量60%以上，3分
						3. 达到项目申报数量40%以上，1分

一级指标	分值权重	二级指标	分值权重	评估意向	数据来源	评分方法
学位论文资源的结构	10	其他语种资源数量的比重	6	是否涵盖多种语种资源	高校学位论文资源库中心服务系统	有50%以上的其他语种文献为满分,否则依程度递减至1分
		学科总体分布	4	内容是否涉及学科表的全部学科	教育部颁发的《学科分类与代码表》	涵盖全部学科为满分,否则依程度递减至1分
学位论文资源的内容与质量	5	收录学位论文数据的地域范围	2	是否收录境外学位论文	高校学位论文资源库中心服务系统	收录境外学位论文为满分,否则为0分
		收录学位论文的时间范围	3	资源是否涵盖要求时间范围内的学位论文	对比立项申报表	涵盖全部时间范围内的文献为满分,否则依程度递减至1分
学位论文资源检索与获取能力	14	检索方式	3	简单检索、高级检索、二次检索、关联检索等检索方式是否齐全	参建馆本地发布系统	1. 提供实现多个字段组配的高级检索功能,1分
						2. 具有二次检索功能,1分
						3. 具有检索结果的关联检索功能,1分
		检索途径	2	是否提供多种检索途径		1. 3种及3种以上检索途径,2分
						2. 2种及2种以下检索途径,1分
		检索功能	2	系统的辅助检索功能		具有检索限定、检索历史等检索辅助功能,功能较强2分,功能较差1分,依次递减
		检索结果处理	2	检索结果显示的内容和方式是否合理		具有检索结果排序、输出等结果处理功能,功能较强2分,功能较差1分,依次递减
		检索速度	2	系统的反应速度		正常反应速度2分,速度较慢1分,依次递减
		检索平台的稳定性	1	系统的稳定性		平台稳定1分,不稳定0分
		导航浏览	1	是否有导航浏览功能		有导航浏览功能1分,无导航功能0分
		与文献传递整合	1	是否与文献传递服务整合		与文献传递服务整合1分,无整合0分

续表

一级指标	分值权重	二级指标	分值权重	评估意向	数据来源	评分方法
信息组织能力	20	元数据规范	8	是否严格遵循了项目组规定的系列元数据标准规范	CALIS 学位论文资源库中心服务系统和参建馆本地学位论文数据库	1. 是否采用项目组规定的元数据规范,0—4分
						2. 是否采用项目组规定的编码体系,0—2分
						3. 是否遵循项目组规定的扩展规则,0—2分
		元数据著录规则	8	元数据标引质量是否符合要求		1. 项目组要求的必备字段是否具备,0—2分
						2. 著录是否严格遵守了著录规则,0—2分
						3. 编码体系的著录是否符合要求,0—2分
						4. 著录是否有错误(有错别字或标引内容与字段不符),0—2分
		对象数据加工规范	4	对象数据加工质量是否符合要求		1. 全文数据是否符合格式和命名规则,0—2分
						2. 前16页全文数据是否符合格式和命名规则,0—2分
可持续发展能力	0	有永久使用权资源数量占资源总量的比重		评估可持续发展能力	立项申报表	三期建设刚刚完成,很多子项目尚未展开服务,此次暂不评估
		可存档资源的数量占资源总量的比重				此次暂不评估
学位论文资源和相关设施的费用	4	数据的采集/加工费用	1	各项费用能否落实并有保障	验收总结报告	1. 列出此项费用开支为1分,未列出为0分
		数据库的运营、管理和维护费用	1			1. 列出此项费用开支为1分,未列出为0分
		数据库的相关设备费用	1			1. 列出此项费用开支为1分,未列出为0分
		数据库的存档费用	1			1. 列出此项费用开支为1分,未列出为0分

一级指标	分值权重	二级指标	分值权重	评估意向	数据来源	评分方法
学位论文资源的使用数量	0	数据库的登录量		评估用户使用量是否足够多	参建馆本地发布系统	三期建设刚刚完成,很多子项目尚未展开服务,此次暂不评估
		数据库的查询量				此次暂不评估
		数据库的全文下载量				此次暂不评估
CALIS和参建馆的服务	0	用户培训		评估参建馆是否面对用户开展及时全面的服务	验收总结报告	三期建设刚刚完成,很多子项目尚未展开服务,此次暂不评估
		对用户问题或技术故障的响应和处理				此次暂不评估
		及时通报数据库的变化				此次暂不评估
		是否有专人负责				此次暂不评估
学位论文资源共享能力	5	共享机制	3	评估资源是否面向全国用户提供共享	验收总结报告	1. 提供元数据的公开免费检索,1分
						2. 对于无版权问题的全文文献提供公开获取,1分
						3. 对于涉及版权问题的全文文献提供文献传递服务,1分
		参加合作建库的成员馆数量	2	评估资源是否多馆或多单位联合共建		1. 有校外合作建库单位,各参建单位有具体承担和完成的建设内容和数据量,2分
						2. 仅有校内合作建库单位,各参建单位有具体承担和完成的建设内容和数据量,1.5分
						3. 有校内外合作建库单位,各参建单位无具体承担的数据量,1分
						4. 无合作建库单位,0分

续表

一级指标	分值权重	二级指标	分值权重	评估意向	数据来源	评分方法
学位论文资源文献保障程度	12	学位论文资源的文献保障率	6	评估学位论文资源的文献保障率	验收总结报告	80%及以上为满分,否则依程度递减至1分
		学位论文资源的文献满足率	6	评估学位论文资源的文献满足率		80%及以上为满分,否则依程度递减至1分

七、其他说明

本评估方案列出对单个参建馆学位论文数据库和对 CALIS 高校学位论文资源库的整体评估指标。在实际的评估活动中,应根据不同的评估对象和评估目标选取需要的指标进行评估。

第六节　古文献资源评估规范

一、评估背景及评估目标

为建立更为有效的评估机制,CALIS 三期建设要求,在进行各类资源建设的同时,还应该配套制定相关的资源和服务评估规范,以起到相辅相成的作用。因此,《高等教育数字图书馆古文献资源评估规范》被列为 CALIS 三期标准规范建设子项目中的一项内容。该评估规范用于定性、定量地评估 CALIS"高校古文献资源库"中的资源建设及其利用情况,以及各成员馆参与建设情况、相关应用服务的质量和绩效,以便不断改进和优化该资源库,并为高等教育数字图书馆的总体建设和发展,提供可量化的参考和指导。

二、评估对象

1)对"高校古文献资源库"中各类型数字化资源的评估,包括:
- 元数据,即各成员馆提交的馆藏古文献书目记录;
- 书影,元数据所揭示文献的最具代表性的页面图像;
- 电子图书,元数据所揭示文献的全文图像,非文本格式。

2)对各成员馆参与该项目资源建设的评估,如参建资源数量、投入等。

3)数据库共享状况的评估,如共享体系和共享能力,成员馆的收益等。

三、评估内容

1. 数量和规模评估

数字资源的数量和规模是古文献资源评估体系的重要指标,是衡量古文献数字资源文献保障能力的基础。古文献数字资源的计量,包括对各种类型的资源品种和数量的计量,应当尽可能地规范、准确、客观。

2. 内容与质量评估

内容与质量评估主要是测评古文献数字资源的学术性、权威性、完整性等方面的指标。例如,古文献数字资源的内容是否全面,是否包括各种版本类型;是否包括古籍善本等。

3. 体系与结构优化评估

（1）类型结构

评估古文献数字资源是否包含各种古文献类型,如拓片、舆图等;数字资源的种类是否多样,是否包括书影、电子图书等。

（2）地域结构

古文献资源的建设,不应忽视其他国家出版的汉籍文献。因此在评估古文献数字资源建设时,还需评估是否包括外国出版的汉籍。

4. 信息组织能力评估

通过信息的有效组织、揭示和技术服务,可以提高资源的易用性和可用性,达到资源的有效利用。古文献项目对信息组织能力的评估,主要集中在元数据标准规范以及数字资源加工标准等方面。

5. 共享能力评估

CALIS 是高校图书馆共建共享的联盟,资源共享能力是评估数字资源建设效益的重要指标。

（1）资源共享评估

对 CALIS 古文献项目给各成员馆所带来的服务效益和经济效益的评估。例如,参加合作建设的成员馆数量,资源与服务方式的变化情况,经费和成本是否有一定程度的节约等。

（2）服务共享评估

项目成员馆可以给 CALIS 成员馆及项目参建馆和用户提供哪些服务,元数据是否提供共享服务,数字资源的开放程度如何,是否提供文献传递服务等。

四、评估方法及评估步骤

1. 建立评估的指标体系

依据《高等教育数字图书馆数字资源评估总则》所建立的评估指标体系。“高等教育数字图书馆高校古文献资源库”评估的指标体系采用二级模式,一级指标选择采用《高等教育数字图书馆数字资源评估总则》中的一级指标、二级指标主要依据该总则,同时结合古文献的实际情况拟定。

借鉴 ISO 11620 的描述框架,并考虑 CALIS 的实际情况,指标体系的定义应由六个方面组成:①指标名称,②定义,③目的,④方法,⑤影响指标的解释和因素,⑥二级指标;其中前五个方面是必备内容,第六个方面仅限于一级指标使用。

二级指标分别从"指标属性"和"应用范围"进行界定。

"指标属性"分为定性指标和定量指标两种。

"应用范围"可以从单馆、联盟/合作、单种资源和整体资源四个方面进行考量。

"单馆"范围指对某个成员馆参加合作建设所提交元数据、书影、电子书情况的评估。

"联盟/合作"范围指对本资源库所有成员馆参加资源库建设的相关情况进行评估。

"单种资源"范围指对本资源库某种类型资源如古籍或舆图、元数据或书影、电子图书等进行评估。

"整体资源"范围指对本资源库全部资源进行整体性的评估,评价该资源库对数字资源的整合和增值服务。

本资源库属于完全性自建资源,所以不设立诸如"引进资源""自建资源"等评估参数。

2. 评估模型的建立与分值的选择

在建立评估指标体系之后,需进一步建立评估模型。"高校古文献资源库"的评估模型,需要针对古文献特殊的评估对象和评估目标,选择不同的指标,确定指标的分值。评估结果采用百分制,每个一级和二级指标分别给予相应的分值。对于评估模型要进行检测,进行数据样本实验,将评估模型调整到位。

3. 数据采集与获取

按照评估模型的要求,进行该体系中的一级和二级指标各项数据的收集和统计分析。主要借助"高校古文献资源库"的著录系统、发布系统及其管理端,同时辅之以各成员馆按照项目管理组的具体要求上报相应数据的方式。

4. 比较、分析与评价

- 比较分析数据,专家组每人按照评估模型逐项打分。
- 整理评估资料,汇总专家组打分结果,将各人总分相加,再除以专家人数,即是最终的评估分数。
- 撰写评估总结,做出评估结论和建议。评估结果的总结,可以采用报告的形式,也可以采用表格的形式。

"高校古文献资源库"的评估指标描述综合采用的通用指标计算方法如表 2 – 11 所示。

表 2 – 11 "高校古文献资源库"评估指计算方法

名称	公式	说明
百分比	$C = A/B \times 100\%$	A = 实际值;B = 预期值;C = 百分比
多项选择	非常满意;满意;比较满意;不满意;非常不满意	如果总分定为 4 分,非常满意得 4 分;满意得 3 分;比较满意得 2 分;不满意得 1 分;非常不满意得 0 分
平均值	$C = (A + B)/2$	A = 最小值;B = 最大值;C = 平均值

五、评估指标体系

"高校古文献资源库"评估指标体系共包含7个一级指标,全部取自《高等教育数字图书馆数字资源评估总则》中的一级指标,但有取舍。

1. 一级指标及含义

1.1

名称:数字资源的数量

定义:"高校古文献资源库"数字资源的品种与数量。

目的:主要用于评估"高校古文献资源库"各类型资源所拥有和可访问的数量,有助于衡量和提高该资源库数字资源的建设和发展。

方法:可借助"高校古文献资源库"各系统进行统计。

影响指标的解释和因素:计量单位、计量方法应以教育部高等学校图书情报指导工作委员会和CALIS管理中心联合提出的《高等学校图书馆数字资源计量指南》(2004年制定,2007年修订)为标准。

二级指标:见表2-12。

1.2

名称:数字资源的结构

定义:"高校古文献资源库"数字资源的结构情况,包括文献类型、数字资源类型等。

目的:评估与衡量"高校古文献资源库"数字资源体系结构是否合理。

方法:可借助"高校古文献资源库"各系统进行统计。

影响指标的解释和因素:拓片文献类型尚未列入资源库此期建设。

二级指标:见表2-12,反映是否覆盖古文献各种类型,如拓片、舆图等,评估古文献数字资源是否包括书目记录、书影、电子图书、网络资源等基本类型。

1.3

名称:数字资源的内容与质量

定义:"高校古文献资源库"数字资源在全面性、学术性、权威性等方面的情况。

目的:评估"高校古文献资源库"数字资源的内容是否覆盖古籍内容和版本类型的各个方面、学术性如何、版本价值如何等情况。

方法:利用"高校古文献资源库"各系统进行考察。

影响指标的解释和因素:由于各参建馆典藏情况的复杂性,收录范围可能超出古籍范围。

二级指标:见表2-12。

1.4

名称:数字资源的检索与获取能力

定义:"高校古文献资源库"数字资源提供给用户检索、挖掘、发现和处理的平台性能,也包括整合功能。

目的:主要针对"高校古文献资源库"的检索平台进行评估,评估该资源库数字资源是否被有效组织,是否能够被快速、准确地发现、获取和有效利用;如检索系统、检索功能、检索技术是否先进,检索结果是否易用等。

方法:利用"高校古文献资源库"各系统进行考察。

影响指标的解释和因素:要注意用户需求的变化和信息技术的发展。

二级指标:见表2-12。高校古文献资源库要求具备简单检索、高级检索、二次检索、浏览、索引等服务功能,高级检索应实现特殊途径和多途径的组配检索,通过信息的有效组织、揭示和技术服务,提高资源的易用性和可获取性,实现资源用途的多样化。

1.5

名称:信息组织能力

定义:对"高校古文献资源库"数字资源进行描述、揭示和有序组织的功能强弱。

目的:主要用于评估高校古文献资源库元数据的规范化、标引的有效性、组织的有序化,为该资源库各类资源的科学揭示、发现和使用奠定基础。

方法:应借助"高校古文献资源库"著录系统及其管理端系统,并结合相关文件进行评估。

影响指标的解释和因素:对不同的数字资源需要使用不同的数据规范和信息组织规范。

二级指标:见表2-12。高校古文献资源库上的书目记录应尽量按照CALIS的标准,达到规范化和标准化,应该能够进行无损的个别或批量导出或格式转换,以满足成员馆对各种格式数据的不同需求。

1.6

名称:数字资源和相关设施的费用

定义:"高校古文献资源库"开发建设、运营管理、维护所涉及的相关费用,如建设各类型数字资源的补贴费用、资源建设投入的软硬件费用、数据存档费用等。

目的:为资源库建设的投入产出、成本核算奠定基础,也是对资源库资源的投入和产出效益进行评估。以决定其是否继续建设或进行哪些调整。

方法:据项目牵头馆、CALIS提供的相应报告进行评估。

影响指标的解释和因素:"高校古文献资源库"属自建资源,要考虑数据加工、软硬件开发、长期运营维护、持续建设的费用,乃至网络通信费用等。

二级指标:见表2-12。主要是对资源建设和补贴的费用进行统计分析,包括:建设和补贴数字资源的费用,软硬件设备投入费用,网络访问费用等。数字资源经费投入所占比例,通过费用和使用情况的分析,可以计算出数字资源的成本。

1.7

名称:数字资源共享能力

定义:"高校古文献资源库"的可共享程度、共享范围等。

目的:是对"高校古文献资源库"数字资源共享程度的评估,也是评估"高校古文献资源库"建设效益的重要指标。包括资源共享和服务共享两个方面的评估。

方法:利用"高校古文献资源库"各系统,并结合成员馆的报告进行考察。

影响指标的解释和因素:成员馆对联盟的满意度需要逐一调查。

二级指标:见表2-12。内容包括对高校古文献资源库给各成员馆所带来的服务效益和经济效益的评估。例如,成员馆的数量,各馆提交元数据总量的完整性,各类型资源的开放程度,通过馆际互借系统所进行的原文传递服务情况,等等。

2. 二级指标及其指标属性和应用范围

"高校古文献资源库"评估指标体系在7个一级指标之下,又分设20个二级指标。由于二级指标更加具体和细化,含义比较明确,为节省篇幅起见,不再仿照一级指标的方式进行诠释,仅标记其指标属性(定量还是定性)和指标应用范围,如表2-12所示。

表2-12 高等教育数字图书馆高校古文献资源库评估指标体系

一级指标	二级指标	指标属性		应用范围			
		定性指标	定量指标	单馆	联盟/合作	单种资源	整体资源
1. 数字资源的数量							
资源库古文献元数据总量			√	√	√	√	√
古籍书影的数量			√	√	√	√	
古籍电子图书的数量			√	√	√	√	
2. 数字资源的结构							
文献类型种类			√	√	√	√	√
数字资源的种类			√	√	√	√	√
3. 数字资源的内容与质量							
古文献内容范围和版本类型		√		√	√	√	√
收录古文献版本制作的时间范围		√		√	√	√	√
收录古文献版本制作的地域范围		√		√	√	√	√
4. 数字资源检索与获取能力							
检索功能的完整性		√			√	√	√	√
检索结果的格式与处理		√			√	√	√	√
5. 信息组织能力							
元数据规范		√			√	√	√	√
不同格式元数据的相互转换		√			√	√	√	√
各类型数字资源的加工标准		√			√	√	√	√

续表

一级指标	二级指标	指标属性		应用范围			
		定性指标	定量指标	单馆	联盟/合作	单种资源	整体资源
6.数字资源和相关设施的费用							
	书影的补贴费用		√	√	√	√	√
	数据库的开发建设费用		√	√	√	√	√
	数据库的运营、管理和维护费用		√	√	√	√	√
7.数字资源共享能力							
	参加合作建设的成员馆总数		√	√	√	√	√
	各馆提交元数据总量的完整性		√	√	√	√	√
	各类型数字资源的开放程度	√		√	√	√	√
	文献传递服务		√	√	√	√	√

六、评估内容与评估模型的设计

1. 评估指标设计原则

本评估方案中的评估指标是本着以下原则进行设计和选取的:

1)针对性原则:只针对 CALIS 三期建设子项目"高校古文献资源库"而进行。

2)科学性与可操作性原则:在总体上遵循《高等教育数字图书馆数字资源评估总则》,在《总则》规定的 12 个指标中选取了 7 个一级指标;但二级指标都是具体结合"高校古文献资源库"的实际情况而设计,可以进行实际评估的。

3)导向性原则:以共建共享为宗旨,突出强调各类数字资源的规模,数据库的开放程度,检索、浏览的方便性和检索结果的学术价值,等等,使该资源库今后的建设继续向这些方面积极发展。

2. 评估模型

完全依据上述评估指标体系所设计的一级指标和二级指标,设计出"高校古文献资源库"评估模型。评估的分值按照满分 100 分的标准进行,不再区分权重。

表 2-13　CALIS"高校古文献资源库"项目评估模型

一级指标	分值	二级指标	分值	评估标准	数据来源	评分方法
数字资源的数量	30	资源库古文献元数据总量	15	是否达到预期建设目标	资源库管理端系统	达标满分,未达标依程度递减可至 0 分
		古籍书影的数量	10			
		古籍电子图书的数量	5			

续表

一级指标	分值	二级指标	分值	评估标准	数据来源	评分方法
数字资源的结构	10	文献类型种类	4	古文献类型是否多样,如包含拓片、舆图等	资源库发布系统和著录系统	三种及以上满分,两种 3 分,只有一种 1 分
		数字资源的种类	6	是否有多种数字资源,如元数据、书影、电子图书等。		
数字资源的内容与质量	10	古文献内容范围和版本类型	4	是否覆盖古文献各方面内容,是否包括各种版本类型		内容和版本类型丰富全面满分,否则依程度递减至 1 分
		收录古文献版本制作的时间范围	3	是否包括古籍善本		反映古籍善本充分满分,古籍善本和普通古籍均有 2 分,只有其中一种 1 分
		收录古文献版本制作的地域范围	3	是否包括外国出版的汉籍		收录域外汉籍丰富满分,中外汉籍皆有 2 分,仅限中国所藏古籍 1 分
数字资源检索与获取能力	10	检索功能的完整性	5	简单检索、高级检索、二次检索、浏览、索引等检索方式是否齐全		检索方式齐全满分,否则依程度递减至 1 分
		检索结果的格式与处理	5	简单记录、详细记录显示的内容和方式是否合理		合理满分,否则依满意程度递减至 1 分
信息组织能力	10	元数据规范	5	是否有相应的规范或标准	资源库著录系统＋相关文件	有则依满意程度递减至 1 分,没有为 0 分
		各类型数字资源的加工标准	3			
		不同格式元数据的相互转换	2	是否有相应的映射文件和转换功能		
数字资源和相关设施的费用	10	书影的补贴费用	5	各项费用能否落实并有保障		能够落实并有保障满分,不能落实或没有保障依程度递减至 1 分
		数据库的开发建设费用	3			
		数据库的运营、管理和维护费用	2			

续表

一级指标	分值	二级指标	分值	评估标准	数据来源	评分方法
数字资源共享能力	20	参加合作建设的成员馆总数	5	数量是否达到预期目标	资源库各系统	达到满分,未达到依程度递减至1分
		各馆提交元数据总量的完整性	5	各成员馆合作建设的数字资源数量占其馆藏古文献的比重	各成员馆上报	三分之二参建馆为馆藏全部古籍数据满分,否则依程度递减至1分
		各类型数字资源的开放程度	5	元数据、书影、电子图书的开放程度	资源库发布系统和著录系统	高为满分,否则依程度递减至1分
		文献传递服务	5	是否有文献传递服务	资源库发布系统	有为满分,没有为0分
合计	100		100			合计最低分为13分

参考文献:

[1] California Digital Library:Key Indicators of Collections and Use[EB/OL]. [2007 – 09 – 27]. http://libraries. universityofcalifornia. edu/planning/assessment. html

[2] COUNTER[EB/OL]. [2007 – 09 – 27]. http://www. projectcounter. org/

[3] Guidelines for Statistical Measures of Usage of Web-based Information Resources[EB/OL]. [2007 – 09 – 27]. http://www. library. yale. edu/consortia/statementsanddocuments. html

[4] Hormia-Poutanen, Kristiina. Selection and evaluation—the Finnish model[C]//数字资源合作管理国际研讨会(International Seminar on Collaborative Management of Electronic Resources)会议论文集,2003

[5] Measures for electronic resources(E – Metrics)[EB/OL]. [2007 – 09 – 27]. http://www. arl. org/stats/initiatives/emetrics/index. shtml

[6] Statement of Current Perspective and Preferred Practices for the Selection and Purchase of Electronic Information[EB/OL]. [2007 – 09 – 27]. http://www. library. yale. edu consortia/statementsanddocuments . html

[7] CALIS数字资源移动服务研讨会暨CALIS第十二届引进数据库培训周[EB/OL]. [2014 – 05 – 24]. http://site. lib. hit. edu. cn/calisconf12/

[8] 高等学校图书馆数字资源计量指南(2007 年修订)[EB/OL]. [2007 – 10 – 06]. http://www. scal. edu. cn/

[9] 台湾学术电子资讯资源共享联盟(CONCERT)[EB/OL]. [2007 – 10 – 06]. http://www. stpi. org. tw/fdb/

[10] 肖珑,李浩凌,徐成. CALIS数字资源评估指标体系及其应用指南[J]. 大学图书馆学报,2008(3):2 – 8

[11] 肖珑,张宇红. 电子资源评价指标体系的建立[J]. 大学图书馆学报,2002(3):35 – 42

[12] 杨梁彬等. CALIS评估指标体系构架初探[J]. 大学图书馆学报,2006(4):42 – 47

第三章　高等教育数字图书馆资源评估规范的应用

本章列举了"高等教育数字图书馆资源评估规范"在 CALIS 三期项目建设中具体应用的案例。由于"高等教育数字图书馆资源评估规范"是 CALIS 三期项目的建设成果,而CALIS三期建设时间短,任务重,各类资源评估规范的拟定和三期子项目的建设是同步进行的,加之各子项目的经验积累、建设模式、建设进展各异,因此资源评估规范并没有在 CALIS三期建设中都得到实际运用。

本章仅以"引进资源管理与评估"子项目三期建设为例,通过其对《CALIS 引进数据库评估大纲》的实际应用,展现资源评估规范的实际应用模式。

第一节　引进数据库评估大纲

一、数据库简介

1. 数据库规范名称

数据库(Database)名称由牵头馆在 DRAA 门户资源百科中通过信息审核进行规范。DRAA 发布的各种正式、书面的公文中应使用规范后的数据库名称,不能使用没有出现在资源百科中的其他名称。命名规范如下:

1)数据库 DRAA 规范名:数据库在 DRAA 中唯一、规范的名称,由牵头馆指定。

2)数据库全称:外文数据库英文全称或中文数据库的中文全称。

3)简称:外文数据库英文缩写或中文数据库简称。允许多个。

4)惯用名:数据库的译名或常用名称。允许多个。

5)曾用名:数据库改名前的数据库名称。允许多个。

6)COUNTER 报告名:指在 COUNTER 报告里,该数据库的名称。

2. 数据库简介

详细可提供附件。

3. 牵头馆

牵头具体数据库的谈判组组长所在单位称为数据库的牵头馆。

4. 数据库文种

中文数据库或者外文数据库。

5. 数据生产商

数据库出版商(Database Publisher),简称"出版商",是指创造、主办、发布数据库的出版社、公司、集成商等机构。

6. 数据库提供方

数据库销售商(Database Vendor),简称"销售商"或"数据库商",是指通过与DRAA谈判后向成员馆提供采购方案或者直接向图书馆销售数据库、处理数据库订购及日常管理各项事宜的机构。数据库销售商可以与数据库出版商相同或不同。当销售商和出版社是同一家机构时,两者的规范名、全称、惯用名、曾用名应该一致。

7. 统计平台

统计平台是以数据库产品为视角,根据数据库商实际统计平台情况划分,能独立提供统计数据的最小统计单位。

8. 数据库所属学科

利用《教育部授予硕博专业一览表》分类(显示到1级学科)。

9. 数据库类型

1)方案1:两个维度的分类体系
- 体系1:文摘索引数据库、全文数据库、事实数值型数据库、电子期刊数据库、电子图书数据库、学位论文数据库、软件数据库、书目数据库【可多选】。
- 体系2:A. 期刊;B. 图书;C. 学位论文;D. 会议论文;E. 专利;F. 标准;G. 报纸;H. 多媒体资源;I. 百科/参考工具;J. 数值;K. 图谱;L. 其他【可多选】。
2)方案2:两种分类体系组合揭示
- 体系1(揭示层次):全文、文摘、索引、目录、题录【可多选】。
- 体系2(收录文献类型):建议采用 ISBD – AREA 0(一般资料标识项)—2010 版。

10. 数据库访问方式

专线、国际网、镜像、本地服务、教育网等【可多选】。

11. 数据库访问控制

IP控制、用户名密码控制、联合认证、并发数控制【可多选】。

二、数据库资源内容

1. 总体收录情况

最小订购单元、资源总量(GB)、期刊/图书列表、时间跨度、更新频率、与纸本滞后期、赠送资源。

2. 专业知名度

1)被 SCI 收录情况(种):点击后可查看期刊影响因子列表(基于 SCI 标准)。
2)同行评议信息(来源于刊名列表)。
3)中文:核心期刊(北大版)、CSSCI。

三、数据库平台

1. 数据平台名称

2. 检索系统平台的基本功能

3. 是否需要专门培训

4. 是否需要安装客户端

5. 接口提供情况

- OpenURL 接口
- MetaSearch 接口
- 数据同步更新接口

6. 是否提供专门的管理员入口

四、提供的用户服务

1. 试用情况

1）是/否。
2）试用期限。
3）其他说明。
4）相关附件：试用报告。

2. 培训内容及方式

数据库资源内容/检索平台/检索技巧使用培训、上门培训/在线培训（培训课件/视频等）/poster 海报【可多选】亦可文字描述和提供附件。

3. 主动通报

内容更新情况。

4. 客户回访

1）有/无。
2）频率。

5. 售后服务

1）联系人详细信息。
2）是否提供专人技术支持。
3）问题反馈解决时限。

6. 是否提供给元数据或目录数据

1）格式：excel、marc、XML、PDF、其他。

2）质量：每条记录字段数。
3）更新方式：自动收割、定期邮件、人工下载、人工索取。
4）更新周期。

7. 赠送服务

8. 对恶意下载的认定标准及处理方式

填写／提供附件。

9. 其他拓展服务

讲座、编读服务等。

五、组团情况

1. 对购买学校类型的划分标准

如何界定大型学校、中型学校等。

2. 采购方案

1）历年采购方案列表（含链接）。
2）数据库历年费用与涨幅说明：链接或抓取自组团方案"涨幅说明"字段内容。

3. 集团规模及组团变化情况

1）组团起始年。
2）组团历史：显示年份，组团采购方案拆分表"合同年限"字段。
3）用户数及详细用户列表：按年显示。

六、使用统计

1. 统计数据标准和格式

1）是否提供 counter 标准：JR1、JR1a、JR2、JR5、DB1、DB2、DB3、CR1、CR2、JB1、JR3、JR4、BR1、BR2、BR3、BR4、BR5【可多选】。
2）若不提供 counter 标准，提供什么格式？

2. 统计数据的提供方式

1）SUSHI 协议收割、E-mail 自动推送、提供下载、人工索取【可多选】。
2）数据格式：XML、excel（版本）、CSV、html 等【可多选】。

3. 统计数据提供频率

1）年度、季度、月度、任意时间定制。
2）其他说明。

4. 基本统计指标项数据

1）使用量：总计。
2）采购成本（费用）：最高、最低、平均。
3）单（篇/次检索）使用成本：最高、最低、平均。

七、永久使用及存档

1. 永久使用

1）是/否。
2）方式：免费在线访问、付费访问。

2. 存档

1）是/否。
2）方式：裸数据、裸数据＋检索平台（免费/付费）。
3）介质：纸质、光盘、磁盘、硬盘等。
4）存档方式：CALIS 成员馆存档、集团存档、第三方存档、其他。

3. 存档方式

CALIS 成员馆存档、集团存档、第三方存档、其他。

4. 关于数据库永久使用及存档解决方案的说明

也可提供附件：关于数据库永久使用及存档解决方案的相关文档。

八、许可协议

参考 ERMI 许可条款（29 个常用元素）。

九、其他

无。

第二节　引进资源评估报告实例

一、PQDT 博硕士论文全文数据库评估报告

1. 数据库简介

（1）数据库规范名称
数据库 DRAA 规范名称：PQDT 博硕士论文全文数据库
数据库全称：ProQuest Dissertations & Theses（PQDT）——博硕士论文全文数据库
简称：PQDT full-text

惯用名:PQDT 论文库

曾用名:PQDD 学位论文全文数据库

（2）数据库简介

ProQuest Dissertations & Theses（PQDT）是世界著名的学位论文数据库,收录有欧美 2000 余所大学 270 多万篇学位论文的文摘信息,涵盖文、理、工、农、医等各个学科领域,是迄今为止世界上最大的国际性博硕士论文数据库。ProQuest 学位论文全文数据库收录的是 PQDT 数据库中部分记录的全文。

从 2002 年起,CALIS 开始组织 ProQuest 学位论文全文数据库 CALIS 集团采购（简称"CALIS 集团"）。这个集团的核心是,由每个参加成员馆购买一部分学位论文全文,集团内所有的学位论文放在服务器上共享,各个学校的校园网用户可免费下载这些学位论文。截至目前,CALIS 集团已经进行了三个合同期。

由于采用了单馆采购、集团共享的订购模式,得到了高校成员的广泛认可,同时,CALIS 通过补贴经费投入、技术与硬件设备支持等多种方式,促进集团稳步发展,集团规模不断扩大。经过九年的建设,集团成员已达到 195 家,其中高校成员 184 家（包括 1 家香港高校成员）、非高校成员 11 家。集团累计订购来自欧美知名大学的优秀博硕士论文 35 余万篇,全面覆盖文、理、工、农、医等各个学科领域。截止到 2011 年年底,集团累计下载论文超过 1500 万篇。通过学位论文项目建设,为教学科研提供了有力的文献保障。

- 论文订购数量

随着集团成员的增加,集团每年订购论文篇数不断增长。截止到 2011 年,集团订购论文总量累计达到 354 006 篇。

表 3 – 1   PQDT 全文集团历年订购量及累计量

订购年度	订购论文数 *（篇）	可访问论文累计总量（篇）
2002 年	24 300	24 300
2003 年	22 895	47 195
2004 年	30 670	77 865
2005 年	25 135	103 000
2006 年	31 070	134 070
2007 年	36 387	170 457
2008 年	40 374	210 831
2009 年	43 514	254 545
2010 年	50 436	304 781
2011 年	49 225	354 006

* 订购论文数:包括高校订购和非高校订购总量。

- 数据库学科分布情况

表 3 – 2   PQDT 数据库学科分布情况统计表

学科	论文数量（篇）	比例
Applied Sciences（应用科学）	129 922	28.31%
Biological Sciences（生物学）	55 725	12.14%
Communications and the Arts（交流与艺术）	18 936	4.13%

续表

学科	论文数量（篇）	比例
Earth and Environmental Sciences（地球与环境科学）	24 727	5.39%
Education（教育学）	28 355	6.18%
Health Sciences（健康科学）	25 620	5.58%
Language，Literature，and Linguistics（语言,文学和语言学）	17 532	3.82%
Philosophy，Religion，and Theology（哲学,宗教与神学）	8267	1.80%
Psychology（心理学）	17 016	3.71%
Pure Sciences（纯科学）	60 801	13.25%
Social Sciences（社会科学）	72 046	15.70%

（3）牵头馆

北京大学

（4）数据库文种

外文数据库

（5）数据库生产商

数据库出版商 DRAA 规范名称：ProQuest 公司

生产商全称：ProQuest 公司

生产商简称：ProQuest

数据库生产商简介：

ProQuest 公司位于美国密歇根州 Ann Arbor 市,起源于 1938 年由 Eugene B. Power 创立的 University Microfilms（UMI）,已有超过 70 年的历史。作为世界一流的信息收集、组织和发行商,为全球 160 多个国家/地区的大学、政府机构和商业客户提供增值信息服务。

ProQuest 公司是一家国际性的信息收集、组织和发行商,为全球 160 多个国家的大学、政府机构和商业客户提供增值信息服务。ProQuest 公司可提供期刊、报纸、参考书、参考文献、书目、索引、地图集、绝版书籍、记录档案、博士论文和学者论文集等各种类型的信息服务,格式采用网络、光盘、微缩胶片及印刷版等。目前,已拥有相当于 55 亿多页纸的信息收藏量,内容涵盖人文科学、社会科学、科学技术、医药、商业管理等学科,包括最新的地缘政治和经济信息及过去 650 年来的学术成就。

ProQuest 创建了专门的信息资源和技术,促进了成功的研究和终身学习。作为服务于所有类型图书馆的全球领导者,ProQuest 提供了来自许多著名品牌的顶级体验,包括 ABI、UMI、Chadwyck-Healey、SIRS 和 eLibrary 等。现在 ProQuest 的品牌系列中又加入了 Serials Solutions、RefWorks、COS、Dialog 和 ebrary 等品牌,公司将以与图书馆管理员合作的传统负责形象为依托,不断扩大业务。

（6）数据库提供方

数据库商：北京中科进出口公司

（7）统计平台

ProQuest 学位论文全文管理系统

（8）数据库所属学科

0000 综合

（9）数据库类型

文献揭示层次：全文

收录文献类型：学位论文

（10）数据库访问方式

为保障集团成员使用，ProQuest 学位论文全文数据库通过三个服务器向集团用户提供镜像服务。

CALIS 服务器：http://pqdt.calis.edu.cn/

上交大服务器：http://pqdt.lib.sjtu.edu.cn/

中信所服务器：http://pqdt.bjzhongke.com.cn/

（11）数据库访问控制

IP 控制

2. 数据库资源内容

（1）总体收录情况

收录范围：1861 年至今

更新频率：每年

与纸本滞后期：无

（2）专业知名度

Sci 收录情况：不适用

同行评议：全部同行评议

3. 数据库平台

（1）数据库平台名称

全称：ProQuest 学位论文全文检索平台

简称：PQDT

（2）检索系统平台的基本功能

2010 年 7 月，由中科公司及 CALIS 共同开发的全新检索平台正式推出。新平台在数据更新、检索功能、管理功能方面均有明显改进。

在数据更新及网络服务方面，新的检索平台采用三台服务器数据同步，并通过负载均衡，保障用户访问畅通。新平台通过断点续传及多线程下载技术，提高数据传输的稳定性。

在检索功能方面，新的检索平台支持全文检索，提供简单检索及高级检索。同时，平台还提供学科导航。用户可以通过学科浏览以及论文发表年度等对检索结果加以限定。

新的检索平台增加了个性化服务功能，用户通过免费注册获取账号后，登录即可根据个人需要和爱好设置和定制个性化服务，包括：设置和订阅兴趣学科、管理收藏夹、保存检索历史等。此外，新平台增加了中文繁体及英文检索界面。

（3）是否需要专业培训

否

（4）是否需要安装客户端

否

（5）接口提供情况

openURL 接口：http：//pqdt. calis. edu. cn/

MetaSearch 接口：无

数据同步更新接口：无

（6）是否提供专门的管理员入口

http：//pqdt. lib. sjtu. edu. cn/SysAdmin/Login. aspx

4. 提供的用户服务

（1）试用情况

是否有试用期：是

试用期限：一至三个月

其他说明：无

（2）培训内容及方式

培训内容：数据库资源内容、检索平台、检索技巧使用培训

培训方式：上门培训

其他说明：提供培训课件

（3）主动通报

每年

（4）客户回访

有无客户回访：是

回访频率：不定期

（5）售后服务

联系人信息：张明芳

Tel：010 – 84039343/44/45 – 632

Email：zhangmf@ bjzhongke. com. cn

技术支持人员信息：张明芳

Tel：010 – 84039343/44/45 – 632

Email：zhangmf@ bjzhongke. com. cn

问题反馈解决时限：1 个工作日

（6）是否提供元数据或目录数据

提供元数据/目录数据：是

数据格式：MARC

数据更新方式：人工下载、人工索取

更新周期：月更新

（7）对恶意下载的认定标准及处理方式

认定标准：对每个 IP 每分钟和每天下载设置下载限制。

处理方式：超出限制判定为恶意下载，会查封该 IP 地址。

5. 组团情况

（1）对购买学校类型的划分标准

分为高校、非高校等,高校成员不分级。

(2)集团规模及组团变化情况

ProQuest 学位论文全文集团自 2002 年起开始组团,经过十年的发展,集团成员已达到 195 家,其中,高校成员 184 家(包括 1 家香港高校成员)、非高校成员 11 家。

- 高校成员历年增长情况

表 3 - 3   PQDT 集团采购高校成员馆增长情况

高校成员	2002 年	2003 年	2004 年	2005 年	2006 年	2007 年	2008 年	2009 年	2010 年	2011 年
(所)	88	98	106	116	125	129	136	155	168	184

- 高校集团使用统计

2005—2010 年度高校集团使用统计情况如下表 3 - 4:

表 3 - 4   2005—2010 年度 PQTD 高校集团使用情况

	集团论文下载量(篇)	平均下载量(篇)	高于平均下载量的学校所占比例
2003 年	882 154	9001	40%
2004 年	1 389 599	13 109	30%
2005 年	1 604 727	13 834	33%
2006 年	1 593 278	12 645	35%
2007 年	1 826 903	13 946	32%
2008 年	2 039 763	14 889	35%
2009 年	1 917 448	12 371	30%
2010 年	3 856 388	22 955	30%
2011 年	2 210 999	12 016	34%

2010 年,新平台支持多线程下载,导致 2010 年下半年可能多次记录全文下载次数。根据旧平台用量估算,2010 年集团下载超过 210 万篇。

近年来,集团成员每年的论文下载量逐年增加,从 2003 年的近 90 万篇增加到 2011 年的 220 万篇以上。2003—2011 年,高校集团成员累计下载量已超过 1500 万篇。

- 高校集团使用成本

2003—2010 年度高校集团成员平均使用成本如下表 3 - 5:

表 3 - 5   2003—2010 年度 PQDT 高校集团平均使用成本

	篇均下载成本
2003 年	$1. 05
2004 年	$0. 64
2005 年	$0. 75
2006 年	$0. 76
2007 年	$0. 69
2008 年	$0. 79
2009 年	$0. 96
2010 年	$1. 00
2011 年	$1. 17

集团每年度篇均下载成本为 1 美元左右,近两年下载成本略有上升。由于论文订购模式为一次性购买,永久使用,因此随着时间的推移,后续年度的使用成本将下降。

- 高校集团单篇采购成本

随着集团成员的不断增加,集团成员可共享论文数量逐年增长。近五年来高校成员平均单篇论文订购成本一直维持在 \$0.27 美元左右,这一价格仅为单馆订购电子版学位论文价格的 0.7%,纸本论文订购价格的 0.3% 左右。通过共建共享的集团订购模式,各成员以非常优惠的价格获取学位论文。

6. 使用统计

(1)统计数据提供方式

提供方式:人工下载、人工索取

数据格式:excel

(2)统计数据提供频率

统计数据提供频率:任意时间

7. 永久使用及存档

(1)永久使用

可否永久使用:是

使用方式:免费在线访问

(2)存档

是否提供存档:是

存档内容:裸数据 + 检索平台

存档介质:远程

存档方式:集团存档

(3)关于数据库永久使用及存档解决方案的说明

凡未提前退出集团的用户,无论是否继续参加后续合同期内的集团采购,可继续拥有已参加年度集团的网络数据库使用权。

所有参加集团的成员均能得到本馆所订购相应篇数的 PDF 论文全文的永久使用权和存档权。

8. 许可协议

合理使用条款标志:出现(Present)

数字拷贝:允许(明确)(Permitted(explicit))

打印拷贝:允许(明确)(Permitted(explicit))

学术共享:允许

馆际互借——打印或传真:未提及(未解释)(Silent(uninterpreted))

馆际互借——安全电子传输:未提及(未解释)(Silent(uninterpreted))

馆际互借——电子拷贝:禁止(明确)(Prohibited(explicit))

教学参考——打印:允许(明确)(Permitted(explicit))

教学参考——电子拷贝:允许(明确)(Permitted(explicit))

提供电子链接:允许(明确)(Permitted(explicit))

汇编教材——打印:未提及(未解释)(Silent(uninterpreted))

汇编教材——电子拷贝:未提及(未解释)(Silent(uninterpreted))

远程访问权:是

并发用户:否

其他用户限制备注:

用户信息保密:否

9. 小结

ProQuest Dissertations & Theses(PQDT)是世界著名的学位论文数据库,从2002年起CALIS开始组织ProQuest学位论文全文数据库CALIS集团采购,由于采用了单馆采购、集团共享的订购模式,得到了高校成员的广泛认可,集团成员已达到195家,集团累计订购来自欧美知名大学的优秀博硕士论文35余万篇,全面覆盖文、理、工、农、医等各个学科领域。2010年,由中科公司及CALIS共同开发的全新检索平台正式推出。新平台在数据更新、检索功能、管理功能方面均有明显改进。

截止到2011年年底,集团累计下载论文超过1700万篇,集团每年度篇均下载成本为1美元左右,近两年下载成本略有上升。近五年来高校成员平均单篇论文订购成本一直维持在0.27美元左右,这一价格仅为单馆订购电子版学位论文价格的0.7%,纸本论文订购价格的0.3%左右,通过共建共享的集团订购模式,各成员以非常优惠的价格获取学位论文。

二、Springer 电子期刊数据库评估报告

1. 数据库简介

(1)数据库规范名称

数据库DRAA规范名称:Springer电子期刊

数据库全称:Springer电子期刊

简称:Springer

惯用名:Springer eJournals

曾用名:施普林格电子期刊

counter报告名:Springer

(2)数据库简介

Springer出版公司每年出版期刊超过2000种,涵盖了自然科学、技术、工程、医学、法律、行为科学、经济学、生物学和医学等11个学科。Springer出版的期刊50%以上被SCI和SSCI收录,一些期刊在相关学科拥有较高的排名。Springer电子期刊数据库涵盖了Springer所出版的大约1400多种期刊。SpringerLink所有资源划分为13个学科:建筑学、设计和艺术;行为科学;生物医学和生命科学;商业和经济;化学和材料科学;计算机科学;地球和环境科学;工程学;人文、社科和法律;数学和统计学;医学;物理和天文学;专业和应用计算。

（3）牵头馆

清华大学

（4）数据库文种

外文数据库

（5）数据库生产商

数据库出版商 DRAA 规范名称：德国 Springer 出版公司

生产商全称：德国 Springer 出版公司

（6）数据库提供方

数据库商：德国 Springer 出版公司

数据库提供方简介：Springer 出版社于 1842 年在德国柏林创立，是全球第一大科技图书出版公司和第二大科技期刊出版公司，每年出版余 6500 种科技图书和 2200 余种科技期刊。Springer 注重出版物内容水平、出版人员的专业性和服务质量，专注出版，服务科学是 Springer 一贯的准则和目标。截至目前，共有 180 位诺贝尔获奖者在 Springer 出版专著或发表期刊文章，全部 48 位菲尔兹奖获奖者在 Springer 出版数学专著，70% 图灵奖获奖者选择在 Springer 出版专著或发表期刊文章。Springer 的业务遍布欧洲、北美和亚洲的 20 多个国家，旗下约有 5500 名员工。在全世界，Springer 获得了 300 余家学术协会及专业社团的出版授权。

（7）统计平台

Springer Ejournal-Metapress

SpringerLink 统计平台

（8）数据库所属学科

01 哲学、02 经济学、03 法学、04 教育学、0502 外国语言文学、0503 新闻传播学、06 历史学、07 理学、08 工学、09 农学、1001 基础医学、1002 临床医学、1003 口腔医学、1004 公共卫生与预防医学、1006 中西医结合、1007 药学、1009 特种医学、1010 医学技术、1011 护理学、12 管理学、13 艺术学、0000 综合

（9）数据库类型

文献揭示层次：全文

收录文献类型：期刊

（10）数据库访问方式

教育网

（11）数据库访问控制

IP 控制

2. 数据库资源内容

（1）总体收录情况

收录范围：1854 年至今

更新频率：每天

与纸本滞后期：无

（2）专业知名度

Sci 收录情况：1100 种

同行评议：全部为同行评议

3. 数据库平台

（1）数据库平台名称

全称：SpringerLink

counter 报告名：Springer

（2）检索系统平台的基本功能

a）Springer 电子书与电子期刊共同整合在 SpringerLink 平台上。提供 PDF 全文下载以及 HTML 在线浏览，此外还提供 PDF 预览功能，读者可以快速浏览电子图书各个章节，在确认内容后再下载。

b）检索方式支持简单关键词检索和高级检索，如作者名检索，检索结果可以列表查看，E-mail 发送，以 CSV 格式导出，以及 RSS 推送。

c）Springer 电子书可以与 Springer 电子期刊等产品互相链接，并且可以提供 OPEN URL，进而和图书馆的馆藏进行链接。

d）读者可以对 Springer 电子书进行个性化设置，保存检索结果、数目和关键词，设计书签、设置电子邮件提醒等。

e）提供语义链接功能、"相关文献"功能。

（3）是否需要专业培训

否

（4）是否需要安装客户端

否

（5）接口提供情况

openURL 接口：提供

MetaSearch 接口：支持

数据同步更新接口：无

（6）是否提供专门的管理员入口

http://www.metapress.com

4. 提供的用户服务

（1）试用情况

是否有试用期：是

试用期限：集团试用三个月，单独试用两个月

其他说明：Springer 电子期刊提供 3 个月免费集团试用，单独申请试用的学校试用期一般不超过 2 个月

（2）培训内容及方式

培训内容：数据库资源内容、检索平台、检索技巧使用培训

培训方式：上门培训、在线培训

其他说明：提供培训课件/视频等、制作海报

（3）主动通报

主动通报

（4）客户回访

有无客户回访：是

回访频率：Springer 会定期回访客户

（5）售后服务

联系人信息：Springer 亚洲有限公司北京代表处，Springer 中国区销售总监，崔晓莹，电话：010 - 82670211 - 886，传真：010 - 82670212，E-mail：young. cui@ springer. com

技术支持人员信息：同联系人

问题反馈解决时限：Springe 出版社北京办公室提供优质的本地化用户服务，订购期间为用户提供培训，并及时解决访问故障。

（6）是否提供元数据或目录数据

提供元数据/目录数据：否

（7）对恶意下载的认定标准及处理方式

认定标准：不得使用为持续地和自动地搜索及索引许可内容（全文本和元数据）而设计的程序，如网络爬行者或网络蜘蛛程序。被许可人不得系统地下载任何许可内容。

处理方式：协商解决。

（8）其他拓展服务

a）来自贵州、新疆、西藏、青海、宁夏、甘肃、云南、内蒙古八个地区的全新用户，其电子访问费部分可以享受 7.5 折优惠。

b）主动为客户举办如何投稿的讲座。

5. 组团情况

（1）对购买学校类型的划分标准

按"985 工程"院校、"211 工程"院校、非"211 工程"院校划分。

（2）集团规模及组团变化情况

组团起始年：2002 年

6. 使用统计

（1）统计数据标准和格式

JR1、JR5

（2）统计数据提供方式

提供方式：人工下载

数据格式：excel、CSV

（3）统计数据提供频率

统计数据提供频率：任意时间

说明：客户拥有独立用户名和密码用于查询使用统计。

7. 永久使用及存档

（1）永久使用

可否永久使用:是

使用方式:免费在线访问

(2)存档

是否提供存档:是

存档内容:裸数据 + 检索平台

存档方式:CALIS 成员馆存档、集团存档

(3)关于数据库永久使用及存档解决方案的说明

Springer 与数家数字存储公司有合作关系,如 CLOCKSS、LOCKSS 和 Portico。在 Springer 自己不能提供查阅服务的时候,例如,服务器瘫痪、许可内容不再在线托管、Springer 解散,或者被许可人不再是 Springer 的用户,这些公司将提供数字印刷或电子的许可内容。被许可人仅能为备份和将该许可内容存档的目的而使用与 Springer 已签订相应协议的存储公司的 LOCKSS 或者 Portico 技术。

8. 许可协议

合理使用条款标志:出现(Present)

数字拷贝:允许(明确)(Permitted(explicit))

打印拷贝:允许(明确)(Permitted(explicit))

学术共享:不允许

馆际互借——打印或传真:允许(明确)(Permitted(explicit))

馆际互借——安全电子传输:禁止(解释)(Prohibited(interpreted))

馆际互借——电子拷贝:禁止(解释)(Prohibited(interpreted))

馆际互借条款备注:除非相应的许可协议中另有规定,被许可人不得为第三方的目的使用许可内容(例如向第三方提供的在线服务),或以电子形式再次传输(例如通过电子邮件),或将许可内容上传至其个人的或公共的网站或网络以供公众查阅或交流。

教学参考——打印:允许(明确)(Permitted(explicit))

教学参考——电子拷贝:允许(解释)(Permitted(interpreted))

教学参考条款备注:被许可人和授权使用者不得在其所有的电子储存设备和受控访问的网站上以全文本格式储存期刊的任何文章或其他部分。其仅能提供在 Springer 网站上期刊全文的相关链接。

提供电子链接:允许(明确)(Permitted(explicit))

汇编教材——打印:不适用(Not Applicable)

汇编教材——电子拷贝:不适用(Not Applicable)

远程访问权:否

并发用户:否

其他用户限制备注:无

用户信息保密:是

9. 其他

特别说明:只有 SLCC 全国团为清华大学图书馆组织引进,此外全国还有若干地方集团。

附件：引进资源评估报告清单(2012 年 5 月 25 日统计)

序号	评估报告名称	数据库类型	提交单位
1	Thieme E-journals 数据库评估报告	外文	北京大学医学图书馆
2	Thieme e-Book Library 数据库评估报告	外文	北京大学医学图书馆
3	Rehabilitation & Sports Medicine Source 数据库评估报告	外文	北京大学医学图书馆
4	Quintessence Publishing 电子图书数据库评估报告	外文	北京大学医学图书馆
5	Psychiatry Online. com 数据库评估报告	外文	北京大学医学图书馆
6	ProQuest Health & Medical Complete/ProQuest Medical Library 数据库评估报告	外文	北京大学医学图书馆
7	MICROMEDEX 临床暨循证医药学数据库	外文	北京大学医学图书馆
8	MD Consult & First Consult 数据库评估报告	外文	北京大学医学图书馆
9	LWW 医学全文期刊数据库评估报告	外文	北京大学医学图书馆
10	LWW 在线图书数据库评估报告	外文	北京大学医学图书馆
11	Landes Bioscience journal 数据库评估报告	外文	北京大学医学图书馆
12	Karger 回溯期刊专辑数据库评估报告	外文	北京大学医学图书馆
13	Karger 医学电子期刊数据库评估报告	外文	北京大学医学图书馆
14	Karger 医学电子书数据库评估报告	外文	北京大学医学图书馆
15	EMBASE 数据库评估报告	外文	北京大学医学图书馆
16	Dentistry and Oral Science Source 牙医与口腔卫生全文数据库评估报告	外文	北京大学医学图书馆
17	Clinical Publishing 电子图书数据库评估报告	外文	北京大学医学图书馆
18	Clinical Evidence 数据库评估报告	外文	北京大学医学图书馆
19	CINAHL Plus with Full Text 数据库评估报告	外文	北京大学医学图书馆
20	Cancer Information Group 数据库评估报告	外文	北京大学医学图书馆
21	British Medical Journal 数据库评估报告	外文	北京大学医学图书馆
22	Best Practice 数据库评估报告	外文	北京大学医学图书馆
23	AccessSurgery 数据库评估报告	外文	北京大学医学图书馆
24	AccessMedicine 数据库评估报告	外文	北京大学医学图书馆
25	Annual Reviews 数据库评估报告	外文	天津高等教育文献信息中心
26	人大复印报刊系列数据库评估报告	中文	天津高等教育文献信息中心
27	龙源期刊网数据库评估报告	中文	天津高等教育文献信息中心

续表

序号	评估报告名称	数据库类型	提交单位
28	博看人文社科期刊数据库评估报告	中文	天津高等教育文献信息中心
29	ProQuest ABI/INFORM Complete 数据库评估报告	外文	中山大学图书馆
30	ProQuest Academic Research Library 数据库评估报告	外文	中山大学图书馆
31	ProQuest Science Journals™ 数据库评估报告	外文	中山大学图书馆
32	Safari Tech Books Online 数据库评估报告	外文	中山大学图书馆
33	ACM Digital Library 数据库评估报告	外文	清华大学图书馆
34	ACS 数据库评估报告	外文	清华大学图书馆
35	AIP 全文电子期刊及会议录数据库评估报告	外文	清华大学图书馆
36	APS 全文电子期刊数据库评估报告	外文	清华大学图书馆
37	ASCE Online Research Library 数据库评估报告	外文	清华大学图书馆
38	ASME 数据库评估报告	外文	清华大学图书馆
39	ASTM SEDL 数据库评估报告	外文	清华大学图书馆
40	BioOne 数据库评估报告	外文	清华大学图书馆
41	Computing Reviews 数据库评估报告	外文	清华大学图书馆
42	CPCI(会议录引文索引)数据库评估报告	外文	清华大学图书馆
43	CREDO 全球工具书大全数据库评估报告	外文	清华大学图书馆
44	CSCD(中国科学引文索引)数据库评估报告	中文	清华大学图书馆
45	DII(德温特专利情报)数据库评估报告	外文	清华大学图书馆
46	Ebrary 电子图书数据库评估报告	外文	清华大学图书馆
47	Gale GREENR 数据库评估报告	外文	清华大学图书馆
48	H. W. Wilson 数据库评估报告	外文	清华大学图书馆
49	IEEE-Wiley eBooks Library 数据库评估报告	外文	清华大学图书馆
50	IET Digital Library 数据库评估报告	外文	清华大学图书馆
51	IG Publishing 电子图书数据库评估报告	外文	清华大学图书馆
52	IMechE Journals Collection 数据库评估报告	外文	清华大学图书馆
53	INSPEC 数据库评估报告	外文	清华大学图书馆
54	IWA(国际水协会)数据库评估报告	外文	清华大学图书馆
55	Jane's 军事装备与技术情报中心数据库评估报告	外文	清华大学图书馆
56	JCR Web 数据库评估报告	外文	清华大学图书馆
57	Knovel 交互式工程数据库评估报告	外文	清华大学图书馆
58	Morgan & Claypool 综述文集数据库评估报告	外文	清华大学图书馆
59	NoteExpress 评估报告	中文	清华大学图书馆

续表

序号	评估报告名称	数据库类型	提交单位
60	OCLC CAMIO 艺术博物馆在线数据库评估报告	外文	清华大学图书馆
61	OCLC FirstSearch 数据库评估报告	外文	清华大学图书馆
62	OSA E-journals 数据库评估报告	外文	清华大学图书馆
63	PressDisplay 报纸数据库评估报告	外文	清华大学图书馆
64	ProjectEuclid 数据库评估报告	外文	清华大学图书馆
65	Project Cambridge Science Abstract 数据库评估报告	外文	清华大学图书馆
66	SAGE Reference Online 数据库评估报告	外文	清华大学图书馆
67	SAGE Premier 数据库评估报告	外文	清华大学图书馆
68	SIAM E-journals Package 评估报告	外文	清华大学图书馆
69	SciFinder Academic 数据库评估报告	外文	清华大学图书馆
70	Scitation Collection 数据库评估报告	外文	清华大学图书馆
71	SPIE Digital Library 数据库评估报告	外文	清华大学图书馆
72	Springer 电子期刊数据库评估报告	外文	清华大学图书馆
73	Springer 电子图书数据库评估报告	外文	清华大学图书馆
74	Taylor & Francis ST 期刊数据库评估报告	外文	清华大学图书馆
75	Ulrich's Periodicals Directory 数据库评估报告	外文	清华大学图书馆
76	Wiley 电子书数据库评估报告	外文	清华大学图书馆
77	World eBook Library 数据库评估报告	外文	清华大学图书馆
78	Begell Digital Library 数据库评估报告	外文	上海交通大学图书馆
79	Cambridge Journals Online 数据库评估报告	外文	上海交通大学图书馆
80	BIOSIS Previews 数据库评估报告	外文	上海交通大学图书馆
81	Emerald eBooks 数据库评估报告	外文	上海交通大学图书馆
82	Emerald eJournals 数据库评估报告	外文	上海交通大学图书馆
83	SCOPUS 数据库评估报告	外文	上海交通大学图书馆
84	剑桥大学出版社电子书数据库评估报告	外文	上海交通大学图书馆
85	IMF 数据库评估报告	外文	上海交通大学图书馆
86	SourceOECD 数据库评估报告	外文	上海交通大学图书馆
87	SpringerMaterials 数据库评估报告	外文	上海交通大学图书馆
88	SpringerProtocols 数据库评估报告	外文	上海交通大学图书馆
89	World Bank 数据库评估报告	外文	上海交通大学图书馆
90	中国资讯行数据库评估报告	中文	四川大学图书馆
91	Gale 珍稀原始典藏档案	外文	四川大学图书馆

续表

序号	评估报告名称	数据库类型	提交单位
92	Gale 电子参考工具书	外文	四川大学图书馆
93	酶学方法(METHODS IN ENZYMOLOGY)	外文	四川大学图书馆
94	经济学手册(HANDBOOK OF MACROECONOMICS)	外文	四川大学图书馆
95	Bankscope 数据库评估报告	外文	南开大学图书馆
96	EIU Countrydata 数据库评估报告	外文	南开大学图书馆
97	Osiris 数据库评估报告	外文	南开大学图书馆
98	HeinOnline 数据库评估报告	外文	南开大学图书馆
99	EPS 数据库评估报告	中文	南开大学图书馆
100	MathSciNet 数据库评估报告	外文	天津大学图书馆
101	CNKI 数据库评估报告	中文	天津大学图书馆
102	WorldSciNet 数据库评估报告	外文	天津大学图书馆
103	EBSCO 英语学习中心(SRC)数据库评估报告	外文	首都师范大学图书馆
104	国际教育视频库评估报告	中文	首都师范大学图书馆
105	银符考试题库 B12 评估报告	中文	首都师范大学图书馆
106	北大法意教育频道数据库评估报告	中文	武汉大学图书馆
107	晚清期刊全文数据库评估报告	中文	武汉大学图书馆
108	新东方多媒体学习库评估报告	中文	武汉大学图书馆
109	环球英语多媒体资源库评估报告	中文	武汉大学图书馆
110	英国外交部机密文件:北美,1824—1961 数据库评估报告	外文	武汉大学图书馆
111	英国政府文件在线评估报告	外文	武汉大学图书馆
112	MUSE 电子图书数据库评估报告	外文	武汉大学图书馆
113	Project MUSE 电子期刊数据库评估报告	外文	武汉大学图书馆
114	DDRS 解密文件参考系统数据库评估报告	外文	武汉大学图书馆
115	17 和 18 世纪伯尼典藏报纸数据库评估报告	外文	武汉大学图书馆
116	EI 数据库评估报告	外文	武汉大学图书馆
117	Westlaw 法律数据库评估报告	外文	武汉大学图书馆
118	《网上报告厅》数据库评估报告	中文	兰州大学图书馆
119	COS Scholar Universe 数据库评估报告	外文	华中科技大学
120	COS Funding Opportunities 数据库评估报告	外文	华中科技大学
121	CINAHL with Full Text 数据库评估报告	外文	华中科技大学
122	Adis 数据库评估报告	外文	华中科技大学
123	超星学术视频数据库评估报告	中文	华中科技大学

序号	评估报告名称	数据库类型	提交单位
124	COS Papers Invited 数据库评估报告	外文	华中科技大学
125	Art & Architecture Complete 数据库评估报告	外文	华中科技大学
126	SCI-TECHNetBASE 数据库评估报告	外文	西安交通大学图书馆
127	AGU 数据库评估报告	外文	西安交通大学图书馆
128	AIAA 数据库评估报告	外文	西安交通大学图书馆
129	AGRICOLA Database(Ovid 平台)数据库评估报告	外文	中国农业大学图书馆
130	AGRIS Database(Ovid 平台)数据库评估报告	外文	中国农业大学图书馆
131	CAB Abstracts database(Ovid 平台)数据库评估报告	外文	中国农业大学图书馆
132	DIALOG 国际联机系统数据库评估报告	外文	中国农业大学图书馆
133	EBSCO 环境科学全文数据库评估报告	外文	中国农业大学图书馆
134	EBSCO 食品科学全文数据库评估报告	外文	中国农业大学图书馆
135	EBSCO 园林园艺索摘数据库评估报告	外文	中国农业大学图书馆
136	Food Science and Technology Abstracts Database(Ovid 平台)数据库评估报告	外文	中国农业大学图书馆
137	ProQuest Agriculture Journals 数据库评估报告	外文	中国农业大学图书馆
138	ProQuest Biology Journals 数据库评估报告	外文	中国农业大学图书馆
139	Taylor & Francis Dekker Agropedia Collection 数据库评估报告	外文	中国农业大学图书馆
140	CAB 电子书数据库评估报告	外文	中国农业大学图书馆
141	CAB 参考书数据库评估报告	外文	中国农业大学图书馆
142	Literature Online	外文	南京大学图书馆
143	Digital National Security Archive 1-35 Collections	外文	南京大学图书馆
144	British Periodicals I	外文	南京大学图书馆
145	British Periodicals II	外文	南京大学图书馆
146	Documents on British Policy Overseas	外文	南京大学图书馆
147	American Periodicals Series Online	外文	南京大学图书馆
148	18 th Century House of Commons Parliamentary Papers	外文	南京大学图书馆
149	19th Century House of Commons Parliamentary Papers	外文	南京大学图书馆
150	20th Century House of Commons Parliamentary Papers	外文	南京大学图书馆
151	牛津在线参考书数据库(OHO)	外文	南京大学图书馆
152	牛津在线参考书目数据库(OBO)	外文	南京大学图书馆
153	牛津在线英语大辞典(OED)	外文	南京大学图书馆

续表

序号	评估报告名称	数据库类型	提交单位
154	牛津在线现代英语辞典（ODO）	外文	南京大学图书馆
155	牛津多语种在线大辞典（OLDO）	外文	南京大学图书馆
156	马克思普朗克国际公法百科全书在线版（EPIL）	外文	南京大学图书馆
157	牛津国际法数据库（RIL）	外文	南京大学图书馆
158	牛津国际投资仲裁数据库（IC）	外文	南京大学图书馆
159	牛津格罗夫艺术在线数据库（OAO）	外文	南京大学图书馆
160	牛津格罗夫音乐在线数据库（OMO）	外文	南京大学图书馆
161	OUP 电子期刊数据库	外文	南京大学图书馆
162	PQDT 全文数据库评估报告	外文	北京大学图书馆
163	EB Online 数据库评估报告	外文	北京大学图书馆
164	Nature 数据库评估报告	外文	北京大学图书馆
165	Science 数据库评估报告	外文	北京大学图书馆
166	Wiley-Blackwell 数据库评估报告	外文	北京大学图书馆
167	JSTOR 数据库评估报告	外文	北京大学图书馆
168	IOP 数据库评估报告	外文	北京大学图书馆
169	RSC 数据库评估报告	外文	北京大学图书馆
170	RSC 回溯数据库评估报告	外文	北京大学图书馆
171	SCI 数据库评估报告	外文	北京大学图书馆
172	SSCI 数据库评估报告	外文	北京大学图书馆
173	A & HCI 数据库评估报告	外文	北京大学图书馆
174	ESI 数据库评估报告	外文	北京大学图书馆
175	EMIS 数据库评估报告	外文	北京大学图书馆
176	Frontiers in China 数据库评估报告	外文	北京大学图书馆
177	MyiLibrary 数据库评估报告	外文	北京大学图书馆
178	Elsevier SD 数据库评估报告	外文	北京大学图书馆
179	Cell Press 数据库评估报告	外文	北京大学图书馆
180	Reaxys 数据库评估报告	外文	北京大学图书馆
181	PQDT（A）数据库评估报告	外文	北京大学图书馆
182	PQDT（B）数据库评估报告	外文	北京大学图书馆
183	IEL 数据库评估报告	外文	北京大学图书馆
184	NetLibrary 数据库评估报告	外文	北京大学图书馆
185	ASP + BSP 数据库评估报告	外文	北京大学图书馆

序号	评估报告名称	数据库类型	提交单位
186	Lexis AU 数据库评估报告	外文	北京大学图书馆
187	Lexis. com 数据库评估报告	外文	北京大学图书馆
188	Gale Biography in context 数据库评估报告	外文	北京大学图书馆
189	Gale Business & Company Resource Center 数据库评估报告	外文	北京大学图书馆
190	Gale Literature Resource Center 数据库评估报告	外文	北京大学图书馆
191	Gale World History in Context 数据库评估报告	外文	北京大学图书馆
192	Incites 数据库评估报告	外文	北京大学图书馆
193	万方数据库评估报告	中文	北京大学图书馆
194	维普数据库评估报告	中文	北京大学图书馆
195	ECCO 十八世纪作品在线数据库评估报告	外文	北京大学图书馆
196	EEBO 早期英文图书在线数据库评估报告	外文	北京大学图书馆
197	PsycARTICLES APA 美国心理学协会系列数据库 EBSCO 平台评估报告	外文	北京大学图书馆
198	PAO 电子期刊数据库评估报告	外文	北京大学图书馆
199	美国国会文献集 1817—1994 数据库评估报告	外文	北京大学图书馆
200	美国早期报纸:系列Ⅰ、系列Ⅱ 数据库评估报告	外文	北京大学图书馆
201	《英国外交部档案:中国,1949—1980》数据库评估报告	外文	北京大学图书馆
202	《英国外交部档案:中东,1839—1969》数据库评估报告	外文	北京大学图书馆
203	ProQuest—ProQuest Asian Business and Reference	外文	中国人民大学图书馆

第四章 高等教育数字图书馆服务评估规范

第一节 数字化服务评估规范总则

为做好中国高等教育数字图书馆数字化服务的评估工作,以评估促建设,特制定《高等教育数字图书馆数字化服务评估总则》(简称《服务总则》)。

本总则旨在指导各类数字化服务评估规范的制定,包括但不限于:馆际互借与文献服务评估、参考咨询服务评估、图书类服务评估、期刊类服务评估、论文类服务评估规范等。CALIS各高校图书馆、各区域性图书馆联盟也可参考本《服务总则》,建立本馆、本区域或者单种资源的评估体系。

一、评估对象

数字化服务是指依托数字化资源,采用数字化手段,为用户提供的信息服务。

数字化服务评估是指依据一定的标准(即指标体系)对数字化服务的基础条件和服务效益进行科学的测度和分析。通过评估可以为图书馆合理地选择电子资源,改进服务方式,为提高用户满意度提供科学的依据。

CALIS 数字化服务评估的对象包括三个层面的含义:

1)个体图书馆数字化服务的整体评估,包括服务条件、服务政策、服务内容以及服务绩效等各方面的综合评估。

2)单种类型数字化服务的评估,如馆际互借与文献传递服务、咨询服务、检索服务等不同类型服务的评估等。

3)CALIS 共享服务体系的评估,即强调数字化服务的共享,包括为共享建立的服务体系以及服务本身具备的共享能力和效益等。

二、评估内容

1. 服务条件评估

基础条件是影响数字化服务水平的重要因素,对其进行评估是数字化服务评估不可缺少的组成部分。具体包括:

1)对支撑服务的基础设施评估,指服务器、交换机和路由器等硬件设备的技术性能和运行情况、网络通信条件以及软件支撑平台的先进性和稳定性等方面进行评估。

2)对用户使用设备的评估,包括计算机、无线网卡、自助借还书机、复印机、扫描仪及电子图书阅读器等设备的数量和总体功能进行评估。

3)信息资源的揭示与导航系统功能评估,资源揭示的深度和广度是否合理、资源的导航系统是否方便用户使用等。

4)人力资源评估,对数字化服务工作人员的综合素质、服务态度、服务能力以及学科馆员数量、每个读者拥有的服务人员数量等方面进行评估。

2. 服务政策评估

服务政策直接影响服务的对象、范围、过程和效果。其评估内容主要包括:服务政策是否对服务范围、使用权限、用户隐私保护、知识产权保护等做出明确的规定,对用户的某些限制性规定是否合理等。

3. 服务内容评估

对服务内容进行评估是数字化服务评估的核心内容,主要包括:

1)信息资源检索服务评估,对联机目录检索、电子资源检索、资源统一检索等服务的可靠性、便捷性和用户友好性等进行评估。

2)文献提供服务评估,对本馆文献服务情况及馆际互借与文献传递服务情况的评估。

3)数字化参考咨询服务评估,虚拟参考咨询的形式是否多样,虚拟咨询量占整个咨询总量的比例、用户咨询问题的回答率、实时咨询的开放时间等。

4)学科咨询服务评估,图书馆的咨询服务中,为学科的教学科研提供的项目咨询、课题咨询、科技查新、论文收录引用等的数量、质量与深度等。

5)用户培训服务评估,为用户开展的培训服务的题目、数量、质量、受训人员数量以及用户反馈等。

6)支撑服务评估,对支撑整个数字化服务的门户网站、统一认证和知识导航以及依托这些系统所提供的个性化信息服务等进行评估。

7)个性化服务评估,针对用户的特别需求开展的个性化服务的主题、数量、质量等进行评估。

8)传统服务的数字化展现形式评估,包括传统服务手段、服务流程等向数字化服务的延伸,如网上预约和续借、电子邮件预约通知和催还文献等。

9)新媒体服务评估,通过新媒介开展的服务数量、质量等的评估,如通过手机进行的移动服务评估等。

10)服务的宣传和推广评估。

4. 服务绩效(质量和效果)评估

绩效评估是指运用数理统计、运筹学原理和特定指标体系,对照统一的标准,按照一定的程序,通过定量和定性的对比分析,对项目在一定经营期间的经营效益和经营者业绩做出客观、公正和准确的综合评判。图书馆数字化服务绩效评估是指依据一定的评估指标体系对服务质量和效果进行定量的测度和定性的分析。具体可包括以下几个方面:

(1)用户满意度

用户对服务的内容和质量、服务的易用性和时效性等进行综合评价,可通过调查问卷或者专家访谈等方式获取数据,用户满意度是评价数字化服务效果最有说服力的指标之一。

(2)服务效益评估

效益评估是指对服务的投入和产出效益进行评估,核心是数字化服务的利用率和投资效益。

● 资源和设备的投入

对购置资源和服务设备的各项投资进行统计分析,包括购置数字资源的费用、购置数字化服务所需的基础设施和设备的费用等。

● 服务使用量评估

服务使用状况是评估数字化服务效益的重要依据。例如,电子文献的下载量,联机目录的访问人次、参考咨询服务的咨询量、门户网站的点击次数等,使用量的大小可反映图书馆数字化服务覆盖面的广泛程度。

● 服务成本核算

通过费用和使用情况的分析,可以计算出数字化服务的成本,例如,通过 CALIS 馆际互借与文献传递网从国外获取一篇文献的平均费用,完成一笔课题咨询任务的平均成本,等等。

● 文献满足率

通过各种服务所达到的文献满足率,例如,文献传递请求的满足率、参考咨询问题的有效回答率等。

5. 服务共享体系评估

资源和服务的共建共享是 CALIS 建设的主要目标之一,CALIS 的共享服务体系评估可以从不同层面上来进行:

(1) CALIS 的整体服务架构评估

CALIS 是由全国中心、地区中心和省中心组成的三级文献保障体系,对这种服务体系的组织、管理和相互之间的协作以及整体服务效果进行评估是衡量 CALIS 服务体系最基本的内容。

(2) 单种服务的共享评估

对单种服务的共享和协作进行评估是衡量 CALIS 共享能力的又一个重要指标。主要涉及 CALIS 的几大服务体系:集团采购、馆际互借与文献传递服务、统一认证和检索服务以及联合虚拟参考咨询服务等。

三、评估指标体系

借鉴 ISO 11620 的描述框架,并考虑 CALIS 的实际情况,指标体系的定义应由六个方面组成:①指标名称,②定义,③目的,④方法,⑤影响指标的解释和因素,⑥二级指标;其中前五个方面是必备内容,第六个方面仅限于一级指标使用。

1. 一级评估指标及含义

1.1

名称:服务条件

定义:提供服务的人力和物力资源保障等,如基础设施、设备等。

目的:主要用于评估服务的基础保障。

方法:由图书馆、CALIS 自行统计。

影响指标的解释和因素:条件指标是相对的,需要结合图书馆的类型、服务规模和服务对象等综合考虑。

二级指标:见表 4-1,可另行扩展。

1.2

名称:服务政策

定义:与数字化服务相关的规定。

目的:主要用于评估服务的全面性、科学性和开放性、规章制度和管理的规范性等。

方法:由图书馆、CALIS 自行统计。

影响指标的解释和因素:服务政策受图书馆物质和经济条件限制,但也受管理理念的影响。

二级指标:见表 4－1,可另行扩展。

1.3

名称:服务内容

定义:就单馆而言,服务内容涵盖图书馆提供的各类型服务以及服务方式等,包括信息资源检索服务、文献提供服务、数字化参考咨询服务、学科咨询服务、个性化服务、新媒体服务等等。就单种服务而言,指 1.3.1 至 1.3.10 各项服务所囊括的具体内容。

目的:评估图书馆服务的多样化、广泛性和深入性。

方法:由图书馆、CALIS 自行统计。

影响指标的解释和因素:若评估单馆服务,可以把 1.3.1 至 1.3.10 中的具体服务作为一级指标,若评估单种服务可以把"服务内容"直接作为一级指标,设立二级指标。

1.3.1[①]

名称:信息资源检索服务

定义:用户通过图书馆的检索系统或者资源揭示工具,根据一定的准则,在数据库或其他形式的网络信息资源中找出所需相关信息的过程和服务。

目的:对联机目录检索、电子资源检索、资源统一检索等服务的可靠性、便捷性、准确度和用户友好性等进行评估。

方法:由图书馆、CALIS 自行统计。

影响指标的解释和因素:主要是针对数字化资源检索服务的评估,不含传统手工检索服务。

二级指标:见表 4－1,可另行扩展。

1.3.2

名称:文献提供服务

定义:文献提供服务是指图书馆或文献中心通过一定的方式,提供文献给读者的服务,包括本地文献提供以及馆际互借与文献传递服务。馆际互借与文献传递服务是弥补图书馆资源不足、实现资源共建共享目标的一种重要的信息服务方式。

目的:主要用于评估文献保障情况以及服务共享能力等。

方法:由图书馆、CALIS 自行统计。

影响指标的解释和因素:不仅要评估本馆读者的满足率,还要兼顾外馆请求的满足率。

二级指标:见表 4－1,可另行扩展。

---

① "评估指标及定义"中三位数字编码者为二级指标(下同)。

1.3.3

名称：数字化参考咨询服务

定义：数字化参考咨询服务是指读者通过电子邮件、实时问答或网络表单提交问题并获得答案的一种咨询服务。

目的：主要用于评估网络咨询服务能力、咨询水平和服务效率等。

方法：由图书馆、CALIS自行统计。

影响指标的解释和因素：数字化参考咨询服务的技术手段、开放程度是该项服务的重要因素。

二级指标：见表4-1，可另行扩展。

1.3.4

名称：学科咨询服务评估

定义：图书馆按照学科、专业或项目的信息需要，为用户提供个性化和知识化信息的服务模式和服务机制。

目的：主要评价深层次咨询服务情况。

方法：由图书馆、CALIS自行统计。

影响指标的解释和因素：学科咨询馆员数量（或学科馆员的配备）、用户的专业信息需求对服务质量都会有影响。

二级指标：见表4-1，可另行扩展。

1.3.5

名称：用户培训服务

定义：为帮助用户全面系统地了解图书馆的资源和服务而提供的讲座和课程等服务。

目的：评估信息素质教育的能力和培训的覆盖面。

方法：由图书馆、CALIS自行统计。

影响指标的解释和因素：培训的形式和手段、用户沟通和反馈机制也是要考虑的重要因素。

二级指标：见表4-1，可另行扩展。

1.3.6

名称：支撑服务

定义：图书馆为开展数字化服务提供的技术支撑等，包括平台、揭示工具等。

目的：评价图书馆服务的可见度和展示能力。

方法：由图书馆、CALIS自行统计。

影响指标的解释和因素：图书馆的类型、规模会影响图书馆支撑服务的提供水平。

二级指标：见表4-1，可另行扩展。

1.3.7

名称：个性化服务

定义:根据用户的个性化需求,提供与众不同的服务。

目的:评价图书馆的个性化服务。

方法:由图书馆、CALIS 自行统计。

影响指标的解释和因素:受图书馆历史、资源和人力等因素影响。

二级指标:见表 4 - 1,可另行扩展。

1.3.8

名称:传统服务的数字化展现形式

定义:利用现代化信息技术手段完成图书馆传统服务的形式和能力。

目的:评价传统服务向网络服务的转型程度。

方法:由图书馆、CALIS 自行统计。

影响指标的解释和因素:数字化手段的多样性和便捷性是评价转型服务有效性的关键。

二级指标:见表 4 - 1,可另行扩展。

1.3.9

名称:新媒体服务

定义:新技术的开发和应用,不断衍生、延伸和创造出各种新的媒体,新媒体因其高品质、便利性被广泛应用到图书馆的服务领域,称为图书馆的新媒体服务。

目的:评价服务应变和创新能力。

方法:由图书馆、CALIS 自行统计。

影响指标的解释和因素:虽然图书馆的经费、空间会影响新技术在图书馆的应用,但图书馆创新的意识和思维才是决定性因素。

二级指标:见表 4 - 1,可另行扩展。

1.3.10

名称:服务宣传和推广

定义:向更多人或机构介绍等方法,让更多人或机构了解、接受、使用该服务。

目的:评价图书馆服务推广能力和图书馆服务的用户接受度。

方法:由图书馆、CALIS 自行统计。

影响指标的解释和因素:受图书馆经费、空间、宣传方式和用户关注程度影响。

二级指标:见表 4 - 1,可另行扩展。

1.4

名称:服务绩效

定义:在一定时间内数字资源满足用户获取信息的效率和效能。

目的:评价数字化服务的质量,包括电子资源的功能质量和技术质量。

方法:由图书馆、CALIS 自行统计。

影响指标的解释和因素:数字资源的服务绩效不是对其质量的简单评价,而是对其服务效率和满足用户需求的信息服务的质量和数量的测度,其中投入与产出的对比关系也是一个很重要的因素。

二级指标:见表4-1,可另行扩展。

1.5

名称:服务共享体系

定义:图书馆共享服务的组织形式、运作机制、共享范围和服务效果等。

目的:评价服务协作和共享能力。

方法:由图书馆、CALIS自行统计。

影响指标的解释和因素:图书馆是否加入共享联盟和参与服务程度直接决定图书馆的服务共享能力。

二级指标:见表4-1,可另行扩展。

2. 二级指标、指标属性及其应用范围

表4-1 高等教育数字图书馆数字化服务评估指标体系

一级指标		二级指标(66个)	说明
服务条件(8个)		网络负载均衡及运行稳定性	
		数字化服务设备的存储空间	存储空间影响电子资源的可获取性与检索服务的效果
		人均拥有的服务设备(计算机、复印机、扫描仪、自助借还书机等)量	不包括工作人员的专用设备
		数字资源量的人均拥有量	
		资源的揭示和导航系统	
		人均拥有的数字化服务人员	指每个从事数字化服务的工作人员平均服务多少个用户
		服务人员结构(学历和年龄结构)、专业素养	
		从事数字化服务的工作人员占整体员工比例	
服务政策(3个)		公平性、科学性、开放性	服务政策的制定是否兼顾各类合法用户的需求、是否科学合理、是否向社会开放、是否保护用户隐私、保护知识产权等
		制度建设与管理规范	
		服务宣传形式的多样性和新颖性;宣传的广度和深度;服务宣传的频率	
服务内容(46个)	信息资源检索服务	响应速度和时间	反映系统的易用性和信息内容的有效性
		数字资源的总点击次数(OPAC,电子资源等)	指在一定时间内
		数字资源的下载篇数	指在一定时间内
		每种期刊平均下载文章的次数和篇数	指在一定时间内

续表

一级指标	二级指标(66 个)		说明
服务内容 (46 个)	信息资源 检索服务	人均下载电子资源的次数和篇数	指在一定时间内
		并发用户数的控制	
		检索平台对违规使用的敏感性	如流量控制、代理限制等
		访问失败的比例	跟数据库本身有关,要选取特定的数据库进行比较,比如:选资源评估中排在前 10 位的数据库,统计其访问失败比例,据此可衡量数字化服务的稳定性和持续性。不包括因用户名和密码错误而导致的连接失败
		远程访问联机目录 OPAC 的比例	一定时期内远程访问的数量除以总的访问量,可反映数字化服务的辐射面
	文献提 供服务	馆藏数字资源的保障率(单馆)	
		是否加入 CALIS 馆际互借与文献传递网	
		本馆向外馆请求文献的满足率(单馆)	
		外馆向本馆请求文献的满足率(单馆)	反映服务共享能力
		响应与完成时间	
		业务统计与管理	评估服务的时效性
	数字化 参考咨 询服务	虚拟参考咨询的形式	
		虚拟参考服务的开放时间	
		虚拟参考咨询量占总咨询量的比例	
		非实时咨询的平均响应时间	
		咨询问题中学科专业问题的比例	
		对咨询问题的回答率	
		数字咨询业务统计与管理	
		知识库建立情况	
	学科咨询 服务评估	课题咨询数量和质量	
		科技查新数量和质量	
		论文收录引用的数量和质量	
		科研项目参与度	
		咨询和沟通平台(如:Blog、论坛等社会化网络工具)利用情况	
		嵌入式服务与阵地服务的比例	

续表

一级指标		二级指标(66 个)	说明
服务内容 (46 个)	用户培训 服务评估	用户培训的次数和人数	
		用户培训形式的多样性(视频、网络、现场等)	
		用户培训内容的多样性、拓展性	
		用户互动性	课堂互动、反馈等
		接受培训用户占全部用户的比例	一定时期内参加图书馆数字化服务用户培训的总人数除以图书馆的用户总数
	支撑服务	是否有专门的门户网站	
		是否启用 CALIS 的统一认证和检索平台	
		门户点击次数	
	个性化服务评估	个性化服务涉及的学科和主题的全面性	指一定时间内
		个性化服务项目的数量	指一定时间内
		个性化服务的揭示与导航	
	传统服务的数字化展现形式	网上预约和续借是否方便	
		电子邮件预约通知和催还文献是否及时、准确	
	新媒体服务(移动数字图书馆服务)	基础服务:发布消息、查询图书馆书目信息、读者个人借阅信息、读者指南等	移动服务的内容差别很大
		深度服务:电子资源检索与浏览、移动阅读	
		用户体验和互动服务	
	服务宣传和推广	宣传方式与力度	
服务绩效(4 个)		用户满意度	通过用户调查获取
		社会认可度	社会化服务程度指标
		下载每篇文献的平均费用	电子资源的成本除以下载的总篇数
		数字化服务覆盖的用户比例	在一定时期内,使用过图书馆所提供的任何形式的数字化服务的用户比例。即所服务的全部人员中抽取代表性的样本,用样本中在特定时期内使用过图书馆电子服务的用户数量除以样本总数,主要用于衡量图书馆数字化服务成功地覆盖其用户的程度

一级指标	二级指标(66个)	说明
服务共享体系(5个)	共享网的用户馆数量	
	共享服务的业务类型(咨询、文献传递、书目服务等)	
	共享网的稳定性和响应速度	
	共享网的成本和效益	
	共享网的协作与监督机制	

四、评估指标体系的应用

1. 本地/本项目评估体系的建立

在选择建立本馆、本项目或某种服务的评估指标体系时,应在本"服务评估总则"的基础上,遵循以下步骤和要求。

1)确定评估对象和内容。

2)建立评估指标体系,选择、扩展和定义指标。

3)评估模型的建立与权重的选择。

4)数据样本实验和评估模型调整。

5)数据采集与获取。

6)比较、分析与评价,包括:

- 整理评估资料;
- 比较分析数据;
- 做出评估结论和建议;
- 编写评估报告。

2. 评估指标的选择、扩展与定义

《服务总则》第三部分列出的评估指标体系是一套完整的指标体系,具有可选择性、可扩展性、可定义性特点,实际应用时应考虑选择、扩展和按定义要求进行描述。

(1)选择指标

可选择性特点是指评估指标体系的每一个指标都有相应的应用范围,包括单个图书馆的服务评估、联盟的服务评估;单种服务的评估、整体服务的评估等。在实际的数字化服务的评估活动中,评估者可以根据不同的评估对象和评估内容,选取需要的指标进行评估。

(2)扩展指标

可扩展性特点是指评估者可以在高等教育数字图书馆评估指标体系的一级指标下扩展二级指标,例如在一级指标"服务政策"下,可增加"用户隐私保护政策""知识产权保护政策"等二级指标。扩展时需遵守"向上兼容"原则,即增加的二级指标不得超出一级指标的定义范围,不得与其他二级指标重复。

（3）定义指标

选择和确定评估指标后,需要对每个指标进行描述并给出定义。其中,一级指标定义可参照本《服务总则》中的指标定义给出;二级指标定义由评估者自行给出,描述时应遵守"向上兼容"原则,其定义不得与其他指标定义重复。借鉴 ISO 11620 的描述框架,并考虑 CALIS 的实际情况,指标体系的定义应由六个方面组成:①指标名称,②定义,③目的,④方法,⑤影响指标的解释和因素,⑥二级指标;其中前五个方面是必备内容,第六个方面仅限于一级指标使用。

《服务总则》中的一级指标,涉及的评估内容比较宽泛,没有制订具体的指标方法。对于各类具体资源的评估指标描述可参考下面的通用指标计算方法,也可以根据需要采用自定义的方法。

表4-2　高等教育数字图书馆服务评估指标通用计算方法

方法1	百分比	$C = A/B \times 100\%$	A=实际值;B=预期值;C=百分比
方法2	多项选择	非常满意;满意;比较满意;比较不满意;不满意;非常不满意	如果总分定为10分,非常满意得10分;满意得8分;比较满意得6分;比较不满意得4分;不满意得2分;非常不满意得0分
方法3	分值叠加	$C = A \times B$;	A=每合格一项的分值;B=合格的项数($C > D$ 为合格,其中 D 为阈值);C=实际分值
方法4	分值扣除	$C = D - A \times B$	A=每不合格一项的分值;B=不合格的项数($C > E$ 为合格,其中 E 为阈值);C=实际分值;D=总分值
方法5	平均值	$C = (A + B)/2$	A=最小值;B=最大值;C=平均值
方法6	取样	$C = (A/B) \times D$	A=样例范围内的有效数值;B=样例包含的总数值;D=实际总量
方法7	人工定制	—	

3. 建立评估模型

高等教育数字图书馆评估指标体系需要根据具体的评估工作建立评估模型,即针对不同的评估对象和评估目标,选择不同的指标,确定指标的权重。如针对单馆的数字化服务评估工作、针对 CALIS 联盟层面的数字化共享服务的评估工作,指标的选择与权重都有所不同。

4. 不同范围的评估体系应用参照

高等教育数字图书馆数字化服务评估指标体系中的每一个指标都有相应的应用层面,包括单个图书馆数字化服务的整体评估、单种服务的评估、整个服务共享体系的评估。在评估实践中,应该根据不同的评估对象和评估目标,选取适当的指标进行评估。高等教育数字图书馆数字化服务指标体系可以有以下多个层面的应用。

1）对单个图书馆的服务进行评估。从指标体系中选取适合单个图书馆的指标来进行评价,例如,从一级指标"服务条件""服务政策""信息资源检索"和"文献提供"及其下属的二级指标中摘取部分,对单体数字图书馆的服务进行评估。这方面的实例如"北京大学图书馆用户满意度调查"评估。

2)对单种服务进行评估。例如,若对参考咨询服务进行评估,就可将一级指标中的"参考咨询服务"和下属的二级指标"实时咨询的开放时间""非实时咨询服务的响应时间"等指标直接应用到评估中,但是,对"基础条件"和"服务政策"等一级指标和下属的二级指标需要根据参考咨询服务的特点加以调整和修订,才能应用到评估实践中。

3)对 CALIS 服务共享体系的评估,要分析是从哪个层面来评估,若是对 CALIS 共享服务体系的整体评估,应该用一级指标"服务共享体系"和其下的二级指标"共享网的用户馆数量""各馆文献传递的平均满足率"和"虚拟联合参考咨询的总量"等指标来评估;但若是对单种服务共享体系评估,还要参考单种服务的一些相关指标,如 CALIS 的"馆际互借与文献传递评估规范"。

总之,指标体系是一个架构,对实际评估具有指导作用,但是绝不能生搬硬套。要根据具体的评估对象和评估目的做相应调整,只有这样才能使评估客观公正,才能为资源和服务工作的改进和提高提供科学依据。

第二节　馆际互借与文献传递服务评估规范

一、评估背景及评估目标

1. 评估背景

为规范 CALIS 馆际互借与文献传递服务评估体系的建立和实施,做好馆际互借与文献传递服务的评估工作,以评估促建设,特制定《高等教育数字图书馆馆际互借与文献传递服务评估规范》。高校图书馆、各区域性图书馆联盟也可参考本"服务评估规范",建立本馆、本区域的服务评估规范。

2. 评估目标

1)通过评估,引导高校成员馆馆际互借与文献传递服务的发展,提高各成员馆在资源整合与开发、服务创新等方面的水平。

2)通过评估发现问题,改进和规范各成员馆的馆际互借与文献传递服务,提高服务质量,最大限度地满足读者的文献需求。

3)通过评估,对各成员馆馆际互借与文献传递服务进行综合性、整体性的评价,奖励优秀服务馆,激励和提高 CALIS 馆际互借与文献传递服务。

二、评估对象

CALIS 馆际互借与文献传递服务的成员馆。

三、评估内容

1)服务能力评估,包括软硬件投入、人员配备等基础条件以及可提供服务的资源数量和资源揭示情况等,以检查是否具备良好的服务能力。

2）服务质量评估,从文献传递业务量、文献传递满足情况、对用户请求的响应速度、文献传递的成本核算等方面,综合评价服务质量。

3）服务效果评估,包括在本地区和本校宣传推广和培训的情况,以及用户对服务的感知程度等。

四、评估方法及评估步骤

1）确定评估目标与评估内容,建立评估指标体系,指标体系包括一级指标和二级指标,给出每项指标的定义。

2）确定评估模型,给出指标的权重比例,以及每个指标的具体分值。

3）采用以下方法收集指标数据:
- 通过馆际互借系统直接获取数据;
- 各馆自行上报,间接获取数据。

4）对数据进行统计、分析和研究,得出评估结果。

5）分析评估结果,总结和分析问题。

6）根据实际情况,修订评估指标。

五、评估指标体系

借鉴 ISO 11620 的描述框架,并考虑 CALIS 的实际情况,指标体系的定义应由六个方面组成:①指标名称,②定义,③目的,④方法,⑤影响指标的解释和因素,⑥二级指标;其中前五个方面是必备内容,第六个方面仅限于一级指标使用。

1. 评估指标定义

1.1
名称:服务条件
定义:提供服务的人力和物力资源保障等,如基础设施、设备等。
目的:主要用于评估服务的基础保障。
方法:由图书馆、CALIS 自行统计。
影响指标的解释和因素:条件指标是相对的,需要结合图书馆的类型、服务规模和服务对象等综合考虑。

1.1.1
名称:设备资源
定义:用于馆际互借服务的系统及软、硬件设备。
目的:评估各成员馆投入馆际互借服务的物力资源。
方法:成员馆提交数据。采用指标计算方法 3。
影响指标的解释和因素:与各图书馆经费的多少,对馆际互借服务的重视与支持程度有关。

1.1.2

名称: 人力资源

定义: 专职从事文献传递服务的工作人员数量,及专业资质情况。

目的: 评估各成员馆投入馆际互借服务的人力资源。

方法: 成员馆提交数据。采用指标计算方法 3。

影响指标的解释和因素: 与各图书馆馆际互借服务发展水平及业务量有关。

1.2

名称: 服务内容

定义: 馆际互借与文献传递服务是指图书馆或文献中心通过一定的方式,从异地获取读者所需的文献,提供给读者的服务。它是弥补图书馆资源不足、实现资源共建共享目标的一种重要的信息服务方式。服务内容涉及馆藏资源情况、业务量、满足率、完成时间等。

目的: 主要用于评估服务能力、服务质量等。

方法: 由图书馆、CALIS 自行统计。

影响指标的解释和因素: 不仅要评估本馆读者的满足率,还要兼顾外馆请求的满足率。

1.2.1

名称: 馆藏文献资源

目的: 评估各馆在服务中可使用的资源保障程度。

定义: 向 CALIS 管理中心提交符合 CALIS 要求的本馆全部中外文图书和期刊(含电子图书和电子期刊)馆藏数据,并及时更新。

方法: 成员馆提交数据,CALIS 审核,采用指标计算方法 1。

影响指标的解释和因素: 与成员馆提交的馆藏数据有关。

1.2.2

名称: 检索平台

定义: 使用 CALIS 文献检索系统(如 e 读、外文期刊网、联合目录 OPAC 等)作为馆际互借服务的基础数据库的情况。

目的: 评估各成员馆利用检索平台开展馆际互借服务的情况。

方法: CALIS 系统统计。采用指标计算方法 5。

影响指标的解释和因素: 与各图书馆馆际互借服务发展水平、宣传力度有关。

1.2.3

名称: 业务量

定义: 完成的馆际互借与文献传递业务量(册、件/年)。

目的: 评估各成员馆所能承担的业务数量。

方法: CALIS 系统统计。人工定制指标计算方法。

影响指标的解释和因素: 只统计进入 CALIS 调度中心的数据。

1.2.4

名称:满足率

定义:又称成功率,指评估时间段内,对于代查代检、学位论文以外的请求,满足的请求数量占请求数量的百分比。

目的:评估用户通过服务所能获得的满足程度。

方法:CALIS 系统统计。采用指标计算方法 1。

影响指标的解释和因素:与各图书馆自身收藏资源的完备性和文献获取能力有关。

1.2.5

名称:完成时间

定义:又称响应时间,统计时间内,请求完成时间和请求收到时间之差的平均数(除代查代检、学位论文以外的请求)。

目的:评估服务的时效性。

方法:CALIS 系统统计。采用指标计算方法 4。

影响指标的解释和因素:用户提交申请信息的准确程度、文献获取的难易程度及获取文献的类型等都将会影响服务的响应时间;学校由于寒暑假,会耽误系统响应时间。

1.2.6

名称:提交请求数量

定义:本馆读者提交请求的数量。

目的:体现馆际互借服务在本校开展的效果。

方法:CALIS 系统统计。人工定制指标计算方法。

影响指标的解释和因素:只统计进入 CALIS 调度中心的数据。

1.2.7

名称:特色服务

定义:成员馆开展特色服务的情况。

目的:鼓励成员馆开展多元化馆际互借与文献传递服务。

方法:CALIS 系统统计。采用指标计算方法 3。

影响指标的解释和因素:馆际借书在全国高校馆范围尚未开通,可暂时不考虑此项服务。

1.2.8

名称:培训

定义:开展馆际互借服务的培训次数及人数。

目的:评估各成员馆在本校及本地区的宣传培训情况。

方法:成员馆上报。采用指标计算方法 3。

影响指标的解释和因素:培训人数与使用服务的人数会有差异,受过培训的人员不一定使用过这项服务,这可能是影响指标的一个因素。

1.3

名称:服务绩效

定义:在一定时间内数字资源满足用户获取信息的效率和效能。

目的:评价数字化服务的质量,包括电子资源的功能质量和技术质量。

方法:由图书馆、CALIS 自行统计。

影响指标的解释和因素:数字资源的服务绩效不是对其质量的简单评价,而是对其服务效率和满足用户需求的信息服务的质量和数量的测度,其中投入与产出的对比关系也是一个很重要的因素。

1.3.1

名称:新注册用户数量

定义:利用各种宣传方式,成员馆发展的馆际互借与文献传递用户数量。

目的:体现馆际互借与文献传递服务推广的效果。

方法:CALIS 系统统计。人工定制指标计算方法。

影响指标的解释和因素:指在馆际互借系统中注册的账户数量,与成员馆的宣传力度密切相关。

1.3.2

名称:用户满意度

定义:用户对服务工作达到或超过某一标准的程度的内心感受和主观评价。

目的:评估用户对服务的满意程度。

方法:CALIS 系统统计。采用指标计算方法 2。

影响指标的解释和因素:收费是否合理、传递文献的质量如何、回复是否及时以及获取文献是否便捷等都将会影响用户的满意度。

六、评估内容与评估模型的设计

1. 评估指标设计原则

1)针对性:根据 CALIS 馆际互借与文献传递服务自身需要,结合成员馆的基本条件,设计相应的指标。

2)科学性与可操作性:能真实客观地反映 CALIS 馆际互借与文献传递服务成员馆的实际情况,同时在指标的收集、统计上也具备实际意义和可操作性。

3)导向性原则:要体现 CALIS 服务发展的宏观引导,把握 CALIS 的发展方向。

2. 计分方法

1)指标计算方法 1:百分比

$C = A/B \times 100\%$

说明:A = 实际值;B = 立项值;C = 百分比。

2)指标计算方法 2:多项选择(总分 10 分)

非常满意;满意;比较满意;比较不满意;不满意;非常不满意。

说明:非常满意得 10 分;满意得 8 分;比较满意得 6 分;比较不满意得 4 分;不满意得 2 分;非常不满意得 0 分。

3)指标计算方法 3:分值叠加

$C = A \times B$;D:阈值;E:实际值。

说明:A = 每合格一项的分值;B = 合格的项数(E > D 为合格);C = 实际分值。

4)指标计算方法 4:分值扣除

$C = D - A \times B$;E:阈值;F:实际值。

说明:A = 每不合格一项的分值;B = 不合格的项数(F > E 为不合格);C = 实际分值;D = 总分值。

5)指标计算方法 5:平均值

$C = (A + B)/2$

说明:A = 最小值;B = 最大值;C = 平均值。

6)指标计算方法 5:取样

$C = (A/B) \times D$

说明:A = 样例范围内的有效数值;B = 样例包含的总数值;D = 实际总量。

7)其他计算方法:人工定制评估指标体系

3. 评估模型

表 4 - 3　高等教育数字图书馆馆际互借与文献传递服务评估指标体系

一级指标	分值	二级指标	分值	指标定义	数据来源	评分方法
服务条件	15	设备资源	5	服务所需的硬件设备(网络、计算机、扫描仪、打印机、传真机、数码相机等)	各馆上报	每配备 1 项且运行良好得 1 分 人力
		人力资源	10	专职从事 CALIS 馆际互借与文献传递服务的工作人员数量、专业资质情况	各馆上报	1 人 2 分;具有 CALIS 馆际互借业务培训合格证书的加 3 分,总和不超出 10 分
服务内容	70	馆藏文献资源	10	向 CALIS 管理中心提交符合 CALIS 要求的本馆全部中外文图书和期刊(含电子图书和电子期刊)馆藏数据,并及时更新	各馆上报 + 管理中心审核	提交中外文图书和期刊(含电子图书和电子期刊)馆藏数据:达到 100% 得 10 分;介于 100%—80% 之间得 8 分;介于 80%—60% 之间得 6 分;介于 60%—40% 之间得 4 分;介于 40%—20% 之间得 2 分;小于 20% 不得分

一级指标	分值	二级指标	分值	指标定义	数据来源	评分方法
服务内容	70	检索平台	5	服务的基础数据库	管理中心统计	使用 CALIS 文献检索系统（如 e 读、CCC、联合目录 OPAC 等）作为馆际互借服务的基础数据库得 2 分,高于平均使用数的加 5 分
		业务量	16	完成的 CALIS 馆际互借与文献传递业务量（册、件/年）	管理中心统计	文献传递:根据中心统计排名,分成 4 档,每档 4 分,前 1/4 名得 16 分,依此类推
		满足率	15	满足数量（除代查代检、学位论文以外的请求）占请求数量的百分比	管理中心统计	90% 及以上得 15 分、80%—89% 得 12 分 70%—79% 得 10 分、60%—69% 得 8 分、60% 以下得 5 分
		完成时间	5	请求完成时间和请求收到时间之差的平均数（除代查代检、学位论文以外的请求）	管理中心统计	符合承诺工作日（3 日）为 5 分,每拖延 1 天,扣 0.5 分。
		提交请求数量	10	本馆读者提交请求的数量	管理中心统计	1000 件以上得 10 分 800—999 件得 8 分 500—799 件得 6 分 500 件以下得 5 分
		特色服务	4	馆际借书 代查代检	管理中心统计	具备一项得 2 分
		培训	5	开展馆际互借与文献传递服务培训次数、培训人数	各馆上报	本校开展一次培训得 0.5 分,最高得 3 分;向 CALIS 管理中心提交宣传推广材料的加 1 分 协助省级中心在省内开展服务与培训的加 1 分
服务绩效	15	新注册用户数量	10	在系统中新注册的用户数量	管理中心统计	每年新增 200 个注册用户,得 10 分 每年新增 150 个注册用户,得 8 分 每年新增 100 个注册用户,得 6 分 每年新增 100 个以下注册用户,得 5 分
		用户满意度	5	用户对服务的满意程度	管理中心统计	非常满意得 5 分;比较满意得 4 分;一般满意得 3 分;不太满意得 2 分;很不满意得 1 分

七、其他说明

在具体实施评估时,可根据评估对象开展文献传递服务的实际情况,并结合评估对象的规模、文献资源结构、服务水平和人力等多种因素,对评估指标做适当调整。

第三节　参考咨询服务评估规范

一、评估背景及评估目标

参考咨询服务是图书馆服务工作中不可或缺的业务活动之一,参考咨询服务水平的高低是衡量现代图书馆工作质量的重要标志。随着网络技术的飞速发展和数字化信息资源的与日俱增,参考咨询服务的虚拟化、网络化时代已经到来,数字参考咨询服务逐渐成为主流,经过多年的发展,形成了比较完备的数字参考咨询服务体系。CALIS 参考咨询子项目建设的目标就是构建面向中国高等教育的联合虚拟参考咨询平台,建立由多馆参加的、具有实际服务能力的、可持续发展的联合虚拟参考服务体系和数字参考咨询服务共享平台。

适时开展对图书馆数字参考咨询服务的评估,可以及时了解数字参考咨询服务的现状和水平,并根据评估结论和实践需要对服务和相应的决策进行调整,使数字参考咨询服务保持持续良性发展的势头,提升图书馆的数字化服务水平,体现 CALIS 联合数字参考咨询服务的共享、共知和共用优势,把握数字参考咨询服务的未来发展方向。

二、评估对象

数字参考咨询服务,亦称为虚拟参考咨询服务,是建立在计算机网络基础上的图书馆员与远程用户的交互,解决用户在利用图书馆过程中提出的各种问题。本规范中的数字参考咨询服务,是指以"疑问—解答"为主的数字化的参考咨询服务,以及与之相关的资源创建与学科服务,包括运用各种咨询手段,如 E-mail 咨询、Web 表单咨询、实时交互咨询系统、网络化联合咨询系统、多模式咨询系统、人工智能咨询系统等,为用户的咨询提供解答帮助,不包含馆际互借等服务项目。

数字参考咨询服务评估是指依据一定的标准(即指标体系)对数字参考咨询服务的基础条件和服务效益进行科学的测度和分析。通过评估可以为图书馆合理地选择数字信息资源,改进服务方式,为提高用户满意度提供科学的依据。

高等教育数字图书馆数字参考咨询服务评估的对象包括三个层面的含义:

1)个体图书馆数字参考咨询服务的整体评估,包括服务条件、服务政策、服务内容以及服务绩效等各方面的综合评估。

2)单种类型数字参考咨询服务的评估,如 E-mail 咨询、Web 表单、BBS 讨论区、博客或微博咨询、在线实时解答系统、知识库服务、合作咨询等不同类型的数字参考咨询服务的评估等。

3)CALIS 共享服务体系的评估,即强调数字参考咨询服务的共享,包括为共享建立的服务体系以及服务本身具备的共享能力和效益等。

三、评估内容

依据《高等教育数字图书馆数字化服务评估总则》中评估内容的分类,高等教育数字图书馆数字参考咨询服务的评估内容包含五个方面。为探索易于操作、便于实施的服务评估体系,本规范对五个方面的各级指标还均初步制定了相应的评分方法建议,但由于研究时间所限,且缺少相关应用实践,目前重点考虑对每一个指标独立进行评分,暂不考虑指标评分间的关联性。

1. 服务条件评估

基础条件是影响数字参考咨询服务水平的重要因素,对其进行评估是数字参考咨询服务评估不可缺少的组成部分。评估数字参考咨询服务的总体环境和条件保障情况,可用于评估和促进数字参考咨询服务的有序、高效、顺畅开展。

2. 服务政策评估

服务政策直接影响服务的对象、范围、过程和效果。其评估内容主要包括:服务政策是否对服务范围、使用权限、用户隐私保护、知识产权保护等做出明确的规定,对用户的某些限制性规定是否合理等。具体包括:

1)公平性:服务政策的制定是否兼顾各类合法用户的需求。
2)科学性:服务政策的制定是否科学合理。
3)开放性:服务政策是否具备一定的服务开放性,如是否向社会开放、是否保护用户隐私、保护知识产权等。

3. 服务内容评估

对服务内容进行评估是数字参考咨询服务评估的核心内容,主要包括:

1)基本的数字参考咨询服务评估:虚拟参考咨询的形式是否多样,虚拟咨询量占整个咨询总量的比例,用户咨询问题的回答率,实时咨询的开放时间等。
2)面向学科的数字参考咨询服务评估:为学科的教学科研提供的数字化咨询。
3)服务支撑评估:对支撑整个数字参考咨询服务的门户网站、统一认证和知识导航以及依托这些系统所提供的个性化信息服务等进行评估。
4)服务的宣传和推广评估。

4. 服务绩效(质量和效果)评估

绩效评估是指运用数理统计、运筹学原理和特定指标体系,对照统一的标准,按照一定的程序,通过定量和定性的对比分析,对项目在一定经营期间的经营效益和经营者业绩做出客观、公正和准确的综合评判。图书馆数字参考咨询服务绩效评估是指依据一定的评估指标体系对虚拟参考咨询服务质量和效果进行定量的测度和定性的分析。具体可包括以下几个方面:

(1)服务质量评估
数字参考咨询服务的质量和效果可以通过用户满意度和对咨询问题的正确回答率来

反映。

- 用户满意度:用户对数字参考咨询服务的内容和质量、对数字参考咨询服务的易用性和时效性等进行综合评价,可通过调查问卷或者专家访谈等方式获取数据,用户满意度是评价数字化服务效果最有说服力的指标之一。
- 对咨询问题的正确回答率:通过咨询记录与咨询解答内容,评估正确解答占总问答数量的比例。

（2）服务效益评估

效益评估是指对数字参考咨询服务的投入和产出效益进行评估,核心是数字参考咨询服务的利用率和投资效益。

- 物力成本效益:图书馆支持数字参考咨询正常运行所投入的财力、物力成本与收益之间的关系。
- 人力成本效益:图书馆对数字参考咨询服务所投入的人力情况,如投入到数字化参考咨询服务的馆员占图书馆馆员总数的比例、咨询馆员人均承担的业务量等。
- 服务影响效益:对使用数字参考咨询服务的用户的信心度及服务效果进行分析评估。
- 数字参考咨询服务覆盖的用户比例:在一定时期内,使用过图书馆所提供的数字参考咨询服务的用户比例。即所服务的全部人员中抽取代表性的样本,用样本中在特定时期内使用过图书馆数字参考咨询服务的用户数量除以样本总数,主要用于衡量图书馆数字参考咨询服务成功地覆盖其用户的程度。

5. 服务共享体系评估

服务共享体系即强调数字化参考咨询服务的共享,包括为共享建立的服务体系以及服务本身具备的共享能力和效益等。具体包括:

1）联合参考咨询系统的服务共享与调度机制。

2）知识库的联合建设与共享服务。

3）学习中心（信息素养课件资料）的共建、共享。

4）虚拟参考咨询服务各类规范的共享、共用,包括咨询员规范、机构服务规范、知识库分类体系、知识库——问题元数据规范、知识库质量控制规范、知识库录入规范、虚拟知识库审核规范等。

5）其他有数字参考咨询服务相关的共建、共享、共用服务。

四、评估方法及评估步骤

数字参考咨询服务评估采用客观评估与主观评估、定性评估与定量评估相结合,并以客观评估和定量计算为主的方法。客观评估依据数字参考咨询服务的实际运行效果、用户意见调查、服务记录与统计数据,以及业内调研等方式进行指标评估;主观评估根据向同行或本领域专家进行调查、征集意见的结果进行评估。按照评估指标体系,将主、客观评估结果进行综合和量化处理后,得出总体评估结论。具体步骤如下:

1）在调研及操作实践的基础上,通过专家会议法,列出同参考咨询服务评估有关的若干因素,确立指标体系基本层（一级指标）,并明确评估目标和重点。

2）确定评估内容,指标体系包括一级指标和二级指标,给出每项指标的定义。

3）建立评估指标体系,制定二级指标及具体指标项和解释,运用德尔菲法,确定权重系数。

4）根据需要制定评估模型。

5）数据准备和样本数据收集,主要以参考咨询工作统计数据、E-mail 咨询信箱记录、实时咨询记录数据库、常见问题库记录、用户满意度调查报表、用户意见记录笔记、图书馆经费使用报告等为基础数据,并选取有代表性的标准服务时间区间的数据。

6）按照评估目标和指标体系,确定评分方法总则和操作细则,对数据进行处理。

7）必要时,收集同行、专家以及用户的意见。

8）分析并得出评估结果,撰写评估报告。

运用到的评估方法有:加权评分法、德尔菲法、专家会议法、问卷调查法、统计报表分析法、样本分析法、建模评估等。

五、评估指标体系

借鉴 ISO 11620 的描述框架,并考虑 CALIS 的实际情况,指标体系的定义应由六个方面组成:①指标名称,②定义,③目的,④方法,⑤影响指标的解释和因素,⑥二级指标;其中前五个方面是必备内容,第六个方面仅限于一级指标使用。

1. 评估指标及定义

1.1

名称:服务条件

目的:评估数字参考咨询服务的总体环境和条件保障情况,保障数字参考咨询服务的有序、高效、顺畅开展。

定义:作为数字参考咨询服务的基础,对数字参考咨询服务过程中涉及的硬件设施和软件配置进行评估,衡量数字参考咨询服务的准备、实施条件。

方法:由图书馆、CALIS 统计。

影响指标的解释和因素:条件既包括有形的物理设施,也包括人员、文化等软因素,该项内容从设施、人员、资源、系统四个方面进行评估,当中,既有定量也有定性因素的体现。其中,需要以定量的方式将定性指标定量化处理。

二级指标:二级指标有 4 个。另外三级指标有 19 项。服务基础设施包括计算机网络通讯速度、网络通信设施安全性能、固定的咨询场所(位置);咨询服务系统包括系统性能、系统功能、使用情况;信息资源建设与组织包括权威性、时效性、稳定性、特色性、合法性、实用性、全面性(多样性)、经济性、资源揭示、资源导航;人员配置与素质包括人员与团队设置、人员素质、人员保障。

1.1.1

名称:服务基础设施

定义:开展图书馆参考咨询服务的各种硬件设施配备情况,物理设施和各类电子设施。

目的:评估图书馆对参考咨询服务的物力投入情况及重视程度。

方法：由图书馆、CALIS 统计。

影响指标的解释和因素：该指标与图书馆的财政状况、对参考咨询服务的重视程度以及参考咨询服务建设和发展的水平有关，衡量咨询服务的计算机网络设施以及物理设施情况，包括 3 个三级指标。

①计算机网络通讯速度

该指标与图书馆网络建设与发展的总体水平有关，本指标仅用于参考咨询服务的咨询台桌面用机的网络带宽。

②网络通信设施安全性能

安全性能以安全级别为评估标准，与咨询所在环境的安全级别相关联（如图书馆网站对黑客和垃圾信息的处理）。

③场所与设施

固定的咨询场所（位置）、设有公开专门用于咨询的直线电话、邮箱，咨询服务可用的服务器、传真、打印机、扫描仪等设备。图书馆网站上设有专门的参考咨询服务专栏或网页。

评分方法 1：

① 最高 1 分

桌面带宽 40M 以上得满分；31M—40M 得 1 分；21M—30M 得 0.75 分；11M—20M 得 0.5 分；0M—10M 得 0.25 分。

② 最高 1.5 分

安全性能以级别区分，分低、中、高三级。可以进行相应设置记分，低级为 0—0.5 分；中级为 0.6—1 分；高级为 1.1—1.5 分。

③ 最高分 2.5 分

a. 有专门的咨询电话、咨询服务场所、咨询服务邮箱、传真、打印机、扫描仪等可得基准分 1 分。

b. 有专用的服务器可加分。

c. 提供呼叫中心（call center）服务的可加分。

d. 有专门咨询服务专栏或网页可加分。

1.1.2

名称：咨询服务系统

定义：用于保存、处理、实施具体咨询服务的系统和平台。

目的：评估咨询服务的交互性、便捷性、方式和效率等情况。

方法：由图书馆、CALIS 统计。

影响指标的解释和因素：有 3 项指标（三级指标）

①系统性能

该指标体现了系统在开发、使用方面的完善程度。例如，界面友好，易于使用：系统具有美观、友好、简洁的界面，并且使用方便简单。

使用稳定：系统应该具有相当的稳定性，不会出现各种由于系统原因造成的使用障碍，如因系统繁忙而不能进入某服务项目、问题调度错误等，安全性能高。

使用先进的开发技术,具有互操作性:使用了先进的技术如页面推送(page pushing)、共同浏览(Co-Browsing)、实时交流(文字、音频等)、知识库、协同管理等。并且能在不同数字参考服务和网络之间进行互操作。

具可扩展性:系统可扩展性良好,能方便地扩展其他的功能。

②系统功能

该指标体现了数字参考咨询系统在功能上的完善程度。它衡量系统是否拥有能满足完成数字参考服务的基本环境。如:

用户信息库:是整个服务系统的基础。主要收录注册用户的各项信息包括感兴趣的方向、咨询过的问题等,以利于提供个性化的服务。

知识库:包括咨询案例,具有普遍意义的问题及答案等。开发建设了 FAQ 知识库等。

多种异步参考咨询方式:提供电子表单、邮件交互等多种异步咨询方式。

多种同步参考咨询方式:提供在线聊天、视频等多种同步咨询方式。

与其他服务衔接:能与图书馆提供的其他服务相结合,如馆际互借/原文传递、搜索引擎、社交网络等。

个性化信息服务:利用主动推送或用户定制方式将用户感兴趣的信息推荐给用户。

合作咨询:能与其他数字参考系统和机构联合起来,充分发挥各自的资源和人才优势,开展全天候、合作化的数字参考咨询服务。

学科馆员、专家咨询服务:形成专家库,用户可指定专家来提交咨询,并可将咨询效果反馈到系统。

③使用情况

该指标主要体现数字参考咨询系统在使用中的情况,可以了解该咨询系统在社会中的影响程度。

注册用户数:指在系统读者注册表中进行注册的用户的数量。

用户登录次数:指用户登录系统所在网页的总次数。

忠诚用户比例:指登录系统 10 次以上的用户数占总登录用户数的比例(可以按照电子邮件地址或用户名或 IP 地址来计)。

评分方法 2:

可以根据是否有相应设置进行记分,每项可以根据重要性调整分值,不必平均记分。指标 1.1.1 的③中不包括在线咨询网络系统,在线咨询网络系统在指标 1.1.2 中体现。

①最高分为 2 分

a. 界面友好可加分。

b. 系统稳定可加分。

c. 系统先进可加分。

d. 系统扩展性强可加分。

②最高分为 2 分

a. 具有用户信息库可加分。

b. 具有知识库可加分。

c. 具有多种咨询方式可酌情加分。

d. 具有个性化服务可加分。

e. 具有合作咨询和其他服务链接可加分。

f. 形成专家库可加分。

③最高分为 1 分

a. 注册用户达到一定数量可加分。

b. 用户登录次数达到一定数量可加分。

c. 忠诚用户比例达到一定数量可加分。

1.1.3

名称:信息资源建设(信息源)

定义:参考咨询所需信息和资源的建设情况。

目的:评估参考咨询过程中对信息资源的组织、揭示、利用程度,在数量和质量上对需求的满足程度,以及信息资源或信息源在结构、类型、范围上的合理程度。

方法:由图书馆、CALIS 统计。

影响指标的解释和因素:有 10 项指标(三级指标)

①权威性

信息资源或信息源生产和出版发布单位的信用、声望及可靠度。

②时效性

参考信息源和信息资源的年限跨度、更新频率、有效性。

③稳定性

信息源和信息资源内容和形式的保持状态,资源组织系统的稳定性,链接资料的正确与更新情况。

④特色性

参考源的特定收录范围和学科专指性。是否拥有自主开发的数据库等。是否具有学科特色和地区特色;是否包括图像、动画、声音等多媒体信息以及超文本链接等。

⑤合法性

信息资源和参考源的内容是否符合国家法律和政策的有关规定。依法禁止出版、传播、侵犯他人知识产权的信息源不得用作参考源。不可非法获取和使用参考信息源。尽量选择公开出版的合法信息。

⑥实用性

指信息资源和参考源的价值和性能情况,如电子资源要考察用户界面、语言环境、应用要求及价格与网络费用、易于获取等使用因素。

⑦全面性(多样性)

信息资源和参考源在类型上是否合理,如专著、论文、研究报告、会议文献、专利文献、参考工具书等,是否有文本信息、图像图形信息、音频视频信息等。除了馆藏资源,是否有引进的学术性数据库、网络信息资源导航库、自建特色数据库等,以及信息资源或信息源在学科上的覆盖程度等。

⑧经济性

信息资源和参考源的价格以及网络使用资费情况。综合考虑投资效益,根据经费情况,合理购置和建设支付能力范围内的信息资源。

⑨资源揭示

信息资源的组织和揭示是否清晰,在深度或广度上是否合理,是否易于发现。

⑩ 资源导航

是否提供资源导航,所提供的资源导航系统或平台是否方便用户使用。

评分方法3:

可以根据是否有相应设置进行记分,每项可以根据重要性调整分值,不必平均记分。

①最高分为0.5分

②最高分为0.5分

③最高分为0.5分

④最高分为0.5分,有自建数据资源可加分

⑤最高分为0.5分

⑥最高分为0.5分

⑦最高分为0.5分

⑧最高分为0.5分

⑨最高分为0.5分

⑩最高分为0.5分

1.1.4

名称:人员配置与素质

定义:从事参考咨询服务工作的人员素质、数量配置情况。

目的:评估参考咨询服务的人力投入。

方法:由图书馆、CALIS统计。

影响指标的解释和因素:有3项指标(三级指标)

①人员与团队设置

依照业务重点,从主管领导、专职人员、兼职人员、外邀人员分别评估,了解参考咨询服务的专业性。其中,人员既包括咨询馆员,也包括相关的管理、服务、技术、研究人员。

主管领导级别及对参考咨询服务工作的熟悉程度。

专职人员指有专职从事参考咨询管理、服务、研究、技术支持的人员。

兼职人员指有兼职从事参考咨询管理、服务、研究、技术支持的人员。

外邀人员/专家指特聘学科专家和馆外咨询专家从事咨询服务管理、服务、研究或技术支持的人员。

②人员素质

从事参考咨询工作的人员业务、专业背景、职称和团队情况:评估从事参考咨询工作的人员及其团队的业务素质。从业务技能结构、学科专业结构、职称结构、业务素质、综合素质等方面判断。

业务技能结构:通过工作经验、年龄结构、学历比例结构、服务强项等体现人员的业务技能和梯队建设。

学科(专业)结构:从事参考咨询业务人员的学科(专业)背景比例结构。

职称(资格认证)结构:从事参考咨询业务人员的职称(资格认证)比例结构。

业务素质和能力:具备较高的信息素质和信息能力,掌握现代通信、网络技术,能在各种网络上漫游,并善于运用计算机技术使参考服务自动化;具备筛选、整序、浓缩、分析等信息整合与研究能力,并运用自己的思维、分析、判断能力,从纷繁复杂的信息中发掘、整理出用户最需要、最有价值的信息,不仅为用户提供直接、事实型的答案,更应该为他们提供更深层次的信息,指导他们掌握专业领域的信息来源,了解学科动态与发展趋势。

综合素质和能力:具备良好的职业道德、热情的服务态度和协作的团队精神,富有外语知识、网络知识,具备文字表达和分析能力、沟通能力、创新能力等。

③人员保障

在人力上评价咨询服务在服务单位的普及情况。如咨询馆员数量与服务教师数量的比例、咨询馆员数量与服务学生数量的比例、咨询馆员与学科结构比例、咨询馆员与图书馆服务人员数量的比例等。

评分方法4:

每个二级指标根据重要程度分别确定分值,评分举例如下:

①最高分为2分

a. 有主管馆长,主管领导数字参考咨询业务,有参考咨询工作经验(2年以上)可加分。

b. 专职咨询人员总人数≥4人可得基准分,有专职从事咨询服务管理、研究、技术支持的人员可加分。

c. 兼职咨询人员总人数≥4人可得基准分,有兼职从事咨询服务管理、研究、技术支持的人员可加分。

d. 有外邀专家可加分。

②最高分为2分

a. 所有从事参考咨询服务与研究的人员工作年限≥2年,可加分。

b. 学历比例符合"本:硕:博"的合理结构,可加分。

c. 在外语、资源检索、学科检索等方面具备服务强项的咨询馆员,可加分。

d. 从事参考咨询的工作人员的学科(专业)背景涵盖文、理、工及图书情报专业,可加分。

e. 咨询工作人员学科结构符合本校重点教学科研需要可加分。

f. 从事参考咨询的工作人员的职称(资格认证)比例结构合理可加分。

g. 业务能力和素质较高,具有骨干和精英人员的可加分。

h. 与读者通过畅通的沟通和交流识别读者需求、表达读者需求的可加分。

i. 在服务过程中,认认真真,精心为读者服务,互相配合融洽,咨询团队工作效率高者可加分。

③最高分为1分

a. 咨询馆员数量与服务教师数量比例达到一定范围可加分。

b. 咨询馆员数量与服务学生数量比例达到一定范围可加分。

c. 咨询馆员数量与学科结构比例达到一定范围可加分。

d. 咨询馆员数量与图书馆全体服务人员数量比例达到一定范围可加分。

1. 2

名称:服务政策

目的:评估数字参考咨询工作的政策制定、执行以及配套的管理与运行机制。

定义:从政策上和机制上明确数字参考咨询服务的范围、目的、流程、管理、统计、发展等内容,确保服务的公平性、科学性、开放性、高效性、规范性等。涉及服务政策是否对服务范围、使用权限、用户隐私保护、知识产权保护等做出明确的规定,对用户的某些限制性规定是否合理等。

方法:由图书馆、CALIS 统计。

影响指标的解释和因素:服务政策决定服务的基本导向,其中既包括可执行的量化政策,也包含运行和机制保障角度的政策建设。而且,政策的制定和执行会受到所在馆和区域参考咨询服务的水平和能力的影响与制约,需要在评价过程中因地制宜。

二级指标:二级指标有 3 个,三级指标有 12 项。二级指标包括公平性、科学性、开放性。公平性包括用户身份的公平性、服务内容的平等性、服务设施配备的公平性;科学性包括明确的参考咨询馆员职责、形成规范的参考咨询服务流程、具有灵活有效的参考咨询服务管理机制、成熟的培训机制;开放性包括参考咨询服务对象范围的开放性、参考咨询服务的合作性、用户隐私保护、知识产权保护、宣传推广。

1. 2. 1

名称:公平性

定义:服务政策的制定是否兼顾各类合法用户的需求。

目的:评估参考咨询服务的平等性、公正性。

方法:由图书馆、CALIS 统计。

影响指标的解释和因素:有 3 项具体指标(三级指标)

①用户身份的公平性

不论用户身份和级别,服务政策的适用对象是一致和统一的。

②服务内容的平等性

服务政策所明确的各种服务,根据用户需求,提供与之相匹配的服务。

③服务设施配备的公平性

为使各类用户平等、易于获取参考咨询服务,服务政策中在设施配备上,明确应达到的基本保障。

评分方法 5:

依据重要程度分别确定分值。

①最高分为 1. 5 分

②最高分为 2 分

③最高分为 1. 5 分

1. 2. 2

名称:科学性(二级指标)

定义:服务政策的制定是否科学合理,是否规范开展。

目的:评估参考咨询服务的有效性、规范性和合理性。

方法:由图书馆、CALIS 统计。

影响指标的解释和因素:有 4 项具体指标(三级指标)

①明确的参考咨询馆员职责

参考咨询馆员职责明确,便于提供有针对性和稳定的服务。

②形成规范的参考咨询服务流程

规范参考咨询服务流程,馆员和用户可以依据流程及时提供和获取服务。

③具有灵活有效的参考咨询服务管理机制

为提高参考咨询服务的有效性和持续发展,具有高效的服务管理机制,为参考咨询服务提供财务、人力、物力的支持。并定期开展参考咨询服务的统计、总结工作。

④成熟的培训机制

为馆员的业务发展提供定期交流和培训,对用户获取服务提供专业的用户培训和辅导。

评分方法 6:

根据重要程度分别确定分值。

①最高分为 2 分

在职责基础上,明确参考咨询馆员行为规范的可加分。

②最高分为 1 分

对参考咨询服务流程予以公示和通报的可加分。

③最高分为 1 分

a. 对参考咨询服务提供专项资金、设备、人力投入的可加分。

b. 定期开展参考咨询业务统计的可加分。

c. 定期开展参考咨询业务总结的可加分。

④最高分为 1 分

a. 为参考咨询馆员提供国外业务交流和培训机制的可加分。

b. 为参考咨询馆员提供国内业务交流和培训机制的可加分。

c. 为参考咨询馆员之间提供馆内交流和培训的可加分。

d. 为用户使用参考咨询服务服务提供网络指导和培训的可加分。

1. 2. 3

名称:开放性

定义:服务政策是否具备一定的服务开放性,如是否向社会开放、是否保护用户隐私、保护知识产权等。

目的:评估参考咨询服务的拓展性、开放程度、公知度。

方法:由图书馆、CALIS 统计。

影响指标的解释和因素:有 5 项具体指标(三级指标)

①参考咨询服务对象范围的开放性

服务对象是仅限本单位用户还是面向社会其他用户。

②参考咨询服务的合作性

是否参加全国和地区的联合或合作咨询服务。

③用户隐私保护

是否在服务过程中明确了用户隐私保护政策,对用户的个人信息实施保护措施。

④知识产权保护

是否依据知识产权法,对服务过程中涉及的知识和信息进行保护和合理使用。

⑤宣传推广

针对参考咨询服务,在用户和业界开展相关的宣传、推广工作,以便用户更多的了解和使用服务,以及通过宣传页、学术会议、学术论文、业务交流等形式让用户更多的知晓参考咨询服务。

评分方法 7:

根据重要程度分别确定分值。

① 最高分为 1 分

接受机构外的社会用户咨询的可加分。

②最高分为 1 分

参加地区和全国联合参考咨询服务的可加分。

③最高分为 1 分

明确或申明用户隐私保护的可加分。

④最高分为 1 分

咨询服务过程中,尊重知识产权,合理使用知识和信息的可加分。

⑤最高分为 1 分

a. 在机构内部开展宣传推广的可加分。

b. 通过参加学术会议宣传和介绍参考咨询服务的可加分。

c. 通过发表学术论文宣传和介绍参考咨询服务的可加分。

d. 通过同行业务交流宣传和介绍参考咨询服务的可加分。

e. 通过各级各类项目课题推动参考咨询服务发展的可加分。

1.3

名称:服务内容

目的:评估数字参考咨询服务工作的广度和深度,全面考核图书馆提供数字参考咨询的服务能力。

定义:图书馆提供的数字参考咨询服务的多种形式及具体内容,包括服务方式、开放时间、服务类型、业务量等多方面指标。

方法:由图书馆、CALIS 统计。

影响指标的解释和因素:该指标主要从开展数字参考咨询服务的业务角度出发,从服务方式和服务内容等方面考察数字参考咨询服务的能力。

二级指标:二级指标7个,三级指标有22项。二级指标包括虚拟参考咨询的形式,虚拟参考服务的服务时间,虚拟参考咨询量占总咨询量的比例,咨询问题中学科专业问题的比例,对咨询问题的回答率,数字咨询业务统计与管理。

1.3.1

名称:虚拟参考咨询的形式

定义:图书馆可以提供的基于电话、网络及其他通信设备的参考咨询服务的方式种类。

目的:评估参考咨询服务的提供方式的多样性。

方法:由图书馆、CALIS统计。

影响指标的解释和因素:有8项具体指标(三级指标)

①电话咨询

指通过固定咨询电话解答用户的电话咨询。

② E-mail 咨询

指通过固定的 E-mail 信箱接收及解答用户的咨询。

③Web 表单

指通过 Web 表单接收及解答用户的咨询。

④知识库服务

指通过创建常见问题库或知识库为用户提供检索或浏览服务。

⑤BBS 讨论区

指通过专门的 BBS 讨论区接收及解答用户的咨询。

⑥博客及微博咨询

指通过开通博客或微博接收及解答用户的咨询。

⑦在线实时解答系统

指通过网络交互工具为用户提供在线实时解答服务。

⑧合作咨询

指通过合作的方式,完成对用户咨询的解答。

评分方法8:

① 最高分为 1.5 分

提供呼叫中心(call center)服务的可加分。

②最高分为 1.5 分

③最高分为 1.5 分

④最高分为 1.5 分

⑤最高分为 1 分

⑥最高分为 1 分

⑦最高分为 1 分

⑧最高分为 1 分

1.3.2

名称:虚拟参考服务的服务时间

定义:虚拟参考咨询服务在每天或每周可被获取的时间长度。

目的:评估参考咨询服务的能被获取的时间长度。

方法:由图书馆、CALIS 统计。

影响指标的解释和因素:有 2 项具体指标(三级指标)

①服务时间长度

指图书馆在每天或每周以各种形式提供参考咨询服务的时间。

②服务响应时间

指咨询馆员对于各种形式接收到的咨询问题的响应速度。

评分方法 9:

①最高分为 5 分

a. 原则上,每天或每周提供咨询服务的时间越长,得分越高。

b. 每天提供电话咨询的时间不少于 8 小时,每周不少于 40 小时,可得 1.5 分,超过上述时间可加分。

c. 每天提供在线实时咨询的时间不少于 4 小时,每周不少于 20 小时,可得 1 分,超过上述时间可加分。

d. 每天提供 E-mail 咨询、BBS 咨询及 web 表单咨询、博客或微博咨询的时间应保持全天候开放状态,可得 1.5 分,若非全天候开放,则只能得 1 分以下的分数。

②最高分为 5 分

a. 原则上,咨询服务的响应时间越短,得分越高。

b. 面对面咨询的响应时间应为即时回复,可得 1 分以上分值;有特殊情况的处理措施(如可与读者协商等待或预约下次咨询时间),可得 0.5 分或以上分值。电话咨询的响应时间与此处理方式相同。

c. 在线实时咨询的响应时间应为即时回复,或有系统"常用短语"进行应急响应,可得 1 分;若响应延迟时间超过 3 分钟,最多可得 0.5 分。

d. E-mail 咨询、BBS 咨询及 web 表单咨询的响应时间在 2 个工作日内,可得 1 分;若在 1 个工作日内或更短,可得 1.5 分以上分值。

1.3.3

名称:虚拟参考咨询量占总咨询量的比例

定义:在标准服务时间内提供的虚拟参考咨询服务的数量与总咨询服务数量(传统咨询服务数量与虚拟咨询服务数量的总和)的比值。

目的:评估虚拟参考咨询服务在所有咨询服务中的所占比重。

方法:由图书馆、CALIS 统计。

影响指标的解释和因素:有 2 项具体指标(三级指标)

①虚拟参考咨询服务的数量

指图书馆在标准服务时间内提供的虚拟参考咨询服务的数量。

②总咨询服务数量

指图书馆在标准服务时间内提供的传统咨询服务数量与虚拟咨询服务数量的总和。

评分方法 10：

最高分值为 5 分

a. 虚拟参考咨询量占总咨询量的比例 50％ 以上，可得 3 以上分值。

b. 虚拟参考咨询量占总咨询量的比例的 80％ 以上，可得 4 以上分值。

1.3.4

名称：咨询问题中学科专业问题的比例

定义：指标准服务时间内通过传统咨询方式或电子咨询方式收到的学科类咨询问题数量与总咨询问题数量的比例。

目的：评估学科专业问题在总咨询问题中的比重。

方法：由图书馆、CALIS 统计。

影响指标的解释和因素：有 2 项具体指标（三级指标）

①学科专业问题的数量

指标准服务时间内通过数字咨询方式收到的学科类咨询问题数量。

②总咨询服务数量

指图书馆在标准服务时间内接收到的所有咨询问题的总和。

评分办法 11：

最高分值 5 分

a. 接收问题中学科问题占全部问题的 50％ 以上，可得 3 以上分值。

b. 处理学科问题占全部学科问题的 80％ 以上，可得 4 以上分值。

1.3.5

名称：对咨询问题的回答率

定义：在规定时间内处理的咨询问题占总接收问题的比率。

目标：评估在规定时间里咨询服务的完成情况。

方法：由图书馆、CALIS 统计。

影响指标的解释和因素：有 2 项具体指标（三级指标）

①收到各类问题数量及总量

指标准服务时间内通过数字咨询方式收到的咨询问题数量及总量。

②处理问题数量及处理率

规定时间内对通过数字咨询方式收到的咨询问题完成处理的数量及总量，以及处理的问题占接收问题的比率。

评分方法 12：

2 个三级指标根据重要程度分别确定分值。

①最高分值 2.5 分

a. 标准工作周内接收问题总量不少于 30 个,至少得 1 分。

b. 如标准工作周内接收问题超过 50 个,则可得 2 以上分值。

②最高分值 2.5 分

a. 规定时间内完成对接收到全部咨询问题的处理,至少得 2 分;如有逾期处理的问题,酌情减分。

b. 如规定时间内处理问题占全部咨询问题的 80% 以下,最高分值不能超过 2 分范围。

1.3.6

名称:数字咨询业务统计与管理

定义:数字参考咨询服务在限定的标准服务时间段内的工作数量统计,如接收问题数量、处理问题数量及处理率等。

目的:评估数字参考咨询服务的实际服务能力。

方法:由图书馆、CALIS 统计。

影响指标的解释和因素:有 2 项具体指标(三级指标)

①收到各类问题数量及总量

指标准服务时间内通过数字咨询方式收到的咨询问题数量及总量。

②处理问题数量及处理率

规定时间内对通过数字咨询方式收到的咨询问题完成处理的数量及总量,以及处理的问题占接收问题的比率。

评分方法:同 1.3.5 评分方法 12。

1.4

名称:服务绩效

目的:评估数字参考咨询服务的服务质量和成本效益。

定义:数字参考咨询服务的质量和效果可以通过用户满意度和对咨询问题的正确回答率来反映。效益评估是指对数字参考咨询服务的投入和产出效益进行评估,核心是数字参考咨询服务的利用率和投资效益。

方法:由图书馆、CALIS 统计。

影响指标的解释和因素:该指标从参考咨询服务的主体(咨询方)和客体(用户)的角度,反映参考咨询的服务质量;从经济学角度,对数字参考咨询服务的成本效益进行评估。在具体评估时,可能需要互相结合起来运用,才能较好体现出成本与效益之间的关系。

二级指标:二级指标有 2 个,三级指标有 6 项。二级指标包括服务质量和服务效益。服务质量包括用户满意度、对咨询问题的正确回答率。服务效益包括物力成本效益、人力成本效益、服务影响效益、数字参考咨询服务覆盖的用户比例。

各级指标及其评分方法如下:

1.4.1

名称:服务质量

定义:数字参考咨询服务的质量和效果可以通过用户满意度和对咨询问题的正确回答率来反映。

目的:评估参考咨询服务的服务质量。

方法:由图书馆、CALIS 统计。

影响指标的解释和因素:有 2 项具体指标(三级指标)

①用户满意度

用户对数字参考咨询服务的内容和质量、对数字参考咨询服务的易用性和时效性等进行综合评价,可通过调查问卷或者专家访谈等方式获取数据,用户满意度是评价数字化服务效果最有说服力的指标之一。

②对咨询问题的正确回答率

通过咨询记录与咨询解答内容,评估正确解答占总问答数量的比例。

评分方法 13:

①最高分为 6 分

用户满意度达到一定指标可加分。

②最高分为 4 分

正确回答率到达一定指标可加分。

1.4.2

名称:服务效益

定义:效益评估是指对数字参考咨询服务的投入和产出效益进行评估,核心是数字参考咨询服务的利用率和投资效益。

目的:评估数字参考咨询服务的成本效益。

方法:由图书馆、CALIS 统计。

影响指标的解释和因素:有 4 项具体指标(三级指标)

①物力成本效益

图书馆支持数字参考咨询正常运行所投入的财力、物力成本与收益之间的关系。

②人力成本效益

图书馆对数字参考咨询服务所投入的人力情况,如投入到数字化参考咨询服务的馆员占图书馆馆员总数的比例,咨询馆员人均承担的业务量等。

③服务影响效益

对使用数字参考咨询服务的用户的信心度及服务效果进行分析评估。

④数字参考咨询服务覆盖的用户比例

在一定时期内,使用过图书馆所提供的数字参考咨询服务的用户比例。即所服务的全部人员中抽取代表性的样本,用样本中在特定时期内使用过图书馆数字参考咨询服务的用户数量除以样本总数,主要用于衡量图书馆数字参考咨询服务成功地覆盖其用户的程度。

评分方法 14：

①最高分为 1 分

②最高分为 1 分

③最高分为 1 分

④最高分为 2 分

1.5

名称：服务共享体系

目的：评估数字参考咨询服务的共建、共享、共用体系建设。

定义：作为联合参考咨询服务的重要体现，对数字参考咨询服务的共建、共享进行评估，衡量参考咨询服务的共知、共用效益。

方法：由图书馆、CALIS 统计。

影响指标的解释和因素：影响因素有主观因素，也有客观条件限制，同时，与联合数字参考咨询服务体系建设的成熟度和推行的效果紧密相关。

二级指标：二级指标有 2 个，三级指标有 4 项。二级指标包括服务共建共享和规范共享共用。服务共建共享包括联合参考咨询系统的服务共享与调度、知识库的联合建设与共享服务、学习中心共建共享。规范共享共用包括规范完备性。

1.5.1

名称：服务共建共享

定义：服务体系是否为协同建设并有效共享。

目的：评估数字参考咨询服务建设和开展的联合、协同、共知、共用。

方法：由图书馆、CALIS 统计。

影响指标的解释和因素：有 3 项具体指标（三级指标）

①联合参考咨询系统的服务共享与调度

联合参考咨询系统是否开展联合服务，并形成了时间、专业、人力等方面的有效调度。

②知识库的联合建设与共享服务

是否联合建设相应的知识库，并提供共享服务。

③学习中心共建共享

是否联合建设学习中心，如分工协作建设信息素养课件等。

1.5.2

名称：规范共享共用

定义：数字参考咨询服务相关规范是否在联合体内共享、共用。

目的：评估开展联合数字参考咨询服务的规范和有序。

方法：由图书馆、CALIS 统计。

影响指标的解释和因素：有 1 项具体指标（三级指标）

①规范完备性

联合数字参考咨询是否制订了比较完备的规范,包括:咨询员规范、机构服务规范、知识库分类体系、知识库—问题元数据规范、知识库质量控制规范、知识库录入规范、虚拟知识库审核规范等。

评分方法 15:

依据共建、共享和共用的情况(深度和范围)分别确定分值。

①最高分 3 分

②最高分 2 分

③最高分 2 分

④最高分 3 分

六、评估内容与评估模型的设计

1. 评估指标设计原则

1)针对性:紧紧围绕 CALIS 数字参考咨询服务的基本条件和验收要求,设计相应的指标。

2)科学性与可操作性:能真实客观地反映 CALIS 数字参考咨询服务的实际情况,同时在指标的收集、统计上也具备实际意义和可操作性。

3)导向性原则:要体现 CALIS 数字参考咨询服务发展的宏观引导,把握 CALIS 数字化服务的发展方向。

2. 评估模型

表 4-4 高等教育数字图书馆参考咨询服务评估模型

一级指标	分值/权重	二级指标	分值/权重	指标定义	数据来源	建议评分方法
服务条件	20	服务基础设施	5	开展图书馆参考咨询服务的各种硬件设施配备情况,物理设施和各类电子设施	由图书馆、CALIS 统计	评分方法 1
		咨询服务系统	5	用于保存、处理、实施具体咨询服务的系统和平台	由图书馆、CALIS 统计	评分方法 2
		信息资源建设(信息源)	5	参考咨询所需信息和资源的建设与保障	由图书馆、CALIS 统计	评分方法 3
		人员配置与设置	5	从事参考咨询服务工作的人员素质、数量配置情况	由图书馆、CALIS 统计	评分方法 4

一级指标	分值/权重	二级指标	分值/权重	指标定义	数据来源	建议评分方法
服务政策	15	公平性	5	服务政策的制定是否兼顾各类合法用户的需求	由图书馆、CALIS统计	评分方法5
		科学性	5	服务政策的制定是否科学合理,是否规范开展	由图书馆、CALIS统计	评分方法6
		开放性	5	服务政策是否具备一定的服务开放性,如是否向社会开放、是否保护用户隐私、保护知识产权等	由图书馆、CALIS统计	评分方法7
服务内容	40	虚拟参考咨询的形式	10	图书馆可以提供的基于电话、网络及其他通信设备的参考咨询服务的方式种类	由图书馆、CALIS统计	评分方法8
		虚拟参考服务的服务时间	10	虚拟参考咨询服务在每天或每周可被获取的时间长度	由图书馆、CALIS统计	评分方法9
		虚拟参考咨询量占总咨询量的比例	5	在标准服务时间内提供的虚拟参考咨询服务的数量与总咨询服务数量(传统咨询服务数量与虚拟咨询服务数量的总和)的比值	由图书馆、CALIS统计	评分方法10
		咨询问题中学科专业问题的比例	5	指标准服务时间内通过传统咨询方式或电子咨询方式收到的学科类咨询问题数量与总咨询问题数量的比例	由图书馆、CALIS统计	评分方法11
		对咨询问题的回答率	5	在规定时间内处理的咨询问题占总接收问题的比率	由图书馆、CALIS统计	评分方法12
		数字咨询业务统计与管理	5	数字参考咨询服务在限定的标准服务时间段内的工作数量统计,如接收问题数量、处理问题数量及处理率等	由图书馆、CALIS统计	
服务绩效	15	服务质量	10	数字参考咨询服务的质量和效果可以通过用户满意度和对咨询问题的正确回答率来反映	由图书馆、CALIS统计	评分方法13
		服务效益	5	效益评估是指对数字参考咨询服务的投入和产出效益进行评估,核心是数字参考咨询服务的利用率和投资效益	由图书馆、CALIS统计	评分方法14

续表

一级指标	分值/权重	二级指标	分值/权重	指标定义	数据来源	建议评分方法
服务共享体系	10	服务共建共享	7	作为联合参考咨询服务的重要体现,对参考咨询服务的共建、共享进行评估,衡量参考咨询服务的共知、共用效益。包括服务体系是否为协同建设并有效共享等	由图书馆、CALIS统计	评分方法15
		规范共享共用	3	数字参考咨询服务相关规范是否在联合体内共享、共用	由图书馆、CALIS统计	

七、其他说明

本评估规范尚处于草案阶段,目前缺少比较完备的数据和实践。评估规范的制定旨在根据发展目标,对评估计算结果进行局部分析或总体分析,评价数字参考咨询服务目前的配备情况和运行状况。根据与预期目标的差距,找出需要重点注意和解决的问题,为制定配套的改进措施提供依据,也为数字参考咨询服务的联合应用提供规范性的指南。具体指标及评估方法还需要通过实践不断修订、完善。

第四节 图书类服务评估规范

一、评估背景及评估目标

为指导 CALIS 各高校成员馆、各地区/省中心以及各区域性图书馆联盟开展图书类服务的评估工作,以评估促建设,特依据《高等教育数字图书馆数字化服务评估总则》制定《高等教育数字图书馆图书类服务评估规范》。

本规范旨在通过评估,引导各高校成员馆、各地区/省中心以及各区域性图书馆联盟图书类服务工作的发展,提高各图书馆在资源共建共享、资源整合与开发和服务创新等方面的水平;通过评估,发现问题,改进和规范服务方式,提高服务质量,最大限度地满足读者对图书资源的检索及获取需求。通过对各高校成员馆、各地区/省中心以及各区域性图书馆联盟图书类服务工作进行综合性与整体性的评价,达到奖励优秀,激励和提高 CALIS 图书类服务的目的。

二、评估对象

高等教育数字图书馆图书类服务评估的对象包括两个层面的含义:

1)个体图书馆数字化服务的整体评估,包括服务条件、服务政策、服务内容以及服务绩效等各方面的综合评估。

2)CALIS 共享服务体系的评估,即强调数字化服务的共享,包括为共享建立的服务体系以及服务本身具备的共享能力和效益等。

三、评估内容

1. 服务条件评估

基础条件是影响图书服务水平的重要因素,对其进行评估是图书服务评估不可缺少的组成部分。包括软硬件投入、人员配备等基础条件以及可提供服务的图书资源数量和资源揭示情况等,以检查是否具备良好的服务能力。

1)对支撑服务的基础设施评估,指服务器、交换机和路由器等硬件设备的技术性能和运行情况、网络通信条件以及软件支撑平台的先进性和稳定性等方面进行评估。

2)对用户使用设备的评估,包括计算机、无线网卡、自助借还设备、复印机、扫描仪及电子图书阅读器等设备的数量和总体功能进行评估。

3)馆藏图书资料资源人均拥有量的评估,即对提供有效服务的读者人均图书资源占有量进行统计评估。

4)人力资源评估,即对图书服务工作人员的数量、结构、专业素质和综合素质、服务态度、服务能力等方面进行评估。

2. 服务政策评估

服务政策直接影响服务的对象、范围、过程和效果。其评估内容主要包括:服务政策是否对服务范围、使用权限、用户隐私保护、知识产权保护等做出明确的规定,对用户的某些限制性规定是否合理等。

(1)服务政策应对图书的服务范围有明确规定

图书服务范围包括对象范围、时间范围等。服务对象范围指是仅限本校用户,还是同时支持联盟内其他用户,或者面向社会公众。服务的时间范围指可提供服务的时间,包括每日/周服务时间及节假日是否提供服务等。

(2)服务政策应对图书使用权限有明确规定

服务政策中应对各类图书的数字化服务有明确的使用权限规定。例如,图书在线目录OPAC应允许社会公众免费查询,电子图书的阅览借阅权限应遵循与电子书商签订的合同条款,纸本图书对各类读者的使用权限规定应依据各馆政策。

(3)服务政策应保护用户的隐私权

服务政策中应制定专门规定来保护用户的隐私权。服务政策应为读者本人提供相应的便利政策查阅自己的图书借阅历史等相关信息,但是同时制定相应条款确保读者的私人注册信息、联系方式、借阅历史等受到保护。

(4)服务政策应明确规定保护知识产权

服务政策中应当有知识产权保护的明确规定。知识产权保护应贯穿于图书服务的各个环节。以图书类型来划分:提供电子图书服务时,应严格遵守知识产权法及相关合同条款的规定,禁止过度下载等非法使用;提供纸本图书的相关数字化服务时,也要遵守知识产权法的规定,例如基于纸本图书开展的文献传递服务,教学参考书服务等都要有明确的知识产权保护规定。

(5)服务政策对用户的限制性规定应合理

对图书服务(包括对图书借阅时间、续借次数、罚款数额、电子图书下载限制等)制定的某些限制性规定应遵循合理性、人性化的原则。

3. 服务内容评估

对服务内容进行评估是图书类服务评估的核心内容,主要包括:

(1)信息资源检索服务评估

是指通过中心/本馆联机目录(OPAC)检索系统对印刷本图书和电子图书查询情况的评估。评估的主要标准是目录信息的可靠性、检索方式的便捷性和操作界面的友好性等。

(2)文献提供服务评估

是指对本馆文献服务情况及馆际互借与文献传递服务情况的评估。

(3)咨询服务评估

是指对咨询馆员和用户培训两方面的评估。具体包括:

- 是否配备专职咨询馆员解决读者的查询问题,是否及时处理读者的荐书请求;
- 开展用户培训的内容及是否为用户提供个性化服务。

(4)技术支撑服务评估

是指为保证全天候的图书馆借阅服务,在网络环境下建立的一整套资源揭示、发布与管理系统。具体包括:

- 图书馆是否建立了专门的门户网站;
- 是否启用了CALIS统一认证平台和导航系统。

(5)个性化服务评估

是指针对用户的特别需求开展的个性化服务的评估,具体包括:在OPAC上开设满足读者个性化需求的栏目,例如:读者推荐购书,我的图书馆,随书光盘在校园网上的运行下载等。

(6)传统服务的数字化展现形式评估

是指对传统服务手段、服务流程等向数字化服务延伸情况的评估。具体包括:

- 网上预约、续借;
- 电子邮件通知(包括发送预约到书、逾期通知和推荐购书到馆通知等);
- 教学参考书服务(包括教参书书目收集机制、采集手段及覆盖率、教参书服务手段、是否向CALIS提供教参书数据和馆藏等);
- 随书光盘服务(包括是否外借或代客复制,是否提供校园网范围的浏览及下载);
- 是否在主页上定期发布电子版新书通报。

(7)新媒体服务手段评估

是指对通过新媒体服务手段开展的服务数量、质量等情况的评估。具体包括:

- 是否已开通手机移动服务平台,如通过查询OPAC目录、查看本人借书状况、发送预约请求、申请借书证挂失等;
- 在线利用电子资源,如下载并阅读电子书;
- 是否开展用户体验和互动服务,如外借电子书阅读器等。

(8)服务宣传力度评估

主要包括以下几方面:

- 图书馆是否开展导读服务,如组织读者写读书新的、请专家撰写书评等;

- 与读者互动的活动,如向读者发放调查问卷或召开用户座谈会等;
- 各类宣传推广活动,如文献传递优惠月的宣传推广等。

4. 服务绩效(质量和效果)评估

绩效评估是指运用数理统计、运筹学原理和特定指标体系,对照统一的标准,按照一定的程序,通过定量和定性的对比分析,对项目在一定经营期间的经营效益和经营者业绩做出客观、公正和准确的综合评判。CALIS 图书类服务体系绩效评估是指依据一定的评估指标体系对服务质量和效果进行定量的测度和定性的分析。具体包括以下几个方面:

(1)用户满意度评估

用户对服务的内容和质量、对服务的易用性和时效性等进行综合评价,可通过调查问卷或者专家访谈等方式获取数据,用户满意度是评价图书类服务效果最有说服力的指标之一。

(2)服务效益评估

效益评估是指对服务的投入和产出效益进行评估,核心是图书类服务的利用率和投资效益。

- 资源和设备的投入:对购置资源和服务设备的各项投资进行统计分析,包括购置图书类数字资源的费用、购置数字化服务所需的基础设施和设备的费用等。
- 服务使用量评估:服务使用状况是评估图书类服务效益的重要依据。如电子图书的下载量,CALIS 联合目录书目数据和本馆目录的访问人次、门户网站的点击次数等,使用量的大小可反映图书类服务覆盖面的广泛程度。
- 服务成本核算:通过对服务费用使用情况的分析,可以计算出图书类服务的成本,例如,制作一条电子图书数据的平均成本、每年用于书目和电子图书资源数据库的开发和维持运行费用等。
- 文献满足率:通过各种服务所达到的文献满足率,例如,电子图书传递请求的满足率、检索图书类书目资源的查全率和查准率等。
- 服务共享率:通过对图书类服务的共享和相互之间的协作进行评估是衡量图书类服务共享能力的重要指标。包括本地书目数据已上载到 CALIS 联合目录占全部馆藏数据的比率,图书类文献传递服务量占文献传递服务总量的比率,CALIS 图书类资源传递请求占本地所有馆际互借请求的比率等。

四、评估方法及评估步骤

在建立高等教育数字图书馆图书类服务评估指标体系时,应在《高等教育数字图书馆数字化服务评估总则》的基础上,遵循以下步骤和要求:

1)确定评估对象与评估内容。

2)建立评估指标体系,选择、扩展和定义指标。

3)建立评估模型,给出指标的权重比例以及每个指标的具体分值。

4)数据样本实验和评估模型调整。

5)数据采集与获取:

- 通过 CALIS 各相关管理系统直接获取数据;
- 各图书馆自行上报,间接获取数据;

- 对数据进行统计、分析与评价。

6）整理评估资料：
- 比较分析数据；
- 做出评估结论和建议；
- 编写评估报告。

7）分析评估结果，结合实际情况，修订评估指标。

五、评估指标体系

借鉴 ISO 11620 的描述框架，并考虑 CALIS 的实际情况，指标体系的定义应由六个方面组成：①指标名称，②定义，③目的，④方法，⑤影响指标的解释和因素，⑥二级指标；其中前五个方面是必备内容，第六个方面仅限于一级指标使用。

1. 评估指标及定义

1.1

名称：服务条件

定义： 提供服务的人力和物力资源保障等，如基础设施、设备等。

目的： 主要用于评估服务的基础保障。

方法： 由被评估对象、CALIS 统计。

影响指标的解释和因素： 条件指标是相对的，需要结合图书馆的类型、服务规模和服务对象等综合考虑。

1.1.1

名称：网络负载均衡及运行稳定性

定义： 指支撑图书服务的网络资源保障，其解决大量并发访问服务的能力及运行稳定性。

目的： 用于评估图书服务的网络通信环境的运行能力和稳定性。

方法： 由被评估对象上报、CALIS 评估。

影响指标的解释和因素： 受图书馆所在地区网络带宽影响。

1.1.2

名称：图书服务设备的存储空间

定义： 指服务器等提供图书服务资源存储的硬件设备保障。

目的： 用于评估图书服务的硬件设备的存储条件。

方法： 由被评估对象统计。

影响指标的解释和因素： 存储空间影响电子资源的可获取性与检索服务的效果，需要结合图书馆的类型、服务规模和服务对象等综合考虑。

1.1.3

名称：服务设备配置量

定义： 指图书馆为图书服务所配置设备的品种及数量，包括计算机、无线网卡、复印机、扫描仪、电子图书阅读器、RFID 以及自助借还设备等设备的数量(不包括工作人员的专用设备)。

目的:用于评估图书服务的基础设备保障。

方法:由被评估对象统计。

影响指标的解释和因素:条件指标是相对的,需要结合图书馆的类型、服务规模和服务对象等综合考察。

1.1.4

名称:馆藏图书资源的人均拥有量

定义:指图书馆服务对象人均图书资源拥有量(包括电子书)。

目的:用于评估图书服务的资源保障率。

方法:由被评估对象统计。

影响指标的解释和因素:需要结合图书馆的类型、服务规模和服务对象等综合考察。

1.1.5

名称:从事图书服务工作人员的比例

定义:服务人员数量及其占员工的百分比。

目的:用于评估图书服务的人力资源保障率。

方法:由被评估对象统计。

影响指标的解释和因素:人员是保证服务质量和效率的关键,除了数量和专业知识外,人员的结构和综合素质也非常重要。

1.2

名称:服务政策

定义:图书服务的相关规定。

目的:主要用于评估服务的全面性、科学性和开放性等。

方法:由被评估对象、CALIS 统计。

影响指标的解释和因素:服务政策受图书馆物质和经济条件限制,但也受管理理念的影响。

1.2.1

名称:合法性

定义:图书服务相关规定是否遵守法律法规。

目的:服务政策的一个评价指标。

方法:由被评估对象、CALIS 评估。

影响指标的解释和因素:服务政策的合法性受管理理念的影响。

1.2.2

名称:公平性

定义:图书服务相关规定是否公平公正。

目的:考察图书馆所制定的服务政策对各类读者是否公平、公正。

方法:由被评估对象评估。

影响指标的解释和因素:服务政策的公平性主要受管理理念的影响。

1.2.3

名称:开放性

定义:图书服务相关规定是否具有开放性。

目的:考察图书馆所制定的服务政策是否贯彻了开放、共享的理念。

方法:由被评估对象、CALIS 评价。

影响指标的解释和因素:服务政策的开放性主要受管理理念的影响,同时受图书馆物质和经济条件限制。

1.3

名称:信息资源检索服务

定义:用户通过图书馆的检索系统或者资源揭示工具,根据一定的准则,在数据库或其他形式的网络信息资源中找出所需相关信息的过程和服务。

目的:对联机目录检索、电子资源检索、资源统一检索等服务的可靠性、便捷性、准确度和用户友好性等进行评估。

方法:由被评估对象、CALIS 统计。

影响指标的解释和因素:主要是针对数字化资源检索服务的评估,不含传统手工检索服务。

1.3.1

名称:目录信息可靠性

定义:图书馆书目及馆藏信息揭示的准确率。

目的:图书馆目录是提供图书借阅的重要基础,本指标旨在考量图书馆书目数据及馆藏维护的质量。

方法:被评估对象上报。

影响指标的解释和因素:条件指标是相对的,需要结合图书馆的类型、服务规模和服务对象等综合考虑。

1.3.2

名称:检索方式便捷性

定义:检索点设置合理,方便查询。

目的:考察成员馆本馆系统 OPAC 的检索性能。

方法:被评估对象上报,需提供读者评价。

影响指标的解释和因素:条件指标是相对的,需要结合图书馆的类型、服务规模和服务对象等综合考虑。

1.3.3

名称:操作界面友好性

定义:用户界面布局合理,显示清晰。

目的:考察图书馆集成化系统或资源检索与发现系统的操作界面是否友好。

方法:被评估对象上报,并附用户评价。

影响指标的解释和因素:条件指标是相对的,需要结合图书馆的类型、服务规模和服务对象等综合考虑。

1.4

名称:文献提供服务

定义:提供文献给读者的服务,包括本地文献提供以及馆际互借与文献传递服务。馆际互借与文献传递服务是弥补图书馆资源不足、实现资源共建共享目标的一种重要的信息服务方式。

目的:主要用于评估文献保障情况以及服务共享能力等。

方法:由被评估对象、CALIS 统计。

影响指标的解释和因素:不仅要评估本馆读者的满足率,还要兼顾外馆请求的满足率。

1.4.1

名称:服务时效性

定义:服务时效性包括对本地资源(纸本及电子图书)获取周期的考量,如即时获取或预约获取(指存放在密集书库或储存图书馆的图书),以及对馆际互借及文献传递平均服务周期的考量。

目的:考察成员馆服务效率。

方法:被评估对象上报,CALIS 统计。

影响指标的解释和因素:条件指标是相对的,需要结合图书馆的类型、服务规模和服务对象等综合考虑。

1.4.2

名称:馆藏保障率

定义:馆藏保障率从以下三方面进行衡量:①馆藏图书满足本馆需求的比例;②馆藏图书满足馆际互借/文献传递需求的比例;③本馆参与馆际互借服务借出/借入的比例。

目的:馆藏的质量是图书服务的基础,通过馆内外借阅服务的保障率,可检验资源建设的效益。成员馆参与 CALIS 馆际互借和文献传递活动的满足率和借入、借出比,是衡量文献共享率的重要指标。

方法:被评估对象上报,CALIS 统计。

影响指标的解释和因素:条件指标是相对的,需要结合图书馆的类型、服务规模和服务对象等综合考虑。

1.5

名称:咨询服务

定义:图书馆按照学科、专业或项目的信息需要,为用户提供个性化和知识化信息的服务模式和服务机制。

目的:主要评价深层次咨询服务情况。

方法:由被评估对象、CALIS 统计。

影响指标的解释和因素:学科咨询馆员数量(或学科馆员的配备)、用户的专业信息需求对服务质量都会有影响。

1.5.1

名称:咨询馆员

定义:本指标主要从图书馆人员配备方面进行考核,包括是否配备专职咨询馆员辅导读者检索、解决他们查询中遇到的问题,以及安排学科馆员及时处理读者荐书请求的情况。

目的:引导成员馆重视咨询工作,强调一线服务。

方法:被评估对象上报,CALIS 组织咨询馆员培训与考核。

影响指标的解释和因素:条件指标是相对的,需要结合图书馆的类型、服务规模和服务对象等综合考虑。

1.5.2

名称:用户培训

定义:本指标主要对用户培训内容和形式等进行考核,包括是否针对新服务项目或新服务手段及时举办用户培训,是否可应用户需求开展特色化培训等。

目的:引导成员馆强调主动服务,提倡深化服务。

方法:被评估对象上报。

影响指标的解释和因素:条件指标是相对的,需要结合图书馆的类型、服务规模和服务对象等综合考虑。

1.6

名称:支撑服务

定义:图书馆为开展数字化服务提供的技术支撑等,包括平台、揭示工具等。

目的:评价图书馆服务的可见度和展示能力。

方法:由被评估对象、CALIS 统计。

影响指标的解释和因素:图书馆的类型、规模会影响图书馆支撑服务的提供水平。

1.6.1

名称:门户网站

定义:图书资源的揭示与发布系统。

目的:评估图书服务的发布与展示能力。

方法:被评估对象上报,CALIS 评估。

影响指标的解释和因素:图书馆的类型、规模会影响图书馆支撑服务的提供水平。

1.6.2

名称:**CALIS 统一认证平台和导航系统**

定义:是否启用 CALIS 统一认证平台和导航系统。

目的:提倡使用 CALIS 统一认证平台和导航系统,规范用户管理和资源保障。

方法:CALIS 评估。

影响指标的解释和因素:综合考虑图书馆类型、服务规模和服务对象。

1.7

名称:**个性化服务**

定义:根据用户的个性化需求,提供与众不同的服务。

目的:评价图书馆的个性化服务。

方法:由被评估对象、CALIS 统计。

影响指标的解释和因素:受图书馆历史、资源和人力等因素影响。

1.7.1

名称:**读者推荐购书**

定义:本馆 OPAC 是否提供读者荐书功能。

目的:考察图书馆是否以方便读者的方式听取他们对资源建设的意见,以及与之相关的后续服务。

方法:图书馆统计读者荐书的数量、馆员回复率、实际购买率以及图书使用频率。被评估对象上报统计数据。

影响指标的解释和因素:综合考虑图书馆类型、服务规模和服务对象。

1.7.2

名称:**我的图书馆**

定义:本馆是否提供我的图书馆(my library)或类似功能(如我的书架等)。

目的:考察图书馆是否提供方便读者存储检索结果的公共空间。

方法:被评估对象上报。

影响指标的解释和因素:综合考虑图书馆类型、服务规模和服务对象。

1.7.3

名称:**其他个性化服务**

定义:以上未列出的其他个性化服务。

目的:考察图书馆是否实施了深化用户服务的其他举措。

方法:被评估对象上报。

影响指标的解释和因素:综合考虑图书馆类型、服务规模和服务对象。

1.8

名称:**传统服务的数字化延伸**

定义:利用现代化信息技术手段完成图书馆传统服务的形式和能力。

目的:评价传统服务向网络服务的转型程度。

方法:由被评估对象、CALIS 统计。

影响指标的解释和因素:数字化手段的多样性和便捷性是评价转型服务有效性的关键。

1.8.1

名称:**网上预约、续借**

定义:是否开通网上预约、续借。

目的:网上预约、续借可节约读者时间,受到读者的广泛欢迎,应大力推广。

方法:被评估对象上报。

影响指标的解释和因素:综合考虑图书馆类型、服务规模和服务对象。

1.8.2

名称:**电子邮件通知**

定义:是否通过电子邮件发送预约到书或图书逾期通知,以及推荐购书到馆通知等。

目的:考察图书馆是否采用电子邮件向读者发送与图书馆服务有关的通知。

方法:被评估对象上报。

影响指标的解释和因素:综合考虑图书馆类型、服务规模和服务对象。

1.8.3

名称:**教学参考书服务**

定义:包括教参书从征收目录、覆盖范围到服务手段的一揽子服务情况,以及是否向 CALIS 教学参考书子项目提交书目及馆藏信息。

目的:考察图书馆是否以方便读者的方式听取他们对资源建设的意见,以及与之相关的后续服务。

方法:被评估对象统计读者荐书的数量、馆员回复率、实际购买率以及图书使用频率,并上报统计数据。

影响指标的解释和因素:综合考虑图书馆类型、服务规模和服务对象。

1.8.4

名称:**随书光盘服务**

定义:随书光盘的服务情况,包括手工管理下的外借复制服务和在校园网范围内浏览或下载。

目的:考察图书馆随书光盘服务的具体方法及效果。

方法:被评估对象上报。

影响指标的解释和因素：综合考虑图书馆类型、服务规模和服务对象。

1.8.5

名称：**电子版新书通报**

定义：是否在图书馆主页上定期发布新书通报。

目的：考察图书馆是否以方便读者的方式听取他们对资源建设的意见，以及与之相关的后续服务。

方法：被评估对象上报。

影响指标的解释和因素：综合考虑图书馆类型、服务规模和服务对象。

1.9

名称：**新媒体服务手段**

定义：新技术的开发和应用，不断衍生、延伸和创造出各种新的媒体，新媒体因其高品质、便利性被广泛应用到图书馆的服务领域，称为图书馆的新媒体服务。

目的：评价服务应变和创新能力。

方法：由被评估对象、CALIS 统计。

影响指标的解释和因素：虽然图书馆的经费、空间会影响新技术在图书馆的应用，但图书馆创新的意识和思维才是决定性因素。

1.9.1

名称：**利用移动服务平台开展的服务**

定义：移动服务平台主要指手机和电子书阅读器等，利用该平台可提供的服务包括发送预约到书、图书逾期、推荐书到馆通知等。

目的：考察图书馆是否适应技术环境的变化，利用移动服务平台为有需求的读者开通他们所需要的服务。

方法：由被评估对象统计上报。

1.9.2

名称：**在线利用电子资源**

定义：是否在校园网范围提供网上浏览及下载电子书的服务。

目的：考察图书馆是否利用电子资源补充印本图书资源的不足，并为读者开通便捷的服务。

方法：被评估对象自报购买电子书的数量及点击下载量。

影响指标的解释和因素：综合考虑图书馆类型、服务规模和服务对象。

1.9.3

名称：**用户体验活动**

定义：图书馆是否外借电子书阅读器。

目的：电子书阅读器是移动阅读的一种媒介，深受青年读者喜爱，但因价格较贵，大学生多无力承担。图书馆提供此项服务,无疑解决了他们的困难。

方法:被评估对象上报。

影响指标的解释和因素:综合考虑图书馆类型、服务规模和服务对象。

1. 10

名称:**服务宣传**

定义:通过各种方式将图书馆推出的服务让读者知晓的过程。

目的:主要评估图书馆的公关能力。

方法:由被评估对象、CALIS 统计。

影响指标的解释和因素:宣传形式的多样性、周期的长短是至关重要的因素。

1. 10. 1

名称:**导读服务**

定义:有针对性地组织各类导读,如组织学生看推荐图书后写读书心得、邀请专家撰写书评等。

目的:考察图书馆对读者阅读倾向是否进行积极的引导,是否履行图书馆第二课堂的职能。

方法:被评估对象上报。

影响指标的解释和因素:综合考虑图书馆类型、服务规模和服务对象。

1. 10. 2

名称:**其他与读者互动的活动**

定义:例如针对图书服务向读者发放调查问卷或召开座谈会。

目的:考察图书馆主动征询读者意见,努力提高服务质量的情况。

方法:被评估对象上报,附读者反馈意见。

影响指标的解释和因素:综合考虑图书馆类型、服务规模和服务对象。

1. 10. 3

名称:**宣传推广活动**

定义:上述活动之外的其他宣传推广形式,如文献传递优惠月的宣传推广等。

目的:考察日常服务之外的专题宣传推广。

方法:被评估对象上报。

影响指标的解释和因素:综合考虑图书馆类型、服务规模和服务对象。

1. 11

名称:**服务绩效**

定义:在一定时间内图书类资源满足用户获取信息的效率和效能。

目的:评价图书类服务的质量,包括电子图书资源的功能质量和技术质量。

方法:由被评估对象、CALIS 统计。

影响指标的解释和因素:图书类资源的服务绩效不是对其质量的简单评价,而是对其服务效率和满足用户需求的信息服务的质量和数量的测度,其中投入与产出的对比关系也是一个很重要的因素。

1.11.1

名称:用户满意度

定义:用户对图书类服务的内容和质量、易用性和时效性等的满意程度。评估时可对整体服务的满意度和对各项服务的满意度分别调查。

目的:评价用户对图书类服务的满意程度,是评价图书类服务效果最有说服力的指标之一。

方法:设计问卷,列出具体的图书类服务和/或服务的各个方面,整个问卷应使用相同的规模,问卷也可以包含用户状态。根据不同类别用户的不同需求,对数据进行分析,以确定相关服务项目的满意度。可根据实际情况通过邮寄问卷、电子问卷、面对面访谈或通过电话采访收集数据。平均用户满意度 = 图书类服务的用户给出的分值的总和 ÷ 回答问题的用户总数

注:"平均用户满意度"的分值四舍五入到整数。

影响指标的解释和因素:用户的主观因素、调查的时间、用户对服务的期望对用户满意度指标会有较大影响。例如,如果用户没有体验过高品质的服务,可能会对低品质的服务也感到满意,这就是为什么对不同的图书馆的用户满意度进行比较会比较困难。

1.11.2

名称:使用量统计

定义:对一个时间段内图书类资源被用户检索、浏览、下载、借阅、传递等使用次数的统计,也包括对服务所用设备的使用次数统计。

目的:使用量的大小可反映图书类服务覆盖面的广泛程度,是评价图书类服务效益的重要依据。

方法:分别统计图书类资源在一段时间内(根据评估周期定)的平均检索次数、浏览次数(指浏览书目记录、目次、内容提要等)、下载次数(指下载电子图书的全文)、借阅次数、文献传递次数。设备使用量统计是指用于图书类服务的硬件设备在一段时间内被用户使用的次数,例如,缩微阅读器、电子阅读器、复印机、打印机、扫描仪等的使用次数。图书类资源月平均使用次数 = 图书类资源年使用总次数 ÷ 评估周期的月数

注:同一用户对同一资源使用多次按多次计算。

影响指标的解释和因素:对用户访问权限的限制、服务所覆盖的用户数量和图书类资源的总体数量等都会对使用量产生影响,例如,如果资源仅限内部用户检索下载,则使用量会相对较低。

1.11.3

名称:服务投入成本与效益

定义:图书类服务投入成本包括有形投入成本和无形消耗的成本,有形成本包括图书类

资源购置成本、资源加工成本、员工工资成本和读者机会成本。无形成本指为信息交流及其产出的负面影响所承担的费用和损失。收益则是投入成本所达到的目标。

目的:通过计算图书类服务投入成本与产出效益的比率,评估图书类服务的利用率和投资效益。

方法:分别统计在一段时间内(根据评估周期定)投入到图书类服务的总支出和用户使用图书类资源的总人次,总支出包括购置图书类资源的费用、购置图书类服务所需的基础设施和设备的费用、支付的员工工资等,总使用次数包括用户检索、浏览、下载、借阅、传递图书类资源的总人次。用户消耗平均成本 = 图书类服务总支出 ÷ 总使用人次

注:"用户消耗平均成本"分值四舍五入到整数。

影响指标的解释和因素:影响服务效益和效率的主要因素有信息组织整序失范,信息服务系统不足以及用户急需信息无法及时满足等。

1.11.4

名称:文献满足率

定义:用户成功获取图书类资源次数与请求资源次数之比。

目的:评估图书类服务支持相关科学研究的能力,以及满足用户需求的程度。

方法:分别统计在一段时间内(根据评估周期定)图书类资源用户请求总次数和成功获取资源的总次数。文献满足率 = 用户成功获取资源的总次数 ÷ 用户请求总次数 × 100%

影响指标的解释和因素:图书类资源的学科和专业分布、资源的揭示质量、用户群体结构等对文献满足率都会产生一定的影响。

1.11.5

名称:数字化服务覆盖的用户比例

定义:在一定时期内,使用过图书类资源任何形式的数字化服务(包括检索机读目录、下载电子书全文等)的用户比例。

目的:衡量图书类资源数字化服务成功地覆盖其用户的程度。

方法:从一段时间内(根据评估周期定)所服务的全部人员中抽取代表性的样本,用样本中在本时期内使用过图书类资源数字化服务的用户数量除以样本总数。数字化服务覆盖的用户比例 = 使用过图书类资源数字化服务的用户数 ÷ 样本总数 × 100%

影响指标的解释和因素:为用户提供的数字化服务种类多少、数字化服务的推广和普及程度、用于数字化服务软硬件设备的性能等都是影响本指标的因素。数字化服务种类越多、推广普及程度越高、软硬件设备性能越好,则数字化服务的覆盖程度越高。

1.11.6

名称:服务共享率

定义:本地图书类资源在特定范围内被其他用户共享使用的比率。

目的:评价图书类服务的相互协作和共享能力。

方法:分别计算出本地图书类资源已上载到共享联盟中的数量占所有图书类馆藏量的比率,以及本地图书类资源传递请求占本地所有馆际互借请求的比率,图书类服务

总体共享率可根据以上两个比率加权计算。图书类服务共享率 = (图书类资源已上载到共享联盟中的数量 ÷ 馆藏总量 × 0.8 + 图书类资源传递请求次数 ÷ 所有馆际互借次数 × 0.2) × 100%

影响指标的解释和因素:图书馆是否加入共享联盟和参与服务多少直接决定图书类服务的共享率。

六、评估内容与评估模型的设计

1. 评估指标设计原则

1)针对性:能紧紧围绕 CALIS 图书类服务的基本条件、评估要求,设计相应的指标。

2)科学性与可操作性:能真实客观地反映 CALIS 图书类服务的实际情况,同时在指标的收集、统计上也具备实际意义和可操作性。

3)导向性:体现 CALIS 图书类服务发展的宏观引导,把握 CALIS 的发展方向。

2. 评估模型

表 4 - 5 高等教育数字图书馆图书类服务评估模型

一级指标	分值/权重	二级指标	分值/权重	指标定义	数据来源	评分(指标)方法
服务条件	10	网络负载均衡及运行稳定性	2	指支撑图书服务的网络资源保障,其解决大量并发访问服务的能力及运行稳定性	由被评估对象上报、CALIS 评估	网络运行基本正常:1.5 分;对大量并发访问有应急处理措施:0.5 分
		图书服务设备存储空间	2	指提供图书服务资源存储的硬件设备保障,如服务器等	由被评估对象统计上报	有充足存储空间:1 分 有双机备份:1 分
		服务设备配置量	2	指图书服务设备的品种及数量,包括计算机、无线网卡、复印机、扫描仪、电子图书阅读器、RFID 以及自助借还设备等设备的数量(不包括工作人员的专用设备)	由被评估对象统计上报	配备设备 ≥5 种:2 分 配备设备 4 种:1.5 分 配备设备 3 种:1 分 配备设备 <3 种:0.5 分
		馆藏图书资源的人均拥有量	2	指图书馆服务对象的人均图书资源拥有量(包括电子书)	由被评估对象统计上报	人均图书 ≥90 册:2 分 人均图书 70—89 册:1.5 分 人均图书 50—69 册:1 分 人均图书 <50 册:0.5 分

续表

一级指标	分值/权重	二级指标	分值/权重	指标定义	数据来源	评分(指标)方法
服务条件	10	从事图书服务工作人员的比例	2	服务人员数量及其占员工的百分比	由被评估对象统计上报	服务人员占员工比例≥30%:2分 服务人员占员工比例15%—30%:1分 服务人员占员工比例≤15%:0.5分
服务政策	6	合法性	2	图书服务相关规定是否遵守法律法规	由被评估对象、CALIS评估	服务规定全部遵行法律法规:2分 服务规定基本符合法律法规:1分
		公平性	2	图书服务相关规定是否公平公正	由被评估对象、CALIS评估	服务规定公平公正:2分 服务规定基本公平公正:1分
		开放性	2	图书服务相关规定是否具有开放性,是否能提取用户合理的意见	由被评估对象、CALIS评估	服务规定提取用户意见具有开放性:2分 规定具有开放性:1分
信息资源检索服务	5	目录信息可靠性	2	书目及馆藏信息的准确率	由被评估对象组织用户评估后提交报告	目录揭示信息准确率达90%:2分 准确率达80%—89%:1.5分 准确率达70%—79%:1分 准确率达60%—69%:0.5分 准确率<60%:0分
		检索方式便捷性	2	检索点设置合理,方便查询		检索非常方便:2分 检索比较方便:1.5分 检索基本方便:1分
		操作界面友好性	1	用户界面布局合理,显示清晰		界面非常友好:1分 界面基本友好:0.5分
文献提供服务	5	服务时效性	2	1.本地资源的获取周期,如:即时获取或预约获取 2.馆际互借及文献传递平均服务周期	由被评估对象上报、CALIS统计	1.本馆资源即时获取:1分;预约获取:0.8分 2.馆际互借/文献传递服务周期在3个工作日之内:1分;3—5天:0.6分;5天以上0.4分

续表

一级指标	分值/权重	二级指标	分值/权重	指标定义	数据来源	评分(指标)方法
文献提供服务	5	馆藏保障率	3	1. 馆藏图书满足本馆需求的比例 2. 馆藏图书满足馆际互借/文献传递需求的比例	由被评估对象上报、CALIS 统计	1. 本馆需求满足率≥90%：2 分；≥60%：1.5 分；<60%：1 分 2. 馆际互借满足率≥90%：1 分；≥60%：0.5 分；<60%：0.3 分
咨询服务	5	咨询馆员	3	1. 配备咨询馆员解决读者的查询问题 2. 及时处理读者荐书请求，必要时与读者直接沟通	被评估对象上报	1. 检索区有咨询馆员值班：1.5 分 2. 每天处理读者荐书请求：1.5 分
		用户培训	2	1. 用户培训内容 2. 满足个性化需求	被评估对象上报	1. 针对新服务项目或新服务手段及时举办用户培训：1 分 2. 应用户需求开展特色化培训：1 分
支撑服务	5	门户网站	3	是否建立了专门的门户网站	被评估对象上报	1. 建立并维护门户网站：2 分； 2. 门户网站与 CALIS 链接：1 分
		CALIS 统一认证平台和导航系统	2	是否启用 CALIS 统一认证平台和导航系统	CALIS 统计	1. 启用 CALIS 统一认证平台：1 分 2. 启用 CALIS 导航系统：1 分
个性化服务	5	读者推荐购书	2	本馆提供读者荐书功能	被评估对象上报	OPAC 提供读者荐书功能：2 分
		我的图书馆	2	本馆提供"我的图书馆"或类似功能	被评估对象上报	OPAC 提供"我的图书馆"或类似功能：2 分
		其他个性化服务	1	以上未列出的其他个性化服务	被评估对象上报	提供其他个性化服务：1 分

续表

一级指标	分值/权重	二级指标	分值/权重	指标定义	数据来源	评分(指标)方法
传统服务的数字化延伸	10	网上预约、续借	2	是否开通网上预约、续借	被评估对象上报	开通网上预约:1分 开通网上续借:1分
		电子邮件通知	2	是否通过电子邮件发送预约到书或图书逾期通知,以及推荐购书到馆通知等服务	被评估对象上报	通过电子邮件发送预约到书通知:0.5分;发送图书逾期通知:0.5分;发送推荐书到馆通知:0.5分;发送其他信息:0.5分
		教学参考书服务	2	1. 建立了教参书书目收集机制 2. 采集手段及覆盖率 3. 教参书服务手段(包括手工及电子化服务) 4. 通过CALIS教学参考书子项目系统提供服务	第1—3项由被评估对象上报,第4项由CALIS子项目统计	1. 已建立教参书收集机制:0.5分; 2. 院系覆盖率≥70%:0.5分;40%—69%:0.3分 3. 已建立教参书数据库:0.5分;设立教参阅览室,对教参书进行手工管理:0.3分 4. 通过CALIS教学参考书子项目系统提供服务:0.5分
		随书光盘服务	2	1. 在校园网范围内可浏览或下载随书光盘 2. 随书光盘可以外借或提供复制服务	被评估对象上报	1. 可在校内浏览或下载光盘:1.5分 2. 可外借或复制光盘:0.5分
		电子版新书通报	2	是否在主页上定期发布新书通报	被评估对象上报	定期发布电子版新书通报:2分;发布但不定期:1.5分
新媒体服务手段	6	利用移动服务平台开展的服务	2	1. 是否开通移动服务平台 2. 手机平台所提供的服务	被评估对象上报	1. 开通手机服务:0.8分 2. 手机提供以下服务每项0.3分 ● 查询OPAC目录 ● 查看本人借书状况 ● 发送预约请求 ● 申请借书证挂失
		在线利用电子资源	2	是否在校园网范围提供电子书浏览/下载	被评估对象上报	提供电子资源浏览:1分 提供电子资源下载:1分
		电子书阅读器外借服务	2	是否外借电子书阅读器	被评估对象上报	电子阅读器外借:1分 外借不收费:1分

一级指标	分值/权重	二级指标	分值/权重	指标定义	数据来源	评分(指标)方法
服务宣传力度	3	导读服务	1	有针对性地组织各类导读(如:组织学生看推荐图书后写读书心得;邀请专家撰写书评等)	被评估对象上报	组织写读书心得:0.5分 邀请专家写书评:0.5分
		其他与读者互动的活动	1	例如针对图书服务向读者发放调查问卷或召开座谈会	被评估对象上报	开展读者调查:0.5分 召开读者座谈会:0.5分
		各类宣传推广活动	1	上述活动之外的其他宣传推广形式,如:文献传递优惠月的宣传推广等	被评估对象上报	其他宣传推广形式:1分
服务绩效	40	用户满意度	8	用户对图书类服务的内容和质量、易用性和时效性等的满意程度	被评估对象通过问卷调查自行统计	计算公式: 平均用户满意度=图书类服务的用户给出的分值的总和÷回答问题的用户总数 注:"平均用户满意度"的分值四舍五入到整数。 根据调查问卷的平均分数分为4档,每档2分。 91—100分:8分 81—90分:6分 71—80分:4分 60—70分:2分 <60分:0分
		使用量统计	6	评估周期内图书类资源被用户检索、浏览、下载、借阅、传递等使用次数的统计,也包括对用于服务所用设备的使用次数统计	被评估对象自行统计	计算公式: 图书类资源月平均使用次数=图书类资源年使用总次数÷评估周期的月数 注:同一用户对同一资源使用多次按多次计算 根据月平均使用次数分为3档,每档2分。

187

续表

一级指标	分值/权重	二级指标	分值/权重	指标定义	数据来源	评分(指标)方法
服务绩效	40	服务投入成本与效益	8	评估周期内图书类服务投入总成本和所达到的效益和目标	被评估对象自行统计	计算公式: 用户消耗平均成本 = 图书类服务总支出 ÷ 总使用人次 注:"用户消耗平均成本"四舍五入到整数 根据用户消耗平均成本的值分为4档,每档2分。
		文献满足率	8	用户成功获取图书类资源次数与请求资源次数之比	被评估对象自行统计	计算公式: 文献满足率 = 用户成功获取资源的总次数 ÷ 用户请求总次数 ×100% 文献满足率≥90%:8分 满足率70%—89%:6分 满意率60%—69%:4分 满足率<60%:2分
		数字化服务覆盖的用户比例	6	评估周期内使用过图书类资源任何形式的数字化服务的用户比例	被评估对象自行统计	计算公式: 数字化服务覆盖的用户比例 = 使用过图书类资源数字化服务的用户数 ÷ 样本总数 ×100% 数字化服务覆盖率≥90%:6分 覆盖率70%—89%:4分 覆盖率<70%:2分
		服务共享率	4	本地图书类资源在特定范围内被其他用户共享的比率	由CALIS和被评估对象分别统计	计算公式: 图书类服务共享率 = (图书类资源已上载到共享联盟中的数量 ÷ 馆藏总量 × 0.8 + 图书类资源传递请求次数 ÷ 所有馆际互借次数 ×0.2)×100% 根据图书类服务共享率统计结果分为4档,每档1分

第五节　期刊类服务评估规范

一、评估背景及评估目标

期刊服务是 CALIS 三期建设的重点,以服务用户为第一导向,形成覆盖全国、直接面向读者的综合服务体系,提高总体文献保障,全面推进文献信息数据的共享与有效使用。CALIS外文期刊网是三期推出的一个面向全国高校广大师生的外文期刊综合服务平台,是普通用户获取外文期刊论文的最佳途径,是图书馆馆际互借员进行文献传递的强大基础数据源,也是图书馆馆员进行期刊管理的免费使用平台。

适时开展对 CALIS 期刊服务综合性与整体性的评价,旨在提升 CALIS 期刊共享服务的整体水平,引导图书馆期刊服务的发展,提高图书馆在资源共建共享、整合与开发和服务创新等方面的水平。通过评估发现问题,提升 CALIS 和成员馆的期刊服务,最大限度地满足读者对期刊文献的需求。

二、评估对象

高等教育数字图书馆期刊类服务评估规范的评估对象为 CALIS 及其成员馆的期刊服务。

本规范也适用于任何一个服务机构的期刊服务评估。

三、评估内容

1. 服务条件评估

1)对支撑服务的基础设施评估:指服务器、交换机和路由器等硬件设备的技术性能和运行情况、网络通讯条件以及软件支撑平台的先进性和稳定性等方面进行评估。

2)期刊信息的揭示与导航系统功能评估:期刊信息揭示的深度和广度是否合理、期刊的导航系统是否方便用户使用等。

3)人力资源评估:对服务工作人员的综合素质、服务态度、服务能力等方面进行评估。

2. 服务政策评估

服务政策包括是否对服务范围、使用权限、用户隐私保护、知识产权保护等做出明确的规定,对用户的某些限制性规定是否合理等。

3. 服务内容评估

1)检索服务评估:对服务的可靠性、便捷性和用户友好性等进行评估。

2)文献提供服务评估:对本馆文献服务情况及馆际互借与文献传递服务情况的评估。

3)用户培训服务评估:为用户开展培训服务的次数、受训人员数量以及用户反馈等。

4)支撑服务评估:对支撑整个期刊服务的门户网站、统一认证和知识导航以及依托期刊服务系统所提供的个性化服务等进行评估。

5)个性化服务评估:针对用户的特别需求开展的个性化服务评估的数量和质量等。

6）服务的宣传和推广评估。

4．服务绩效（质量和效果）评估

（1）用户满意度

用户对服务的内容和质量、易用性和时效性等进行综合评价，可通过调查问卷或者专家访谈等方式获取数据。

（2）服务效益评估

期刊服务效益评估是指对期刊服务的投入和产出效益进行评估，核心是期刊服务的利用率和投资效益。本评估方案只涉及期刊服务被使用的方式和期刊服务的使用量，包括服务的成员馆数量，成员馆集成使用本服务的方式，期刊门户网站的点击次数、直接获取电子全文的数量、发出文献传递请求的数量和请求代查代检的数量等。

四、评估方法及评估步骤

1）确定评估目标与评估内容，建立评估指标体系，指标体系包括一级指标和二级指标，给出每项指标的定义。

2）确定评估模型，给出指标的权重比例，以及每个指标的具体分值。

3）收集指标数据方法：通过 CALIS 期刊服务系统直接获取数据。

4）对数据进行统计、分析和研究，得出评估结果。

5）分析评估结果，总结和分析问题。

6）根据实际情况，修订评估指标。

五、评估指标体系

借鉴 ISO 11620 的描述框架，并考虑 CALIS 的实际情况，指标体系的定义应由六个方面组成：①指标名称，②定义，③目的，④方法，⑤影响指标的解释和因素，⑥二级指标；其中前五个方面是必备内容，第六个方面仅限于一级指标使用。

1. 一级评估指标及含义

1.1
名称：服务条件

定义： 提供服务的人力和物力资源保障等，如基础设施、设备等。

目的： 主要用于评估服务的基础保障。

方法： 由 CALIS 自行统计。

影响指标的解释和因素： 条件指标是相对的，需要结合本服务的服务规模和服务对象等综合考虑。

二级指标： 见表 4 - 7。

1.2
名称：服务政策

定义： 与服务相关的规定。

目的:主要用于评估服务的全面性、科学性和开放性、规章制度和管理的规范性等。

方法:由 CALIS 自行统计。

影响指标的解释和因素:服务政策受服务机构物质和经济条件限制,但也受管理理念的影响。

二级指标:见表 4 - 7。

1.3

名称:**信息资源检索服务**

定义:用户通过服务机构提供的检索系统或者资源揭示工具,根据一定的准则,在数据库或其他形式的网络信息资源中找出所需相关信息的过程和服务。

目的:对资源检索等服务的可靠性、便捷性、准确度和用户友好性等进行评估。

方法:由 CALIS 自行统计。

影响指标的解释和因素:主要是针对数字化资源检索服务的评估,不含传统手工检索服务。

二级指标:见表 4 - 7。

1.4

名称:**个性化服务**

定义:根据用户的个性化需求,对图书馆提供本地化的服务,对普通用户提供个性化的资源揭示和文献推送等。

目的:评价本服务提供的个性化服务。

方法:由 CALIS 自行统计。

影响指标的解释和因素:受本服务提供的资源和功能以及服务对象等因素影响。

二级指标:见表 4 - 7。

1.5

名称:**用户培训服务**

定义:为帮助用户全面系统地了解服务提供机构的资源和服务而提供的讲座和课程等服务。

目的:评估信息素质教育的能力和培训的覆盖面。

方法:由 CALIS 自行统计。

影响指标的解释和因素:培训的形式和手段、用户沟通和反馈机制也是要考虑的重要因素。

二级指标:见表 4 - 7。

1.6

名称:**服务绩效**

定义:在一定时间内期刊资源满足用户获取信息的效率和效能。

目的:评价期刊服务的质量,包括电子资源的功能质量和技术质量。

方法：由 CALIS 自行统计。

影响指标的解释和因素：数字资源的服务绩效不是对其质量的简单评价，而是对其服务效率和满足用户需求的信息服务的质量和数量的测度，其中投入与产出的对比关系也是一个很重要的因素。

二级指标：见表 4 - 7。

六、评估内容与评估模型的设计

1. 评估指标设计原则

1）针对性：围绕 CALIS 期刊服务直接面向高校读者和馆员的服务，设计相应的指标。

2）科学性与可操作性：能真实客观地反映 CALIS 期刊服务的实际情况，同时在指标的收集、统计上也具备实际意义和可操作性。

3）导向性原则：要体现 CALIS 服务发展的宏观引导，把握 CALIS 的发展方向。

2. 计分方法

评估总分设定 100 分，本规范推荐采用的打分方法如下：

表 4 - 6　高等教育数字图书馆期刊类服务评估指标计算方法

计算方法	名称	公式	说明
方法 1	多项选择	非常满意；满意；比较满意；比较不满意；不满意；非常不满意	如果总分定为 10 分，非常满意得 10 分；满意得 8 分；比较满意得 6 分；比较不满意得 4 分；不满意得 2 分；非常不满意得 0 分
方法 2	分值叠加	$C = A \times B$；	A = 每合格一项的分值；B = 合格的项数（C > D 为合格，其中 D 为阈值）；C = 实际分值
方法 7	人工定制	—	根据具体情况设定

3. 评估模型

表 4 - 7　高等教育数字图书馆期刊服务评估模型

一级指标	分值/权重	二级指标	分值/权重	指标定义	建议评分方法
服务条件	23	服务基础设施	5 分	开展期刊服务的各种硬件设施配备情况，物理设施和各类电子设施	有网络负载均衡：1 分 有专用存储：1 分 有多机部署能力：1 分 有公网和教育网接入：1 分 支持 IPv6：1 分
		期刊服务系统	5 分	是否有面向用户的期刊服务门户网站	有独立的期刊门户网站：5 分

续表

一级指标	分值/权重	二级指标	分值/权重	指标定义	建议评分方法
服务条件	23	期刊信息资源建设	9分	期刊信息资源的建设与保障	提供期刊信息:1分 提供期刊目次信息:1分 提供全文数据库信息:1分 提供引文链接:1分 提供期刊馆藏信息:1分 提供文摘数据库信息:1分 期刊刊种超过一数值:1分 期刊目次条数超过一数值:1分 集成的数据库数量超过一数值:1分 说明:"数值"将以具体情况而设定
		人员配置与设置	4分	从事期刊服务工作的人员素质、数量配置情况	有专门数据维护人员:1分 有专门的服务支持人员:1分 有专门的技术支持人员:1分 有专门的产品管理人员:1分
服务政策	6	公平性、科学性、开放性	2分	服务政策的制定是否兼顾各类合法用户的需求;是否科学合理;是否具备一定的服务开放性	公平和科学:1分 开放:1分
		制度建设与管理规范	2分	是否制定了一套完整的期刊服务制度;是否规范开展	有的期刊服务制度:1分 按制度规范开展:1分
		服务推广	2分	宣传形式的多样性和新颖性;宣传的广度和深度;服务宣传的频率	有2种以上宣传形式:1分 一学期开展宣传1次以上:1分
信息资源检索服务	37	检索能力	8分	反映了期刊服务系统的检索性能(界面友好,使用方便,排序、结果准确,检索速度等)	具有多种检索功能:2分 界面友好,使用方便:1分 有2种以上排序功能:1分 支持分面检索:1分 有期刊浏览和导航功能:1分 检索性能良好:2分
		期刊和目次的检索次数	6分	指在一定时间内期刊和目次被检索的总量	根据具体情况设定一个最大值和一个最小值,设3档,大于这个最大值:6分;在最大值和最小值范围内:4分;小于最小值:2分

续表

一级 指标	分值/ 权重	二级指标	分值/ 权重	指标定义	建议评分方法
信息资源检索服务	37	与全文获取服务的衔接	6分	是否可以通过本服务平台直接获取电子全文;是否可以通过本服务平台提交馆际互借请求	可直接获取电子全文:3分 可以直接发送文献传递请求:3分
		是否支持统一认证	2分	是否支持CALIS统一认证,方便用户用本图书馆的账户即可	支持统一认证:2分
		并发用户数的控制	5分	是否支持大用户数的并发	可支持500以上的并发:5分 可支持100以上的并发:3分 可支持100以下的并发:2分
		检索平台对违规使用的敏感性	5分	是否可以对恶意下载进行系统自动控制	能检测到恶意下载:2分 对恶意下载数据有系统自动控制:2分 系统自动通知管理人员恶意下载:1分
		全文链接访问失败的比例	5分	全文链接的准确程度	根据具体情况设定一个最大值和一个最小值,设3档,大于这个最大值:5分;在最大值和最小值范围内:3分;小于最小值:1分
个性化服务	13	是否提供给读者个性化的服务	3分	是否给读者提供个性化的期刊定制服务	提供定题服务:1分 支持保存检索历史:1分 支持"我的期刊收藏"1分
		是否给图书馆提供个性化的揭示与导航服务	5分	是否给图书馆提供本地化的服务功能	提供2种以上本地化服务功能:5分 提供API本地化服务功能:3分 提供其他本地化服务功能:1分
		是否给图书馆提供本馆的期刊维护和管理	5分	图书馆馆员是否可以通过本服务平台维护和管理本馆期刊信息	支持图书馆联机维护纸本馆藏详细年卷期功能:3分 支持图书馆联机维护纸本馆藏刊名级功能:2分 支持图书馆联机维护电子期刊刊级功能:2分 支持图书馆联机维护电子期刊数据库级功能:1分

续表

一级指标	分值/权重	二级指标	分值/权重	指标定义	建议评分方法
用户培训服务	6	培训用户的人数和次数	3分	培训人次	根据具体情况设定一个最大值和一个最小值,设3档,大于这个最大值:3分;在最大值和最小值范围内:2分;小于最小值:1分;次数为零:0分
		用户培训形式的多样性	3分	培训形式	有培训形式3种或3种以上:3分 有2种培训形式:2分 有1种培训形式:1分 没有培训:0分
服务绩效	15	网站访问量	5分	对期刊门户网站的总点击量	根据具体情况设定一个最大值和一个最小值,设3档,大于这个最大值:5分;在最大值和最小值范围内:3分;小于最小值:1分
		下载全文的数量	2分	通过本期刊服务平台提供的全文链接,下载全文的数量	根据具体情况设定一个分值,设2档,大于这个分值:2分;小于这个分值:1分
		提交文献传递申请的数量	2分	通过本期刊服务平台提交文献传递请求的数量	根据具体情况设定一个分值,设2档,大于这个分值:2分;小于这个分值:1分
		在图书馆的应用情况	2分	嵌入使用本服务的图书馆数量	根据具体情况设定一个分值,设2档,大于这个分值:2分;小于这个分值:1分
		用户满意度	2分	通过用户填写的调查问卷获取的满意度情况	多项选择:非常满意2分,满意1分,比较满意0.5分,不满意0分
		服务效益	2分	本服务的利用率,即用户馆数量占所有高校图书馆的比例	根据具体情况设定一个分值: 本服务的本科院校用户馆比例超过设定值:1.5分;否则0.5分 本服务的专科院校用户馆比例超过设定值:0.5分数量;否则0分

说明:数据来源均通过服务系统获取。

七、其他说明

在具体实施评估时,可根据评估对象开展期刊服务的实际情况,并结合评估对象的规模、文献资源结构、服务水平和人力等多种因素,对评估指标做适当调整。

第六节　论文类服务评估规范

一、评估背景及评估目标

高校学位论文资源库项目是 CALIS 建设的子项目之一,由全国 211 高校图书馆和部分非 211 高校图书馆在 CALIS 统一指导下联合建设。三期项目在一期、二期建设 CALIS 学位论文数据库的基础上,进一步扩大数据收集规模,增加数据量,同时集成国内其他机构收集的中文学位论文数据以及国外 PQDD、NDLTD 等西文学位论文数据,建成国内获取中外文学位论文信息的综合、权威的服务门户,通过网络为用户提供集中式元数据检索和分布式全文获取的两级学位论文信息保障服务,实现推动高校教学、科研活动的广泛交流以及创新人才培养的目标。

为了定性、定量地评估 CALIS 高校学位论文资源库的建设成果,适时开展对 CALIS 学位论文服务综合性与整体性的评价,旨在提升 CALIS 学位论文共享服务的整体水平,引导图书馆学位论文服务的发展,提高图书馆在资源共建共享、整合与开发和服务创新等方面的水平。通过评估发现问题,提升 CALIS 和成员馆的学位论文服务水平,最大限度地满足读者对学位论文文献的需求。

二、评估对象

本规范的评估对象为 CALIS 高校学位论文资源库提供的学位论文文献服务。

三、评估内容

1. 服务条件评估

1) 对支撑服务的基础设施评估:指服务器、交换机和路由器等硬件设备的技术性能和运行情况、网络通信条件以及软件支撑平台的先进性和稳定性等方面进行评估。

2) 学位论文信息的揭示与导航系统功能评估:学位论文资源揭示的深度和广度是否合理、学位论文资源的导航系统是否方便用户使用等。

3) 人力资源评估:对服务工作人员的综合素质、服务态度、服务能力等方面进行评估。

2. 服务政策评估

服务政策包括是否对服务范围、使用权限、用户隐私保护、知识产权保护等做出明确的规定,对用户的某些限制性规定是否合理等。

3. 服务内容评估

1) 检索服务评估:对服务的可靠性、便捷性和用户友好性等进行评估。

2) 文献提供服务评估:对本馆文献服务情况及馆际互借与文献传递服务情况的评估。

3) 用户培训服务评估:为用户开展的培训服务的次数、受训人员数量以及用户反馈等。

4) 支撑服务评估:对支撑整个学位论文服务的门户网站、统一认证和知识导航以及依托学位论文服务系统所提供的个性化服务等进行评估。

5)个性化服务评估:针对用户的特别需求开展的个性化服务评估的数量和质量等。

6)服务的宣传和推广评估。

4. 服务绩效(质量和效果)评估

(1)用户满意度

用户对服务的内容和质量、对服务的易用性和时效性等进行综合评价,可通过调查问卷或者专家访谈等方式获取数据。

(2)服务效益评估

学位论文服务效益评估是指对学位论文服务的投入和产出效益进行评估,核心是学位论文服务的利用率和投资效益。本评估方案只涉及学位论文服务中心服务系统的点击次数、检索次数、直接获取电子全文的数量、发出文献传递请求的数量和请求代查代检的数量、文献传递请求的满足率等。

四、评估方法及评估步骤

1)确定评估目标与评估内容,建立评估指标体系,指标体系包括一级指标和二级指标,给出每项指标的定义。

2)确定评估模型,给出指标的权重比例,以及每个指标的具体分值。

3)收集指标数据方法:通过 CALIS 学位论文资源库中心服务系统直接获取数据。

4)对数据进行统计、分析和研究,得出评估结果。

5)分析评估结果,总结和分析问题。

6)根据实际情况,修订评估指标。

五、评估指标体系

借鉴 ISO 11620 的描述框架,并考虑 CALIS 的实际情况,指标体系的定义应由六个方面组成:①指标名称,②定义,③目的,④方法,⑤影响指标的解释和因素,⑥二级指标;其中前五个方面是必备内容,第六个方面仅限于一级指标使用。

1. 一级评估指标及含义

1.1

名称:服务条件

定义: 提供服务的人力和物力资源保障等,如基础设施、设备等。

目的: 主要用于评估服务的基础保障。

方法: 由 CALIS 自行统计。

影响指标的解释和因素: 条件指标是相对的,需要结合本服务的服务规模和服务对象等综合考虑。

二级指标: 见表4-9。

1.2

名称:**服务政策**

定义:与服务相关的规定。

目的:主要用于评估服务的全面性、科学性和开放性、规章制度和管理的规范性等。

方法:由 CALIS 自行统计。

影响指标的解释和因素:服务政策受服务机构物质和经济条件限制,但也受管理理念的影响。

二级指标:见表4−9。

1.3

名称:**信息资源检索服务**

定义:用户通过服务机构提供的检索系统或者资源揭示工具,根据一定的准则,在数据库或其他形式的网络信息资源中找出所需相关信息的过程和服务。

目的:对资源检索等服务的可靠性、便捷性、准确度和用户友好性等进行评估。

方法:由 CALIS 自行统计。

影响指标的解释和因素:主要是针对数字化资源检索服务的评估,不含传统手工检索服务。

二级指标:见表4−9。

1.4

名称:**个性化服务**

定义:根据用户的个性化需求,对图书馆提供本地化的服务,对普通用户提供个性化的资源揭示和文献推送等。

目的:评价本服务提供的个性化服务。

方法:由 CALIS 自行统计。

影响指标的解释和因素:受本服务提供的资源和功能以及服务对象等因素影响。

二级指标:见表4−9。

1.5

名称:**用户培训服务**

定义:为帮助用户全面系统地了解服务提供机构的资源和服务而提供的讲座和课程等服务。

目的:评估信息素质教育的能力和培训的覆盖面。

方法:由 CALIS 自行统计。

影响指标的解释和因素:培训的形式和手段、用户沟通和反馈机制也是要考虑的重要因素。

二级指标:见表4−9。

1.6

名称:**服务绩效**

定义:在一定时间内学位论文资源满足用户获取信息的效率和效能。

目的:评价学位论文服务的质量。

方法:由 CALIS 自行统计。

影响指标的解释和因素:数字资源的服务绩效不是对其质量的简单评价,而是对其服务效率和满足用户需求的信息服务的质量和数量的测度,其中投入与产出的对比关系也是一个很重要的因素。

六、评估内容与评估模型的设计

1. 评估指标设计原则

1)针对性:根据 CALIS 学位论文服务自身需要,结合成员馆的基本条件,设计相应的指标。

2)科学性与可操作性:能真实客观地反映 CALIS 学位论文服务的实际情况,同时在指标的收集、统计上也具备实际意义和可操作性。

3)导向性原则:要体现 CALIS 服务发展的宏观引导,把握 CALIS 的发展方向。

2. 计分方法

评估总分设定 100 分,本规范推荐采用的打分方法如下表 4－8:

表 4－8　高等教育数字图书馆论文类服务评估指标计算方法

计算方法	名称	公式	说明
方法 1	多项选择	非常满意;满意;比较满意;比较不满意;不满意;非常不满意	如果总分定为 10 分,非常满意得 10 分;满意得 8 分;比较满意得 6 分;比较不满意得 4 分;不满意得 2 分;非常不满意得 0 分
方法 2	分值叠加	$C = A \times B$;	A＝每合格一项的分值;B＝合格的项数($C > D$ 为合格,其中 D 为阈值);C＝实际分值
方法 7	人工定制	—	根据具体情况设定

3. 评估模型

表 4－9　高等教育数字图书馆学位论文服务评估模型

一级指标	分值/权重	二级指标	分值/权重	指标定义	建议评分方法
服务条件	19	服务基础设施	5 分	开展学位论文服务的各种硬件设施配备情况,物理设施和各类电子设施	有网络负载均衡:1 分 有专用存储:1 分 有多机部署能力:1 分 有公网和教育网接入:1 分 支持 IPv6:1 分
		学位论文服务系统	5 分	是否有面向用户的学位论文服务门户网站	有独立的学位论文服务门户网站:5 分

续表

一级指标	分值/权重	二级指标	分值/权重	指标定义	建议评分方法
服务条件	19	学位论文资源建设	6分	学位论文资源的建设与保障	提供元数据:2分 提供16页全文:2分 提供参考文献信息:2分
		人员配置与设置	3分	从事学位论文服务工作的人员素质、数量配置情况	有专门数据维护人员:1分 有专门文献传递服务支持人员:1分 有专门的系统平台支持人员:1分
服务政策	6	公平性、科学性、开放性	2分	服务政策的制定是否兼顾各类合法用户的需求;是否科学合理;是否具备一定的服务开放性	公平和科学:1分 开放:1分
		制度建设与管理规范	2分	是否制定了一套完整的学位论文服务制度;是否规范开展	有学位论文服务制度:1分 按制度规范开展:1分
		服务推广	2分	宣传形式的多样性和新颖性;宣传的广度和深度;服务宣传的频率	有2种以上宣传形式:1分 一学期开展宣传1次以上:1分
信息资源检索服务	37	检索能力	8分	反映了学位论文服务系统的检索性能(界面友好,使用方便,排序、结果准确,检索速度等)	具有多种检索功能:2分 界面友好,使用方便:1分 有2种以上排序功能:1分 支持分面检索:1分 有学位论文浏览和导航功能:1分 检索性能良好:2分
		学位论文的检索次数	6分	指在一定时间内学位论文被检索的总量	根据具体情况设定一个最大值和一个最小值,设3档,大于这个最大值:6分;在最大值和最小值范围内:4分;小于最小值:2分
		与全文获取服务的衔接	6分	是否可以通过本服务平台直接获取电子全文;是否可以通过本服务平台提交馆际互借请求	可直接获取电子全文:2分 可以直接发送文献传递请求:4分
		是否支持统一认证	2分	是否支持CALIS统一认证,方便用户用本图书馆的账户即可	支持统一认证:2分

一级指标	分值/权重	二级指标	分值/权重	指标定义	建议评分方法
信息资源检索服务	37	并发用户数的控制	5分	是否支持大用户数的并发	可支持500以上的并发:5分 可支持100以上的并发:3分 可支持100以下的并发:2分
		检索平台对违规使用的敏感性	5分	是否可以对恶意下载进行系统自动控制	能检测到恶意下载:2分 对恶意下载数据有系统自动控制:2分 系统自动通知管理人员恶意下载:1分
		可集成馆际互借服务系统的成员馆比例	5分	与学位论文中心系统集成的馆际互借系统的比例	根据具体情况设定一个最大值和一个最小值,设3档,大于这个最大值:5分;在最大值和最小值范围内:3分;小于最小值:1分
个性化服务	8	是否提供给读者个性化的服务	3分	是否给读者提供个性化的学位论文定制服务	提供定题服务:1分 支持保存检索历史:1分 支持"我的学位论文收藏"1分
		是否给图书馆提供个性化的揭示与导航服务	5分	是否给图书馆提供本地化的服务功能	根据具体情况设定一个最大值和一个最小值,设3档,大于这个最大值:5分;在最大值和最小值范围内:3分;小于最小值:1分
用户培训服务	6	培训用户的人数和次数	3分	培训人次	根据具体情况设定一个最大值和一个最小值,设3档,大于这个最大值:3分;在最大值和最小值范围内:2分;小于最小值:1分;次数为零:0分
		用户培训形式的多样性	3分	培训形式	有培训形式3种或3种以上:3分 有2种培训形式:2分 有1种培训形式:1分 没有培训:0分
服务绩效	24	网站访问量	5分	对学位论文门户网站的总点击量	根据具体情况设定一个最大值和一个最小值,设3档,大于这个最大值:5分;在最大值和最小值范围内:3分;小于最小值:1分

续表

一级指标	分值/权重	二级指标	分值/权重	指标定义	建议评分方法
服务绩效	24	提交文献传递申请的数量	7分	通过本学位论文服务平台提交文献传递请求的数量	根据具体情况设定一个最大值和一个最小值,设3档,大于这个最大值:7分;在最大值和最小值范围内:4分;小于最小值:1分
		文献传递申请的满足率	7分	满足数量(除代查代检、学位论文以外的请求)占请求数量的百分比	根据具体情况设定一个最大值和一个最小值,设3档,大于这个最大值:7分;在最大值和最小值范围内:4分;小于最小值:1分
		在图书馆的应用情况	2分	嵌入使用本服务的图书馆数量	根据具体情况设定一个分值,设2档,大于这个分值:2分;小于这个分值:1分
		用户满意度	3分	通过用户填写的调查问卷获取的满意度情况	多项选择:非常满意3分,满意2分,比较满意1分,不满意0分

说明:数据来源均通过学位论文服务系统获取。

七、其他说明

在具体实施评估时,可根据评估对象开展学位论文服务的实际情况,并结合评估对象的规模、文献资源结构、服务水平和人力等多种因素,对评估指标做适当调整。

参考文献:

[1] 索传军. 数字馆藏评价与绩效分析[M]. 北京:北京图书馆出版社(今国家图书馆出版社), 2007

[2] 李晓明,马涛. 国家图书馆读者服务工作绩效评估体系指标的制定[J]. 国家图书馆学刊,2002 (3):15–20

[3] 谭祥金. 图书馆服务评价标准初探[J]. 中国图书馆学报,2001(1):8–10

[4] 电子图书馆服务绩效指标. 信息与文献工作技术报告(内部标准)

第五章　高等教育数字图书馆服务评估规范的应用

本章是"高等教育数字图书馆服务评估规范"在 CALIS 三期项目具体应用的案例举例。为引导和推动成员馆更好地应用 CALIS 各项服务,提升服务效果,CALIS 三期推出了示范馆计划,具体包括编目外包、e 读、外文期刊网、馆际互借与文献传递、虚拟参考咨询五类服务。CALIS 管理中心对示范馆的验收采用"评估式验收"方式进行,在高等教育数字图书馆服务评估规范的基础上制定了五类应用服务示范馆的评估模型,应用于示范馆的验收和评优工作。在此需要特别说明的是,示范馆服务评估模型并非完全采用本书第四章提出的相关服务评估模型,而是在相关服务评估模型的基础上根据各类示范服务的实际情况进行了调整,有些模型调整幅度不大,几乎是等同采用,如馆际互借与文献传递服务评估;有些模型则进行了再设计,以适应示范馆验收和评优工作的实际需要,如编目外包服务评估。

第一节　编目外包示范馆评估

一、评估方案

1. 评估目标与对象

(1)评估目标

• 通过评估,引导各示范馆编目外包服务的发展,提高各示范馆在资源共建共享以及整合与开发和服务创新等方面的水平。

• 通过评估发现问题,改进和规范各示范馆的编目外包服务,提高书目数据质量,最大限度地满足读者对文献资源的检索需求。

• 通过评估,对各示范馆编目外包服务进行综合性与整体性的评价,奖励优秀示范馆,激励和提高编目外包服务。

(2)评估对象

CALIS 编目外包服务示范馆。

2. 评估内容

1)服务能力评估:包括软硬件投入、人员配备等基础条件以及可提供服务的资源数量和资源揭示情况等,以检查是否具备良好的服务能力。

2)服务质量评估:从外包书目数据质量、上传 CALIS 联合目录数据库的数量及其时效性和被其他成员馆下载共享率等方面,综合评价服务质量。

3)服务效果评估:配合省中心在本地区开展与编目外包有关的宣传推广和培训的情况,以及用户对服务的认知程度等。

3. 评估方法与步骤

1）确定评估目标与评估内容,建立评估指标体系,指标体系包括一级指标和二级指标,给出每项指标的定义。

2）确定评估模型,给出指标的权重比例,以及每个指标的具体分值。

3）采用以下方法收集指标数据

- 通过 CALIS 联机编目中心管理客户端系统直接获取数据;
- 各示范馆自行上报,间接获取数据。

4）对数据进行统计、分析和研究,得出评估结果。

5）分析评估结果,总结和分析问题。

6）根据实际情况,修订评估指标。

4. 评估指标体系与计分方法

（1）评估指标的设计原则

- 针对性:紧紧围绕 CALIS 编目外包示范馆的基本条件、验收要求和加分因子,设计相应的指标。
- 科学性与可操作性:能真实客观地反映 CALIS 编目外包服务示范馆的实际情况,同时在指标的收集、统计上也具备实际意义和可操作性。
- 导向性原则:要体现 CALIS 服务发展的宏观引导,把握 CALIS 的发展方向。

（2）指标体系与计算方法

表 5-1　CALIS 编目外包示范馆评估指标体系

一级指标	分值	二级指标	分值	指标定义	数据来源	评分方法
基本要求	10	文献资源	10	向 CALIS 管理中心提交符合 CALIS 要求的本馆全部中外文图书和期刊(含电子图书和电子期刊)馆藏数据,并及时更新	各示范馆上报 + 管理中心审核（审核报表由 CALIS 数据部提供）	提交中外文图书和期刊(含电子图书和电子期刊)馆藏数据:达到 90% 得 10 分;介于 90%—80% 之间得 9 分;介于 80%—70% 之间得 8 分;介于 70%—60% 之间得 7 分;介于 60%—50% 之间得 6 分;介于 50%—40% 之间得 5 分;介于 40%—30% 之间得 4 分;介于 30%—20% 之间得 3 分;介于 20%—10% 之间得 2 分;介于 10%—5% 之间得 1 分;小于 5% 不得分

一级指标	分值	二级指标	分值	指标定义	数据来源	评分方法
服务能力	15	设备资源	5	服务所需的硬件设备(网络、计算机、扫描仪等)	各示范馆上报	每配备 1 项且运行良好计 2 分,总和不超过 5 分
		人力资源	10	专职从事 CALIS 编目外包服务的工作人员数量、专业资质情况	各示范馆上报	1 人 2 分;配备一名以上(不含一名)具有 CALIS 认证三级编目员资格证书者、B 级和 B+级馆有三年以上(含三年)编目工作经验者,每人加 3 分,总和不超出 10 分
服务质量	60	数据量	20	上传 CALIS 本馆编目外包的书目数据量(条)	CALIS(统计报表来源:联合目录管理客户端)	据统计结果分为 3 档,每档分值差为 3 分,前 1/3 得 20 分,依此类推
		数据质量	30	上传 CALIS 本馆编目外包的书目数据质量	CALIS(统计报表来源:联合目录管理客户端)	据评估结果分成 3 档,每档分值差为 4 分,前 1/3 得 30 分,依此类推
		质量控制等标准规范文档	10	质量控制等标准规范文档质量	CALIS(统计报表来源:联合目录管理客户端)	评估结果分为 3 档,每档分值差为 2 分,前 1/3 得 10 分,依此类推
服务效果	15	共享率	10	书目数据被其他成员馆下载使用率	CALIS(统计报表来源:联合目录管理客户端)	根据统计结果分为 3 档,每档分值差为 2 分,前 1/3 得 10 分,依此类推。
		培训	5	开展编目外包服务培训次数、培训人数	各示范馆上报	1. 协助 CALIS 联机编目中心或省级中心在省内开展服务与培训:3 分 2. 向 CALIS 联机编目中心提交宣传推广材料:2 分
奖励	10	特色服务	10	1. 对成员馆开展业务业务咨询 2. 提交本馆编目外包招标文件(复印件) 3. 总结报告中具有可推广的特色经验 4. 联机提交数据 5. 使用 CALIS 编目客户软件开展本馆编目工作	CALIS 统计 + 各示范馆上报	5 项,每项 2 分,总计 10 分

二、评估结果

各编目外包应用服务示范馆项目参建馆,积极建设、认真实施,完成了承建协议的要求,提交文档齐全,总结报告各具特色,其中不乏值得推广借鉴的经验模式,很好地起到了在本区域内示范编目外包应用服务的建设目的。评估结果如下表5-2:

表5-2 编目外包示范馆评估结果及排名

排名	机构名称	机构类型	评估分数	评估结果
1	北京师范大学	普通高校	107	合格
2	同济大学	普通高校	106	合格
3	武汉科技大学	普通高校	98	合格
4	湖南大学	普通高校	98	合格
5	中国海洋大学	普通高校	97	合格
6	中南大学	普通高校	97	合格
7	复旦大学	普通高校	93	合格
8	大连医科大学	普通高校	90	合格
9	南京航空航天大学	普通高校	90	合格
10	东北师范大学	普通高校	89	合格
11	华南师范大学	普通高校	89	合格
12	长春师范学院	普通高校	84	合格
13	中北大学	普通高校	83	合格
14	湖北大学	普通高校	83	合格

三、评估结果分析

1. 基本要求(A.)

文献资源(A.1)

本指标按两组数据来进行分析:①提交给 CALIS 的中外文图书和期刊的馆藏数据;②提交的馆藏量占本馆馆藏总量的比例。

1)提交给 CALIS 的中外文图书和期刊的馆藏数据,本次评估统计的是批量提交到 CALIS 数据部的馆藏量,数据量集中在 10 万—70 万。

表5-3 编目外包示范馆馆藏提交量

机构名称	提交中外文图书和期刊(含电子图书和电子期刊)馆藏数据(条)
同济大学	746 286
北京师范大学	744 862
华南师范大学	676 629
东北师范大学	620 872

机构名称	提交中外文图书和期刊(含电子图书和电子期刊)馆藏数据(条)
湖南大学	589 260
中南大学	481 811
复旦大学	425 422
武汉科技大学	365 569
中国海洋大学	355 916
南京航空航天大学	347 554
湖北大学	304 485
长春师范学院	216 498
中北大学	172 033
大连医科大学	142 391

2)提交的馆藏量占本馆馆藏总量的比例。71%的成员馆能将80%以上的馆藏批量提交到CALIS;但仍有14%的成员馆提交到CALIS的馆藏量占本馆总量的比值不到20%。

表5－4 编目外包示范馆馆藏提交比例

序号	机构名称	百分比	得分
1	湖南大学	100.00%	10
2	北京师范大学	98.43%	10
3	南京航空航天大学	97.49%	10
4	武汉科技大学	96.66%	10
5	中国海洋大学	96.35%	10
6	同济大学	96.32%	10
7	东北师范大学	94.40%	10
8	大连医科大学	89.26%	9
9	中南大学	84.14%	9
10	长春师范学院	83.35%	9
11	华南师范大学	44.97%	5
12	复旦大学	33.82%	4
13	湖北大学	17.20%	2
14	中北大学	12.89%	2

2. 服务能力(B)

(1)设备资源(B.1)

各承建馆编目外包服务所需的硬件设备,都能满足要求,100%的承建馆都配备有网络、计算机、打印机,93%的成员馆都配备有传真机和数码相机,86%还配备有扫描仪。

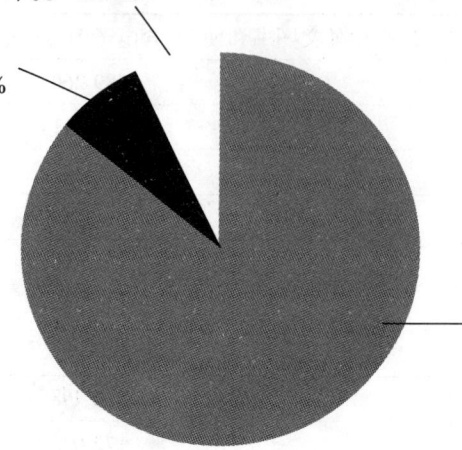

网络、计算机、打印机 7.14%

网络、计算机、打印机、
传真机、数码相机 7.14%

网络、计算机、扫描仪、打印机、
传真机、数码相机 85.71%

图 5-1 编目外包示范馆硬件设备配备情况

（2）人力资源（B.2）

1）专职从事 CALIS 编目外包服务的工作人员数量

此项统计由于各承建馆业务流程的区别，表现出一定的差异性，人员配置从 1—15 人不等，但是 57% 成员馆的专职人员数量控制在 5 人及 5 人以下。

表 5-5 编目外包示范馆编目人员数量

序号	机构名称	专职从事 CALIS 编目外包服务的工作人员数量（人）
1	湖南大学	15
2	东北师范大学	8
3	武汉科技大学	8
4	中南大学	7
5	中北大学	6
6	中国海洋大学	6
7	北京师范大学	5
8	同济大学	5
9	湖北大学	4
10	大连医科大学	3
11	长春师范学院	3
12	华南师范大学	3
13	复旦大学	3
14	南京航空航天大学	1

2）专职从事 CALIS 编目外包服务的具有专业资质的人员数量

评估承建馆从事编目外包服务的专业资质人员数量，针对承建馆有 B+、B 和 C、D 级的馆实际情况，分两种情况统计：

• C、D 级馆：具有 CALIS 认证三级编目员资格证书

100%以上的成员馆都有 2 名以上的 CALIS 认证三级编目员,其中 57%的成员馆有 4 名以上的通过 CALIS 资格认证的三级编目员。

表 5-6　编目外包示范馆具有 CALIS 认证三级编目员资格证书人员数量(C、D 级馆)

序号	机构名称	具有 CALIS 认证三级编目员资格证书人员数量(人)
1	中国海洋大学	6
2	大连医科大学	5
3	东北师范大学	5
4	华南师范大学	5
5	中南大学	5
6	同济大学	4
7	湖北大学	4
8	湖南大学	4
9	长春师范学院	3
10	中北大学	2
11	复旦大学	2
12	南京航空航天大学	2
13	武汉科技大学	2

● B 级和 B+级馆:有三年以上(含三年)编目工作经验人员数量

B+级、B 级成员馆的编目队伍相比更加稳定,两家承建馆分别有 6 家和 3 家。

表 5-7　编目外包示范馆具有三年以上编目工作经验人员数量(B+、B 级)

单位	上载权限	有三年以上编目工作经验人员数量
北京师范大学	B+	6
复旦大学	B	3

3. 服务质量(C)

(1)数据量(C.1)

编目外包示范馆上传给 CALIS 本馆编目外包的书目数据量评分情况如下表 5-8 所示。

表 5-8　编目外包示范馆编目外包书目数据提交量评分

排名	机构名称	得分
1	北京师范大学	20
2	复旦大学	20
3	同济大学	20
4	东北师范大学	20
5	华南师范大学	20

续表

排名	机构名称	得分
6	大连医科大学	17
7	中南大学	17
8	中国海洋大学	17
9	南京航空航天大学	17
10	武汉科技大学	17
11	湖南大学	14
12	湖北大学	14
13	中北大学	14
14	长春师范学院	14

（2）数据质量（C.2）

数据质量评估的对象是承建馆联机提交到 CALIS 联合目录的数据，随机抽取，采取匿名评审的方式，请 CALIS 质量控制组专家对记录逐条评审、打分（10 分值）。具体按下列步骤组织实施：

1）生成报表：抽取其 2011 年 11 月 1 日至 2012 年 3 月 6 日的提交记录报表。每馆随机抽取 20 条记录进行评估。

抽取条件：

• 西文对 440$a 或 490$a 进行判重：要求 20 条记录的 440$a 或 490$a 不能相同；如果此条件不能抽够 20 条记录，则可抽取无 440 或 490 的数据；若仍不能抽足数量，可允许 440$a 或 490$a 相同。

• 中文对 225$a 进行判重：要求 20 条记录的 225$a 不能相同；如果此条件不能抽够 20 条记录，则可抽取无 225 的数据；若仍不能抽足数量，可允许 225 相同。

• 920、998 字段不显示（匿名评审）。

2）组织专家打分：中文记录 280 条（请 4 名专家，平均每人随机分配 70 条），西文记录 180 条（请 3 名专家，平均每人随机分配 60 条），要求：数据以 Excel 格式分配；分数统计与汇总。

中文抽取 14 个馆的记录，每馆 20 条。

表 5-9　中文数据质量评估抽取单位名单

单位	馆代码
长春师范学院图书馆	CNCNC
同济大学图书馆	TJDX
南京航空航天大学图书馆	NUAA
北京师范大学	BNU
大连医科大学图书馆	DLMEDU
武汉科技大学图书馆	WUST

续表

单位	馆代码
湖南大学图书馆	HNUL
中国海洋大学图书馆	OUQD
东北师范大学图书馆	NEN
华南师范大学图书馆	SCNU
中南大学图书馆	CSU
湖北大学图书馆	HUBU
中北大学	NCIT
复旦大学	FDU

西文抽取 9 个馆的记录,每馆 20 条。

表 5 - 10　西文数据质量评估抽取单位名单

单位	馆代码
同济大学图书馆	TJDX
南京航空航天大学图书馆	NUAA
北京师范大学	BNU
大连医科大学图书馆	DLMEDU
湖南大学图书馆	HNUL
华南师范大学图书馆	SCNU
中南大学图书馆	CSU
湖北大学图书馆	HUBU
复旦大学	FDU

经过专家组的评判,各馆数据质量的评估得分如下表 5 - 11 所示。

表 5 - 11　编目外包示范馆数据质量评分

单位	质量平均分	评估得分
同济大学图书馆	9.49	30
复旦大学	9.37	30
北京师范大学	9.27	30
湖北大学图书馆	9.04	30
武汉科技大学图书馆	9.00	30
湖南大学图书馆	8.85	26
中南大学图书馆	8.73	26
华南师范大学图书馆	8.65	26
中北大学	8.50	26

续表

单位	质量平均分	评估得分
中国海洋大学图书馆	8.40	26
东北师范大学图书馆	8.30	22
大连医科大学图书馆	8.01	22
长春师范学院图书馆	8.00	22
南京航空航天大学图书馆	7.90	22

（3）质量控制等标准规范文档（C.3）

CALIS 联机编目中心组织专家对承建馆提交的质量控制等标准规范文档进行评估打分，根据提交文档的质量和数量，分为三等：第一等5家，得分10分；第二等5家，得分8分；第三等4家，得分6分。结果如下表5-12所示。

表5-12　编目外包示范馆标准规范评分

单位	项目号	得分
湖南大学	03-6001-001	10
北京师范大学	03-6001-002	10
同济大学	03-6001-003	10
南京航空航天大学	03-6001-006	10
湖北大学	03-6001-008	10
中国海洋大学	03-6001-004	8
武汉科技大学	03-6001-007	8
复旦大学	03-6001-014	8
中南大学	03-6001-010	8
长春师范大学	03-6001-011	8
华南师范大学	03-6001-012	6
东北师范大学	03-6001-009	6
大连医科大学	03-6001-005	6
中北大学	03-6001-013	6

4. 服务效果（D）

（1）共享率（D.1）

共享率的计算，采用下列步骤：①对各承建馆提交到 CALIS 联合目录库的数据分别随机抽取20条，作为样本；②分析统计各样本的下载率（每条记录被成员馆下载的次数）；③统计各馆库中数据总量；④记录平均利用率×总量，计算得分；⑤按得分排序；⑥按名次分别打分，前5名10分，中间5名8分，最后4名6分。

表 5 – 13　编目外包示范馆共享率评分

单位	用户名	利用率	数据总量	乘积	名次	得分
北京师范大学	bnu	3.03	192 660	582 796.50	1	10
复旦大学	fdu	4.08	96 809	394 496.68	2	10
同济大学图书馆	tjdx	3.73	13 063	48 659.68	3	10
中南大学图书馆	csu	4.50	4901	22 054.50	4	10
东北师范大学图书馆	nen	3.20	6130	19 616.00	5	10
华南师范大学图书馆	scnu	1.05	16 241	17 053.05	6	8
湖南大学图书馆	hnul	7.64	1823	13 927.72	7	8
武汉科技大学图书馆	wust	5.95	2182	12 982.90	8	8
中国海洋大学图书馆	ouqd	5.25	2345	12 311.25	9	8
中北大学	ncit	9.60	892	8563.20	10	8
大连医科大学图书馆	dlmedu	2.68	2482	6651.76	11	6
湖北大学图书馆	hubu	6.45	617	3979.65	12	6
长春师范学院图书馆	cncnc	4.55	278	1264.90	13	6
南京航空航天大学图书馆	nuaa	2.05	480	984.00	14	6

（2）培训（D.2）

1）协助 CALIS 联机编目中心或省级中心在省内开展服务与培训

统计结果显示，共有 5 家成员馆协助 CALIS 联机编目中心或省中心在省内（或全国）开展了服务与培训，总培训次数 6 次。

表 5 – 14　编目外包示范馆协助开展培训情况

机构名称	协助 CALIS 联机编目中心或省中心在省内开展服务与培训（次）
湖南大学	2
大连医科大学	1
华南师范大学	1
中国海洋大学	1
同济大学	1
中北大学	0
长春师范学院	0
东北师范大学	0
复旦大学	0
北京师范大学	0
南京航空航天大学	0
湖北大学	0
武汉科技大学	0
中南大学	0
合计	6

2）向 CALIS 联机编目中心提交编目外包相关研讨、培训资料等宣传推广材料

CALIS 联机编目中心根据各承建馆提交的材料,统计显示下列 12 家馆（占 86%）提交了相关研讨、培训资料等宣传推广材料。

表 5 - 15　编目外包示范馆提交宣传推广材料单位名单

序号	机构名称
1	中北大学
2	大连医科大学
3	长春师范学院
4	东北师范大学
5	中国海洋大学
6	北京师范大学
7	同济大学
8	南京航空航天大学
9	湖北大学
10	武汉科技大学
11	中南大学
12	湖南大学

5. 奖励（E）

（1）对成员馆开展业务咨询（E.1）

统计显示,有 11 家承建馆为其他单位提供 CALIS 联机编目的业务咨询,占编目外包示范馆所有承建馆的 78.57% 。仅有 3 家承建馆没有对外提供业务咨询。

（2）提交本馆编目外包招标文件（E.2）

统计显示 57% 的承建馆提交本馆的编目外包招标文件,43% 的承建馆没有提交。

表 5 - 16　编目外包示范馆编目外包招标文件提交情况

序号	提交本馆编目外包招标文件	机构数	百分比
1	已提交	8	57.14%
2	未提交	6	42.86%

（3）总结报告中具有可推广的特色经验（E.3）

绝大部分承建馆提交的总结报告,内容翔实,条理清楚,归纳总结了本馆编目外包示范工作的特色经验,值得在成员馆中推广。

（4）联机提交数据（E.4）

14 家成员馆全部联机向 CALIS 联合目录提交了数据,比例 100% 。

（5）使用 CALIS 编目客户软件开展本馆编目工作（E.5）

统计显示,71% 的承建馆使用 CALIS 编目客户端软件开展本馆编目工作,29% 的承建馆则通过经过 CALIS 控件认证的本馆图书馆自动化系统提交数据。

表 5 – 17 编目外包示范馆 CALIS 编目客户软件使用情况

	机构名称	使用 CALIS 编目客户软件开展本馆编目工作
1	中北大学	是
2	大连医科大学	是
3	华南师范大学	是
4	中国海洋大学	是
5	复旦大学	是
6	北京师范大学	是
7	南京航空航天大学	是
8	武汉科技大学	是
9	中南大学	是
10	湖南大学	是
11	长春师范学院	否
12	东北师范大学	否
13	同济大学	否
14	湖北大学	否

第二节 外文期刊网示范馆评估报告

一、评估方案

1. 评估目标与对象

（1）评估目标

● 通过评估,引导各示范馆期刊服务的发展,提高各示范馆在资源共建共享以及整合与开发和服务创新等方面的水平。

● 通过评估发现问题,提升图书馆的外文期刊服务,最大限度地满足读者的文献需求。

● 通过评估,对各示范馆外文期刊服务进行综合性与整体性的评价,奖励优秀示范馆,激励和提高 CALIS 的外文期刊服务。

（2）评估对象

CALIS 外文期刊网服务示范馆。

2. 评估内容

1）服务能力评估:包括 CALIS 外文期刊网(简称 CCC)与本馆 OPAC 的集成整合程度、本馆馆藏纸本期刊和电子期刊在 CALIS 外文期刊网的维护和揭示情况、本馆外文期刊检索与 CALIS 文献传递系统的衔接情况等,以检查是否具备良好的服务能力。

2）服务质量评估:从 CALIS 外文期刊网的访问量、发出文献传递请求次数以及是否制定相关的期刊服务规范等方面,综合评价服务质量。

3)服务效果评估:包括在本地区和本校的宣传推广和培训的情况,以及用户对服务的认知程度等。

3. 评估方法与步骤

1)确定评估目标与评估内容,建立评估指标体系,指标体系包括一级指标和二级指标,给出每项指标的定义。

2)确定评估模型,给出指标的权重比例,以及每个指标的具体分值。

3)采用以下方法收集指标数据:

- 通过 CALIS 外文期刊网直接获取数据;
- 各示范馆自行上报,间接获取数据。

4)对数据进行统计、分析和研究,得出评估结果。

5)分析评估结果,总结和分析问题。

6)根据实际情况,修订评估指标。

4. 评估指标体系与计分方法

(1)评估指标的设计原则

- 针对性:按照 CALIS 外文期刊网示范馆的基本条件、验收要求和加分因子,设计相应的指标。
- 科学性与可操作性:能真实客观地反映 CALIS 外文期刊服务示范馆的实际情况,同时在指标的收集、统计上也具备实际意义和可操作性。
- 导向性原则:要体现 CALIS 服务发展的宏观引导,把握 CALIS 的发展方向。

(2)指标体系与计算方法

表 5 - 18　CALIS 外文期刊网示范馆评估指标体系

一级指标	分值	二级指标	分值	指标定义	数据来源	评分方法
基本要求	10	文献资源	10	向 CALIS 管理中心提交符合 CALIS 要求的本馆全部中外文图书和期刊(含电子图书和电子期刊)馆藏数据,并及时更新	各示范馆上报 + 管理中心审核	提交中外文图书和期刊(含电子图书和电子期刊)馆藏数据:达到 90% 得 10 分;介于 90%—80% 之间得 9 分;介于 80%—70% 之间得 8 分;介于 70%—60% 之间得 7 分;介于 60%—50% 之间得 6 分;介于 50%—40% 之间得 5 分;介于 40%—30% 之间得 4 分;介于 30%—20% 之间得 3 分;介于 20%—10% 之间得 2 分;介于 10%—5% 之间得 1 分;小于 5% 不得分

续表

一级指标	分值	二级指标	分值	指标定义	数据来源	评分方法
服务能力	30	在本馆首页集成CCC的服务	8	在本馆的OPAC首页集成CCC的服务	各示范馆上报+管理中心审核	实现得8分,否则为0分
		实现CCC与OPAC馆藏的链接	7	实现CCC检索结果到本馆OPAC馆藏的链接	CALIS统计	实现得7分,否则为0分
		维护和更新外文期刊纸本馆藏和购买的电子资源	8	及时更新本馆外文期刊纸本馆藏和购买的电子资源	各示范馆上报+管理中心审核	实现得8分,否则为0分
		与CALIS馆际互借与文献传递系统有衔接	7	与CALIS馆际互借与文献传递系统有衔接	CALIS统计	实现得7分,否则为0分
服务质量	25	本馆首页或OPAC与CCC的集成整合程度	10	整合方式,界面友好程度等	各示范馆上报+管理中心审核	若本馆OPAC与CCC进行了整合,方可得分。整合方式、界面友好程度的得分如下:友好:10分,良:7分,不友好:5分
		期刊服务规范	5	结合CCC的服务编写本馆期刊服务流程规范	各示范馆上报+管理中心审核	提交文档合格得5分,否则为0分
		培训	10	结合CCC的功能开展外文期刊服务培训次数、培训人数	各示范馆上报	本校开展一次培训得1分,最高得6分;向CALIS管理中心提交宣传推广材料的加3分,协助省级中心在省内开展服务与培训的加1分
服务效果	15	访问量	15	本馆用户访问CCC的次数	CALIS统计	211院校、本科院校和专科院校分别排名;根据统计结果分为5档:第1档,15分;第2档,12分;第3档,10分;第4档,8分;第5档,6分

续表

一级指标	分值	二级指标	分值	指标定义	数据来源	评分方法
奖励	20	本馆 OPAC 与 CCC 的链接	9	本馆 OPAC 的检索结果页可链接到 CCC 相关文献的详细信息页面	各示范馆上报 + 管理中心审核	实现得 9 分,否则为 0 分
		特色服务:本馆定制个性化服务的读者数量	5	本馆定制个性化服务的读者数量	CALIS 统计	211 院校、本科院校和专科院校分别排名;根据统计结果分为 3 档:第 1 档,5 分;第 2 档,3 分;第 3 档,1 分,数量为 0 的得分 0 分
		特色服务:通过 CCC 平台联机维护本馆详细纸本馆藏和购买的电子资源	3	通过 CCC 平台联机维护本馆详细纸本馆藏和购买的电子资源	CALIS 统计	实现在线维护得 3 分,否则为 0 分
		特色服务:对 CCC 的发展方向提出建设性意见	3	对 CCC 的发展方向提出建设性意见	CALIS 统计	提出 1 条建设性意见得 1 分,最高为 3 分;不提得 0 分

二、评估结果

根据 CCC 示范馆评估方案,基本分 80 分,奖励加分 20 分;48 分以上为合格,48 分以下为不合格。本次示范馆申请馆共 69 家,全部合格。

表 5 - 19   外文期刊网示范馆评估结果

序号	机构名称	机构类型	评估分数	评估结果
1	西安建筑科技大学	普通高校	100	合格
2	江南大学	普通高校	97	合格
3	西安工程大学	普通高校	97	合格
4	西北工业大学	普通高校	97	合格
5	华南农业大学	普通高校	95	合格
6	武汉科技大学	普通高校	95	合格
7	广东外语外贸大学	普通高校	93	合格

序号	机构名称	机构类型	评估分数	评估结果
8	江苏大学	普通高校	93	合格
9	北京师范大学	普通高校	92	合格
10	中国海洋大学	普通高校	92	合格
11	东北师范大学	普通高校	90	合格
12	湖南大学	普通高校	90	合格
13	华东师范大学	普通高校	90	合格
14	华南理工大学	普通高校	90	合格
15	上海对外贸易学院	普通高校	90	合格
16	上海财经大学	普通高校	89	合格
17	石家庄铁道大学	普通高校	89	合格
18	长春工程学院	普通高校	89	合格
19	南京师范大学	普通高校	88	合格
20	北华大学	普通高校	87	合格
21	长春理工大学	普通高校	87	合格
22	大连医科大学	普通高校	86	合格
23	天津大学	普通高校	86	合格
24	同济大学	普通高校	86	合格
25	曲阜师范大学	普通高校	85	合格
26	山东理工大学	普通高校	85	合格
27	苏州大学	普通高校	85	合格
28	聊城大学	普通高校	84	合格
29	南京航空航天大学	普通高校	82	合格
30	顺德职业技术学院	高职	81	合格
31	安徽大学	普通高校	79	合格
32	云南大学	普通高校	79	合格
33	浙江理工大学	普通高校	79	合格
34	贵州民族学院	普通高校	78	合格
35	南方医科大学	普通高校	78	合格
36	深圳大学	普通高校	78	合格
37	天津科技大学	普通高校	78	合格
38	天津医科大学	普通高校	78	合格
39	西北农林科技大学	普通高校	78	合格
40	中南大学	普通高校	78	合格

续表

序号	机构名称	机构类型	评估分数	评估结果
41	吉林财经大学(原长春税务学院)	普通高校	76	合格
42	南京工程学院	普通高校	76	合格
43	厦门理工学院	普通高校	76	合格
44	山东师范大学	普通高校	76	合格
45	福建师范大学	普通高校	75	合格
46	暨南大学	普通高校	75	合格
47	铜仁学院	普通高校	75	合格
48	山西财经大学	普通高校	74	合格
49	武汉理工大学	普通高校	74	合格
50	中国矿业大学(徐州)	普通高校	74	合格
51	温州医学院	普通高校	73	合格
52	天津师范大学	普通高校	72	合格
53	西北师范大学	普通高校	72	合格
54	中南财经政法大学	普通高校	72	合格
55	陕西师范大学	普通高校	71	合格
56	河北大学	普通高校	70	合格
57	南京理工大学	普通高校	70	合格
58	西安电子科技大学	普通高校	70	合格
59	长安大学	普通高校	70	合格
60	杭州师范大学	普通高校	68	合格
61	哈尔滨商业大学	普通高校	64	合格
62	华中科技大学	普通高校	64	合格
63	上海大学	普通高校	63	合格
64	武汉体育学院	普通高校	59	合格
65	福州大学	普通高校	57	合格
66	华南师范大学	普通高校	56	合格
67	宁波大学	普通高校	56	合格
68	西华师范大学	普通高校	56	合格
69	河北北方学院	普通高校	54	合格

三、评估结果分析

示范馆相关数据表明,97%的成员馆都可以达到CALIS外文期刊网的相关建设要求。

在服务能力方面,成员馆真正做到了利用CCC作为外文期刊的检索和获取途径,衔接了CALIS文献传递系统,使读者一站式获取外文期刊的文章。

在服务质量方面,各馆均按实际情况在本馆网站首页或 OPAC 醒目位置集成了 CCC。74%的成员馆提交了符合本馆实际情况的期刊服务规范,但在培训和宣传推广方面略显不足,主要原因是有些成员馆资源有限,且对 CCC 的有关了解不够,同时 CALIS 也应该继续加大宣传力度和范围。

在服务效果方面,随着 CCC 宣传力度的增加和示范馆建设的开始,各馆访问量都有了明显提升,平均日访问量近千次。

奖励得分方面,本馆 OPAC 到 CCC 链接,通过成员馆的积极配合和各馆 OPAC 系统开发人员的协作,60%已经做到了评估要求。各馆利用 CCC 的馆员专栏联机维护本馆馆藏,从不知道如何操作到熟练掌握,大大提高了本馆期刊数据的准确性和及时性。

本次申请本服务示范馆的学校有"211 工程"院校、普通本科院校、新升本院校和高职高专院校,它们的用户规模和本馆的技术力量以及使用的自动化系统各不相同,按评估方案所得绝对分并不能完全反映示范馆对 CALIS 外文期刊网服务的利用程度和支持力度。例如:顺德技术学院是专科院校,访问量(15 分)这个指标就和别的本科院校不可比;天津大学使用的是 SIRSI 自动化系统,没有做到本馆馆藏到 CCC 的回链(这个指标 9 分),而其他方面天津大学都做得非常好,但总分还是不能达 90 分。所以示范馆的类别、技术力量以及使用的自动化系统都将是以后示范馆评优考虑的重要因素。

通过本次评估,带动了成员馆开展 CCC 服务的积极性,成员馆通过使用,发现了一些问题并提出 CCC 需要改进的地方,CALIS 外文期刊网项目组在解决问题的同时,也优化了系统的使用,使界面更友好,数据更准确,服务更广泛。

CALIS 外文期刊网示范馆相关评估指标明细如下:

1. 基本要求

文献资源

图书馆是否能很好地利用 CALIS 的服务,很大程度上依赖于本馆馆藏资源的数据在 CALIS 的收录情况。CALIS 外文期刊网提供数据的整合和服务,成员馆可以利用这些服务做本馆外文期刊的导航和全文链接以及文献传递服务等。馆藏文献资源指标就是重点考核图书馆提交馆藏数据到 CALIS 的情况,包含两个方面:一是指向 CALIS 管理中心提交符合 CALIS 要求的本馆中外文图书和期刊馆藏数据量;二是指经过 CALIS 审核对比,该图书馆提交数据量占该馆的全部馆藏量的百分比。

表 5 - 20 是 69 家 CCC 示范馆提交馆藏数据的情况,有 32 家示范馆提交到 CALIS 的馆藏量均达到了本馆全部馆藏的 90%以上。从评估总结果的排名来看,排在前 10 名的示范馆——西安建筑科技大学、江南大学、西安工程大学、西北工业大学、华南农业大学、武汉科技大学、广东外语外贸大学、江苏大学、北京师范大学、中国海洋大学,馆藏量提交都超过90%,文献资源的基本要求得分都是 10 分。

表 5 - 20　CALIS 外文期刊网示范馆提交馆藏情况

序号	基本要求(分)	机构数	百分比
1	10	32	46.38%
2	9	7	10.14%

续表

序号	基本要求（分）	机构数	百分比
3	3	6	8.70%
4	0	6	8.70%
5	8	5	7.25%
6	2	5	7.25%
7	7	2	2.90%
8	6	2	2.90%
9	5	2	2.90%
10	4	2	2.90%

2. 服务能力

从下表5－21服务能力得分情况来看,主要分3档,绝大多数示范馆得满分30分,具备完整的服务能力;得20多分和15分以上的也都有良好的服务能力。

表5－21　CALIS外文期刊网示范馆服务能力得分情况统计

序号	服务能力（分）	机构数	百分比
1	30	62	89.86%
2	22	3	4.35%
3	15	2	2.90%
4	23	1	1.45%
5	16	1	1.45%

（1）在本馆首页集成CCC的服务

在申请的69家示范馆中,67家示范馆在本图书馆服务读者的网站首页都不同程度地集成了CALIS外文期刊网,至少是包含了CALIS外文期刊网的链接。只有2家没有集成CALIS外文期刊网的服务。

（2）实现CCC与OPAC馆藏的链接

这是由CALIS外文期刊网通过收录的成员馆馆藏数据的情况,由CALIS资源调度实现与图书馆OPAC馆藏的链接。这个功能实现与成员馆使用的自动化系统有关,所以有赖于成员馆与厂商的配合。在69家示范馆中,有65家示范馆实现了CALIS外文期刊网与本馆OPAC馆藏的链接。

表5－22　CALIS外文期刊网与示范馆OPAC链接情况统计

序号	实现CCC与OPAC馆藏的链接	机构数	百分比
1	实现	65	94.20%
2	未实现	4	5.80%

（3）维护和更新外文期刊纸本馆藏和购买的电子资源

期刊的实时维护是保证期刊服务的基础。从表 5 – 23 也可以看出,基本所有的示范馆在三期期间都实时维护了本馆的纸本馆藏和电子资源信息。

表 5 – 23　CALIS 外文期刊网示范馆馆藏维护情况统计

序号	维护和更新外文期刊纸本馆藏和购买的电子资源	机构数	百分比
1	已完成	68	98.55%
2	未完成	1	1.45%

（4）与 CALIS 馆际互借与文献传递系统有衔接

CALIS 三期,成员馆均可免费使用 CALIS 馆际互借和文献传递系统。CALIS 外文期刊网的示范馆只有 1 家没有实现与 CALIS 馆际互借与文献传递系统的衔接。

表 5 – 24　CALIS 外文期刊网示范馆 CCC 服务与馆际互借系统衔接情况统计

序号	与 CALIS 馆际互借与文献传递系统有衔接	机构数	百分比
1	实现	68	98.55%
2	未实现	1	1.45%

3. 服务质量

从表 5 – 25 可以看出,服务质量的得分拉开了各示范馆的总分差距,最高可得 25 分,最低只得 7 分。

表 5 – 25　CALIS 外文期刊网示范馆服务质量得分情况统计

序号	服务质量(分)	机构数	百分比
1	25	15	21.74%
2	22	14	20.29%
3	19	8	11.59%
4	14	6	8.70%
5	17	5	7.25%
6	23	3	4.35%
7	21	3	4.35%
8	20	3	4.35%
9	13	3	4.35%
10	18	2	2.90%
11	16	2	2.90%
12	10	2	2.90%
13	24	1	1.45%
14	15	1	1.45%
15	7	1	1.45%

（1）本馆首页或 OPAC 与 CCC 的集成整合程度

大部分示范馆在本馆首页或 OPAC 与 CCC 的集成良好,读者可以方便利用。各示范馆得分差别不大,如表 5 - 26 所示。

表 5 - 26　CALIS 外文期刊网示范馆服务与 CCC 集成程度得分统计

序号	本馆首页或 OPAC 与 CCC 的集成整合程度（分）	机构数	百分比
1	10	35	50.72%
2	7	30	43.48%
3	5	4	5.80%

（2）期刊服务规范

建立期刊服务规范是做好期刊服务的重要环节之一。大多数示范馆都有完整的期刊服务规范。

表 5 - 27　CALIS 外文期刊网示范馆服务规范提交情况统计

序号	期刊服务规范	机构数	百分比
1	提交文档合格	52	75.36%
2	未提交	17	24.64%

（3）培训

读者培训是宣传图书馆服务的重要手段,培训的方式和培训次数会影响到服务的质量。如表 5 - 28 所示,各示范馆的培训得分从 1 分到 10 分都有分布。这对示范馆评估的总得分有很大的影响。

表 5 - 28　CALIS 外文期刊网示范馆读者培训得分情况统计

序号	培训（分）	机构数	百分比
1	10	25	36.23%
2	7	17	24.64%
3	9	5	7.25%
4	3	5	7.25%
5	8	4	5.80%
6	6	4	5.80%
7	4	4	5.80%
8	5	3	4.35%
9	2	1	1.45%
10	1	1	1.45%

4. 服务效果

访问量

CALIS 外文期刊网的访问量直接反映了图书馆对 CALIS 外文期刊网的使用情况。从表

5-29可以看出,各示范馆对CALIS外文期刊网的访问情况差别不大。

表5-29 CALIS外文期刊网示范馆访问量得分情况统计

序号	访问量(分)	机构数	百分比
1	6	16	23.19%
2	15	13	18.84%
3	12	13	18.84%
4	10	13	18.84%
5	8	13	18.84%
6	0	1	1.45%

5. 奖励

表5-30 CALIS外文期刊网示范馆奖励项得分情况统计

序号	奖励(分)	机构数	百分比
1	16	9	13.04%
2	20	7	10.14%
3	13	7	10.14%
4	18	6	8.70%
5	15	5	7.25%
6	5	5	7.25%
7	9	4	5.80%
8	14	3	4.35%
9	11	3	4.35%
10	8	3	4.35%
11	4	3	4.35%
12	3	3	4.35%
13	19	2	2.90%
14	12	2	2.90%
15	10	2	2.90%
16	2	2	2.90%
17	17	1	1.45%
18	7	1	1.45%
19	6	1	1.45%

（1）本馆OPAC与CCC的链接

示范馆需要在本馆OPAC做一定改造来实现本馆OPAC的外文期刊页面链接到CALIS

外文期刊网来查看期刊的详细卷期目次情况和其他馆收录情况。有44家图书馆实现了此项功能,如表5-31所示。

表5-31　CALIS外文期刊网示范馆OPAC与CCC连接情况统计

序号	本馆OPAC与CCC的链接	机构数	百分比
1	实现	44	63.77%
2	未实现	25	36.23%

(2)特色服务

特色服务主要考察示范馆利用CALIS外文期刊网特色功能的状况。

1)本馆定制个性化服务的读者数量。本项指标考核了示范馆读者使用CALIS外文期刊网服务的部分情况。

表5-32　CALIS外文期刊网示范馆读者定制个性服务情况得分统计

序号	特色服务:本馆定制个性化服务的读者数量(分)	机构数	百分比
1	5	21	30.43%
2	3	20	28.99%
3	1	19	27.54%
4	0	9	13.04%

2)通过CCC平台联机维护本馆详细纸本馆藏和购买的电子资源。本项指标考查示范馆馆员利用CALIS外文期刊网特色功能的状况。

表5-33　CALIS外文期刊网示范馆利用CCC维护馆藏情况统计

序号	通过CCC平台联机维护本馆详细纸本馆藏和购买的电子资源	机构数	百分比
1	实现	57	82.61%
2	未实现	12	17.39%

3)对CCC的发展方向提出建设性意见。使用CALIS服务的成员馆在使用过程中对发现的问题及时报告,并提出建设性的意见,这是CALIS极力倡导成员馆要做的事情。如表5-34所示,各示范馆都比较积极提问题、想对策,为CALIS外文期刊网的进一步提升提供了依据。

表5-34　CALIS外文期刊网示范馆对CCC发展建议得分情况统计

序号	特色服务:对CCC的发展方向提出建设性意见(分)	机构数	百分比
1	3	22	31.88%
2	2	11	15.94%
3	1	22	31.88%
4	0	14	20.29%

第三节　馆际互借与文献传递示范馆评估报告

一、评估方案

1. 评估目标与对象

（1）评估目标

- 通过评估，引导各示范馆馆际互借与文献传递服务的发展，提高各示范馆在资源整合与开发、服务创新等方面的水平。
- 通过评估发现问题，改进和规范各示范馆的馆际互借与文献传递服务，提高服务质量，最大限度地满足读者的文献需求。
- 通过评估，对各示范馆馆际互借与文献传递服务进行综合性、整体性的评价，奖励优秀示范馆，激励和提高 CALIS 馆际互借与文献传递服务。

（2）评估对象

CALIS 馆际互借与文献传递服务示范馆。

2. 评估内容

1）服务能力评估：包括软硬件投入、人员配备等基础条件以及可提供服务的资源数量和资源揭示情况等，以检查是否具备良好的服务能力。

2）服务质量评估：从文献传递业务量、文献传递满足情况、对用户请求的响应速度、文献传递的成本核算等方面，综合评价服务质量。

3）服务效果评估：包括在本地区和本校宣传推广和培训的情况，以及用户对服务的感知程度等。

3. 评估方法与步骤

1）确定评估目标与评估内容，建立评估指标体系，指标体系包括一级指标和二级指标，给出每项指标的定义。

2）确定评估模型，给出指标的权重比例，以及每个指标的具体分值。

3）采用以下方法收集指标数据：

- 通过馆际互借系统直接获取数据；
- 各示范馆自行上报，间接获取数据。

4）对数据进行统计、分析和研究，得出评估结果。

5）分析评估结果，总结和分析问题。

6）根据实际情况，修订评估指标。

4. 评估指标体系与计分方法

（1）评估指标的设计原则

- 针对性：紧紧围绕 CALIS 馆际互借与文献传递示范馆的基本条件、验收要求和加分因子，设计相应的指标。

- 科学性与可操作性:能真实客观地反映 CALIS 馆际互借与文献传递服务示范馆的实际情况,同时在指标的收集、统计上也具备实际意义和可操作性。
- 导向性原则:要体现 CALIS 服务发展的宏观引导,把握 CALIS 的发展方向。

（2）指标体系与计算方法

表 5 – 35　CALIS 馆际互借与文献传递示范馆评估指标体系

一级指标	分值	二级指标	分值	指标定义	数据来源	评分方法
基本要求	10	馆藏文献资源	10	向 CALIS 管理中心提交符合 CALIS 要求的本馆全部中外文图书和期刊馆藏数据,并及时更新	各示范馆上报＋管理中心审核	提交中外文图书和期刊馆藏数据的比例:达到 90% 得 10 分,介于 90%—80% 之间得 9 分,介于 80%—70% 之间得 8 分,介于 70%—60% 之间得 7 分,介于 60%—50% 之间得 6 分,介于 50%—40% 之间得 5 分,介于 40%—30% 之间得 4 分,介于 30%—20% 之间得 3 分,介于 20%—10% 之间得 2 分,介于 10%—5% 之间得 1 分,小于 5% 不得分
服务能力	20	设备资源	5	服务所需的硬件设备（网络、计算机、扫描仪、打印机、传真机、数码相机等）	各示范馆上报	每配备 1 项且运行良好得 1 分
		人力资源	10	专职从事 CALIS 馆际互借与文献传递服务的工作人员数量、专业资质情况	各示范馆上报	1 人 2 分;具有 CALIS 馆际互借业务培训合格证书的加 3 分,总和不超出 10 分
		检索平台	5	服务的基础数据库	管理中心统计	使用 CALIS 文献检索系统（如 e 读、CCC、联合目录 OPAC 等）作为馆际互借服务的基础数据库得 2 分,高于平均使用数的得 5 分

续表

一级指标	分值	二级指标	分值	指标定义	数据来源	评分方法
服务质量	40	业务量	20	完成的 CALIS 馆际互借与文献传递业务量（册、件/年）	管理中心统计	文献传递：根据中心统计分档,2000 笔以上 20 分,1800—2000 笔 19 分,1600—1800 笔 18 分,1400—1600 笔 17 分,1200—1400 笔 16 分,1000—1200 笔 15 分,800—1000 笔 14 分, 600—800 笔 13 分,400—600 笔 12 分,200—400 笔 11 分,100—200 笔 10 分,80—100 笔 9 分,60—80 笔 8 分,40—60 笔 7 分,20—40 笔 6 分,1—20 笔 5 分,0 笔 0 分
		满足率	15	满足数量占请求数量的百分比	管理中心统计	90% 及以上得 15 分,85%—90% 得 14 分,80%—85% 得 13 分,75%—80% 得 12 分,70%—75% 得 11 分,65%—70% 得 10 分,60%—65% 得 9 分, 55%—60% 得 8 分,50%—55% 得 7 分,45%—50% 得 6 分,40%—45% 得 5 分, 35%—40% 得 4 分,30%—35% 得 3 分,25%—30% 得 2 分,25% 以下得 1 分,0% 得 0 分
		完成时间	5	请求完成时间和请求收到时间之差的平均数（除代查代检、学位论文以外的请求）	管理中心统计	符合承诺工作日（3 日）为 5 分,每拖延 1 天,扣 0.5 分
服务效果	30	新注册用户数量	10	在系统中新注册的用户数量	管理中心统计	每年新增 200 个注册用户,得 10 分; 每年新增 150 个注册用户,得 8 分; 每年新增 100 个注册用户,得 6 分; 每年新增 100 个以下注册用户,得 5 分

续表

一级指标	分值	二级指标	分值	指标定义	数据来源	评分方法
服务效果	30	提交请求数量	10	本馆读者提交请求的数量	管理中心统计	1000 件以上得 10 分，800—999 件得 8 分，500—799 件得 6 分，500 件以下得 5 分
		培训	5	开展馆际互借与文献传递服务培训次数、培训人数	各示范馆上报	本校开展一次培训得 0.5 分，最高得 3 分；向 CALIS 管理中心提交宣传推广材料的加 1 分；协助省级中心在省内开展服务与培训的加 1 分
		用户满意度	5	用户对服务的满意程度	管理中心统计	非常满意得 5 分，比较满意得 4 分，一般得 3 分，不太满意得 2 分，很不满意得 1 分
奖励	2	特色服务	2	代查代检	管理中心统计	具备得 2 分

二、评估结果

CALIS 三期馆际互借与文献传递服务示范馆共 71 所，2012 年 3 月至 4 月为示范馆推出了服务优惠活动，在活动期间所有示范馆均可享受全额的 CALIS 文献传递补贴。本次评估内容严格按照上述"指标体系和计分方法"，评估分是 100 分加上奖励分值 2 分共 102 分。所有参评的示范馆中，最高分 99 分，最低分 62 分，其中 90—100 分 9 所，80—90 分 27 所，70—80 分 23 所，60—70 分 12 所，71 所示范馆全部及格。

所有示范馆都积极填报评估数据和材料，积极组织和开展馆际互借与文献传递工作，此次评估成绩在一定程度上反映示范馆在某一特定时间段的服务能力和服务效果，但并不完全代表该馆的整体服务水平。一些原因会造成评估分数不太理想，比如有些示范馆的服务基础相对薄弱，短时间内很难提高；有些示范馆服务启动时间较晚，服务开展时间太短。各示范馆的评估分数和排名如下表所示。

表 5-36　CALIS 馆际互借与文献传递示范馆评估结果

排名	机构名称	机构类型	评估分数	奖励分数	总分数	评估结果
1	绍兴文理学院	普通高校	97.0	2.0	99.0	合格
2	东北电力大学	普通高校	96.0		96.0	合格
2	天津大学	普通高校	94.0	2.0	96.0	合格
4	复旦大学	普通高校	92.0	2.0	94.0	合格
4	温州医学院	普通高校	92.0	2.0	94.0	合格
6	北华大学	普通高校	92.0		92.0	合格
7	长春工业大学	普通高校	91.0		91.0	合格

续表

排名	机构名称	机构类型	评估分数	奖励分数	总分数	评估结果
7	长春工程学院	普通高校	91.0		91.0	合格
9	长春中医药大学	普通高校	90.0		90.0	合格
10	东南大学	普通高校	87.0	2.0	89.0	合格
11	聊城大学	普通高校	87.0		87.0	合格
11	长春理工大学	普通高校	87.0		87.0	合格
13	东北师范大学	普通高校	86.0		86.0	合格
13	西北大学	普通高校	84.0	2.0	86.0	合格
15	江南大学	普通高校	85.0		85.0	合格
15	华南农业大学	普通高校	85.0		85.0	合格
17	湖南大学	普通高校	84.0		84.0	合格
17	中国海洋大学	普通高校	84.0		84.0	合格
17	北京师范大学	普通高校	82.0	2.0	84.0	合格
17	西北农林科技大学	普通高校	82.0	2.0	84.0	合格
21	浙江师范大学	普通高校	83.0		83.0	合格
21	吉林财经大学(原长春税务学院)	普通高校	83.0		83.0	合格
21	华东师范大学	普通高校	83.0		83.0	合格
21	西安工程大学	普通高校	83.0		83.0	合格
21	山东师范大学	普通高校	81.0	2.0	83.0	合格
26	牡丹江医学院	普通高校	82.0		82.0	合格
26	华中科技大学	普通高校	80.0	2.0	82.0	合格
28	华南理工大学	普通高校	81.5		81.5	合格
28	南京航空航天大学	普通高校	81.5		81.5	合格
28	深圳大学	普通高校	79.5	2.0	81.5	合格
31	浙江理工大学	普通高校	81.0		81.0	合格
31	青岛大学	普通高校	81.0		81.0	合格
33	天津师范大学	普通高校	80.0		80.0	合格
33	东北石油大学	普通高校	80.0		80.0	合格
33	桂林旅游高等专科学校	普通高校	80.0		80.0	合格
33	杭州师范大学	普通高校	78.0	2.0	80.0	合格
37	天津科技大学	普通高校	79.0		79.0	合格
37	南京师范大学	普通高校	79.0		79.0	合格
37	黑龙江八一农垦大学	普通高校	79.0		79.0	合格
37	哈尔滨商业大学	普通高校	79.0		79.0	合格

续表

排名	机构名称	机构类型	评估分数	奖励分数	总分数	评估结果
41	西北工业大学	普通高校	78.5		78.5	合格
41	厦门理工学院	普通高校	78.5		78.5	合格
43	天津城市建设学院	普通高校	78.0		78.0	合格
43	福州大学	普通高校	76.0	2.0	78.0	合格
45	宁波大学	普通高校	76.5		76.5	合格
45	上海财经大学	普通高校	74.5	2.0	76.5	合格
47	北方民族大学	普通高校	76.0		76.0	合格
48	杭州电子科技大学	普通高校	75.0		75.0	合格
48	天津理工大学	普通高校	75.0		75.0	合格
50	山东大学威海分校	普通高校	74.0		74.0	合格
50	漳州师范学院	普通高校	72.0	2.0	74.0	合格
52	暨南大学	普通高校	73.0		73.0	合格
52	上海大学	普通高校	73.0		73.0	合格
52	西安电子科技大学	普通高校	73.0		73.0	合格
55	南京理工大学	普通高校	72.5		72.5	合格
56	福建师范大学	普通高校	71.0		71.0	合格
56	武汉理工大学	普通高校	71.0		71.0	合格
56	宁夏医科大学(原宁夏医学院)	普通高校	71.0		71.0	合格
59	南宁职业技术学院	普通高校	70.0		70.0	合格
60	陕西师范大学	普通高校	67.5	2.0	69.5	合格
61	石家庄铁道大学	普通高校	69.0		69.0	合格
61	黑龙江大学	普通高校	69.0		69.0	合格
61	西安建筑科技大学	普通高校	69.0		69.0	合格
64	东北农业大学	普通高校	66.0	2.0	68.0	合格
65	天津职业大学	高职	67.0		67.0	合格
66	遵义师范学院	普通高校	66.5		66.5	合格
66	长安大学	普通高校	66.5		66.5	合格
68	中国矿业大学(徐州)	普通高校	65.0		65.0	合格
69	中国石油大学(华东)	普通高校	63.0		63.0	合格
70	福建工程学院	普通高校	61.0	2.0	63.0	合格
71	天津医科大学	普通高校	62.0		62.0	合格

三、评估结果分析

以下是馆际互借与文献传递服务示范馆评估指标的各项分析。

1. 基本要求（A）

基本要求评估的主要依据是各馆提交到 CALIS 的中外文图书和期刊馆藏数据占到本馆所有纸本馆藏数据的百分比，达到 90% 以上得 10 分，介于 90%—80% 之间得 9 分，介于 80%—70% 之间得 8 分，介于 70%—60% 之间得 7 分，介于 60%—50% 之间得 6 分，介于 50%—40% 之间得 5 分，介于 40%—30% 之间得 4 分，介于 30%—20% 之间得 3 分，介于 20%—10% 之间得 2 分，介于 10%—5% 之间得 1 分，小于 5% 不得分。表 5-37 是该项指标排名前 20 的示范馆，前 16 位提交的馆藏数据都达到了 100%。

表 5-37　CALIS 馆际互借与文献传递示范提交馆藏比例统计

序号	机构名称	文献资源（%）
1	牡丹江医学院	100.00
2	湖南大学	100.00
3	深圳大学	100.00
4	西安工程大学	100.00
5	石家庄铁道大学	100.00
6	东北电力大学	100.00
7	天津科技大学	100.00
8	天津城市建设学院	100.00
9	南京师范大学	100.00
10	上海财经大学	100.00
11	江南大学	100.00
12	南京理工大学	100.00
13	福建工程学院	100.00
14	天津师范大学	100.00
15	华东师范大学	100.00
16	西北农林科技大学	100.00
17	遵义师范学院	99.63
18	厦门理工学院	99.53
19	绍兴文理学院	99.02
20	南宁职业技术学院	98.76

所有示范馆在这项指标的得分分布如图 5-2，可以看出数据提交率 90% 以上的示范馆有 39 所，达到一半以上，其余馆的分布比较均匀，有 3 个馆的馆藏数据提交率在 5% 以下，不得分。

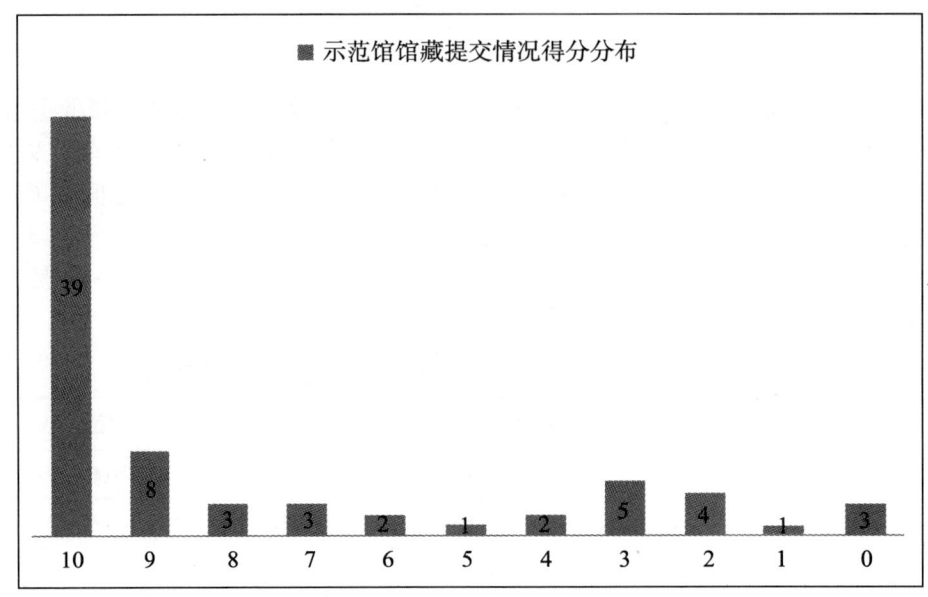

图 5-2　CALIS 馆际互借与文献传递示范馆馆藏提交情况得分分布

馆藏文献资源(A.1)

馆藏文献资源指标是指向 CALIS 管理中心提交符合 CALIS 要求的本馆中外文图书和期刊馆藏数据量。该数据量经过 CALIS 审核对比,再与该馆的全部馆藏量比较,从而得出"基本要求"的得分。

表 5-38 是提交馆藏数据量排名前十的示范馆,华东师范大学提交的数据最多,达到了 1 080 015 条。71 所示范馆总共提交了 25 322 294 条数据,平均每个图书馆提交 356 652 条。这一指标重点考核和希望承建馆尽可能多地提交馆藏数据到 CALIS,以作为馆际互借文献传递服务的基础数据源。馆藏提交量固然重要,但更重要的还是提全率,即需要每个图书馆将其馆藏数据全部提交上来,以利后续的文献服务。

表 5-38　馆际互借与文献传递示范馆提交馆藏数量统计表

序号	机构名称	提交给 CALIS 的中外文图书和期刊 (含电子图书和电子期刊)馆藏数据(条)
1	华东师范大学	1 080 015
2	深圳大学	792 886
3	福建师范大学	747 900
4	北京师范大学	744 862
5	复旦大学	684 064
6	杭州师范大学	667 392
7	华中科技大学	648 935
8	南京师范大学	645 969
9	浙江师范大学	622 279
10	东北师范大学	620 872

2. 服务能力(B)

服务能力指标评估内容包括软硬件投入、人员配备等基础条件以及可提供服务的资源数量和资源揭示情况等,以检查是否具备良好的服务能力。本项指标共20分,分属设备资源、人力资源、检索平台3个指标。全部得满分的共9个馆,分别是:

- 西北大学
- 牡丹江医学院
- 东北电力大学
- 北华大学
- 华南农业大学
- 天津医科大学
- 黑龙江大学
- 天津理工大学
- 江南大学

服务能力得分总体较好,按12分及格统计,共67所图书馆及格,及格率为94.37%,仅4所图书馆没有及格,在没有及格的图书馆中也仅有1所分值稍低,为9分,其余3所都是11分,离及格只差1分。此项结果表明各示范馆的基础服务条件良好,能够为馆际互借与文献传递服务提供最基本的保障。

表 5 - 39　馆际互借与文献传递示范馆服务能力得分情况统计

序号	服务能力(分)	机构数
1	20	9
2	19	2
3	18	1
4	17	40
5	16	4
6	15	2
7	14	6
8	13	2
9	12	1
10	11	3
11	9	1

(1)设备资源(B.1)

在硬件设备配置上,各馆的差别是最小的,基本上都配置了开展馆际互借服务所必备的设备,包括网络、计算机、打印机、传真机、扫描仪、数码相机。仅有几所图书馆缺少某一种设备,比如少传真机,或者少了扫描仪。但这不影响在这一指标上的得分,因为只要具备5个设备即可得该指标的满分5分。在这一项上只有华中科技大学得了4分,他们没有配备数码相机和传真机。

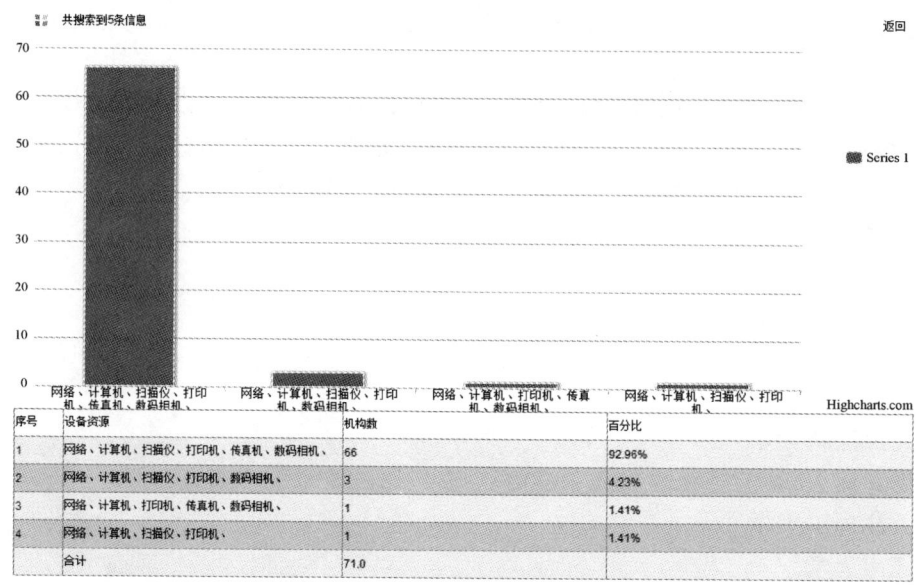

序号	设备资源	机构数	百分比
1	网络、计算机、扫描仪、打印机、传真机、数码相机、	66	92.96%
2	网络、计算机、扫描仪、打印机、数码相机、	3	4.23%
3	网络、计算机、打印机、传真机、数码相机、	1	1.41%
4	网络、计算机、扫描仪、打印机、	1	1.41%
合计		71.0	

图 5-3　CALIS 馆际互借与文献传递示范馆设备配备情况统计

（2）人力资源（B.2）

从填报的数据可以看出,各示范馆在人员方面加大了支持力度。专职从事 CALIS 馆际互借与文献传递服务的工作人员数量都不少,只有 2 所学校配备了 1 名馆际互借员,其余 69 所学校都配备了 2 名以上的专职工作人员,即 100% 都配备了专职的工作人员。97.18% 的示范馆配备 2 名以上的工作人员。

从图 5-4 可以看出大多数图书馆配备的专职馆际互借员是 2—4 人,个别业务量大的图书馆配置了超过 5 人以上的团队开展馆际互借服务。比如复旦大学有 7 人团队,配置人员最多的是黑龙江大学,达到 10 人,可以看出对馆际互借服务工作的重视,但黑龙江大学总

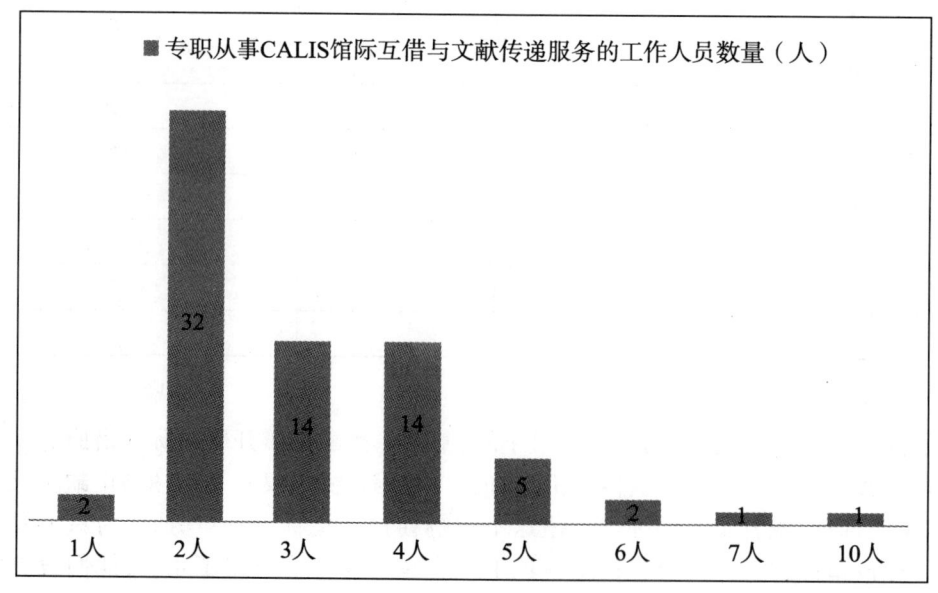

图 5-4　馆际互借与文献传递示范馆馆际互借工作人员配备数量

分排名第61位。这也说明要开展好馆际互借工作,除了必要的人力投入外,还有很多其他工作要做到位,并不是人多服务就好。所以我们不鼓励人越多越好,要根据本馆的业务量适度安排、合理运用为佳。

示范馆也踊跃参加 CALIS 举办或者省中心等举办的业务培训会,如图 5 - 5 所示,81.69%的图书馆都具有 CALIS 馆际互借业务培训合格证书的工作人员,有些馆甚至达到了3—4 人,形成了专业的人员队伍。随着各馆业务的开展,还会有更多的工作人员接受专业的培训,提高自身的专业素质,提供高质量的服务。

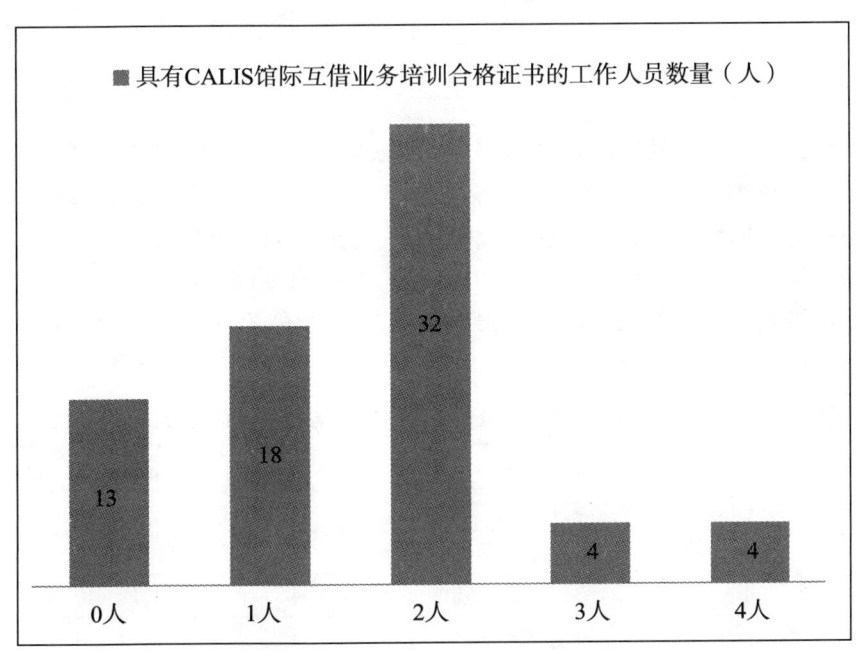

图 5 - 5　CALIS 馆际互借与文献传递示范馆具有 CALIS 馆际互借业务培训合格证书的工作人员数量

（3）检索平台（B.3）

该项指标是考察各示范馆应用 CALIS 文献检索系统的情况,所有的示范馆都使用了 e 读、CCC、联合目录等检索平台来提交馆际互借请求,不过很多馆通过 CALIS 检索平台提交馆际互借请求的量并不多,为了提高数据的准确性,提高请求的满足率,希望各示范馆引导更多的本馆读者使用 CALIS 文献检索平台来提交申请,逐渐将 CALIS 文献检索平台作为馆际互借与文献传递服务的基础数据源。

表 5 - 40　CALIS 馆际互借与文献传递示范馆使用 CCC 提交馆际互借/文献传递请求排名前十馆名单

序号	机构名称	通过 CCC 提交请求量（笔）
1	天津师范大学	554
2	西安工程大学	349
3	牡丹江医学院	322
4	江南大学	279
5	西北农林科技大学	228

续表

序号	机构名称	通过 CCC 提交请求量(笔)
6	东北石油大学	222
7	华南农业大学	203
8	东北电力大学	178
9	北华大学	168
10	陕西师范大学	163

3. 服务质量(C)

服务质量评估内容是从文献传递业务量、文献传递满足情况、对用户请求的响应速度、文献传递的成本核算等方面综合评价服务质量。本项指标最为重要,是体现馆际互借服务工作的核心指标,共计 40 分,分属业务量、满足率、完成时间 3 个指标。

该项指标统计 2011 年 10 月 1 日至 2012 年 5 月 15 日期间,各示范馆处理通过 CALIS 文献信息中心调度发来请求的完成情况。得满分的有 3 个馆,有 16 个图书馆在这个指标上没有达标。

表 5-41 CALIS 馆际互借与文献传递示范馆服务质量评估得分前二十馆名单

序号	机构名称	服务质量(分)
1	温州医学院	40
2	天津大学	40
3	绍兴文理学院	40
4	复旦大学	39
5	长春理工大学	38
6	东北电力大学	36
7	长春工业大学	35
8	长春工程学院	34
9	华中科技大学	34
10	长春中医药大学	33
11	宁波大学	32
12	北华大学	32
13	浙江理工大学	31
14	浙江师范大学	31
15	吉林财经大学(原长春税务学院)	31
16	东南大学	31
17	杭州师范大学	30
18	东北师范大学	30
19	福州大学	30
20	聊城大学	30

（1）业务量（C.1）

业务量的统计各馆差别非常大,业务量第1名就比第20名足足多了约20倍(如表5 - 42),最为直观地反映了各示范馆开展馆际互借服务的业务能力、重视程度以及馆藏丰富程度的差异。通常设立专门的馆际互借部门或者小组的图书馆、馆藏较为丰富的馆更容易提高业务量。温州医学院的业务量在示范馆中最多,达到了3866笔。大多数示范馆因为馆藏量和学校规模的原因,业务量还比较低,都在100笔以下,还有待挖掘提高。

表5 – 42　CALIS馆际互借与文献传递示范馆业务量排名前二十名

序号	机构名称	业务量（册）
1	温州医学院	3866
2	绍兴文理学院	3694
3	天津大学	3130
4	复旦大学	2463
5	长春理工大学	1655
6	华中科技大学	1440
7	北京师范大学	1278
8	东北电力大学	1251
9	长春工业大学	1082
10	长春工程学院	956
11	长春中医药大学	711
12	东南大学	643
13	宁波大学	584
14	北华大学	565
15	吉林财经大学（原长春税务学院）	343
16	漳州师范学院	322
17	浙江理工大学	320
18	华东师范大学	312
19	浙江师范大学	245
20	华南理工大学	197

（2）满足率（C.2）

满足率是评价馆际互借服务工作质量的一个重要指标,单有业务量还不行,还必须辅以满足率,即有量又有满足率的服务能力才是最好。但往往大的业务量反而可能降低满足率并保持一定的稳定性,业务量排名前四的温州医学院、绍兴文理学院、天津大学、复旦大学,其业务量都达到了2000以上,它们的满足率虽然也是不错的,但其满足率排名就比较靠后了。尤其是复旦大学,满足率为86.6%,在71所馆际互借示范馆中排第44位。总体上讲,业务量达到一定数量时,统计出的满足率才能反映真实的服务状况,且满足率也相对稳定。

表5-43　CALIS馆际互借与文献传递示范馆业务满足率前二十名

序号	机构名称	满足率（％）
1	东北石油大学	100.00
2	杭州电子科技大学	100.00
3	杭州师范大学	100.00
4	青岛大学	100.00
5	湖南大学	100.00
6	桂林旅游高等专科学校	100.00
7	西安工程大学	100.00
8	北方民族大学	100.00
9	宁夏医科大学（原宁夏医学院）	100.00
10	东北电力大学	100.00
11	牡丹江医学院	100.00
12	厦门理工学院	100.00
13	长春理工大学	100.00
14	长春工业大学	100.00
15	吉林财经大学（原长春税务学院）	100.00
16	天津职业大学	100.00
17	北华大学	99.82
18	长春工程学院	99.79
19	长春中医药大学	99.58
20	聊城大学	99.21

表5-43是满足率前20名，16所图书馆满足率实现了100%。计算满足率时，我们做了以下三种满足率的比对：除去代查代检和学位论文的申请；除去学位论文的申请；所有申请。我们考虑到代查代检、学科论文这类请求可能会因其特殊性而降低满足率，所以做了三种满足率的比对，综合考虑后，最后确定采用所有申请的满足率。所有示范馆的平均满足率为86.1%，满足率总体水平较高，有些仅提供了几笔或者几十笔业务的示范馆，其满足率达到了100%。可见，满足率和业务量的多少有直接的关系。满足率低的示范馆需进一步查找原因加强文献服务能力，表5-44是满足率低于70%的示范馆名单，其中北京师范大学力量雄厚，业务量达到1278笔，但满足率才44.99%，原因主要是该馆当时在进行馆舍调整。

表5-44　馆际互借与文献传递示范馆业务满足率低于70%名单

序号	机构名称	满足率（％）
1	遵义师范学院	66.67
2	天津理工大学	66.67
3	上海大学	65.38

续表

序号	机构名称	满足率（%）
4	深圳大学	61.67
5	南京师范大学	57.65
6	南宁职业技术学院	52.38
7	天津医科大学	50.00
8	东北农业大学	50.00
9	北京师范大学	44.99
10	西安建筑科技大学	43.66
11	福建工程学院	18.52

（3）完成时间（C.3）

完成时间指请求完成时间和请求收到时间之差的平均数，因为处理代查代检、学位论文的请求，通常会花费更多的时间，所以这里的统计数据去除了这两部分的请求。评分时如果符合承诺工作日（3日）则为5分满分，每拖延1天，扣0.5分。完成时间大于3天的图书馆有24%，尤其是漳州师范学院和遵义师范学院，其平均完成时间超过10天。这些馆都需要加强对馆际互借文献传递业务的管理，找到问题所在，改变工作方式、加强工作人员配备，以改善过长的完成时间，为读者提供优质高效的文献获取服务。

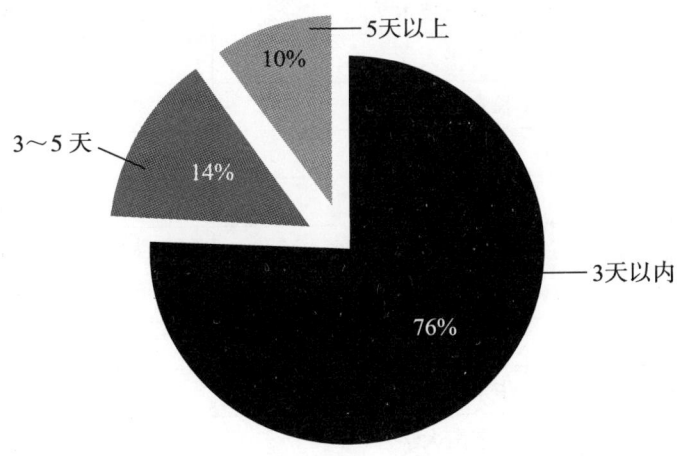

图5-6　馆际互借与文献传递示范馆业务完成平均时间统计

4. 服务效果（D）

服务效果评估内容包括在本地区和本校宣传推广和培训的情况，以及用户对服务的感知程度等。本项指标侧重馆际互借和文献传递服务在读者中的影响力和认知度，共计30分，分属新注册用户数量、提交请求数量、培训、用户满意度4个指标。全部得满分的有32个馆，只有中国石油大学（华东）得17分，在该项评估中没有达标，其余70个示范馆全部达标。

表 5 – 45　CALIS 馆际互借与文献传递示范馆服务效果评估满分馆

序号	机构名称	服务效果(分)
1	南京航空航天大学	30
2	浙江理工大学	30
3	杭州师范大学	30
4	深圳大学	30
5	华南农业大学	30
6	桂林旅游高等专科学校	30
7	西安工程大学	30
8	东北电力大学	30
9	长春工程学院	30
10	天津大学	30
11	南京师范大学	30
12	上海大学	30
13	江南大学	30
14	绍兴文理学院	30
15	南宁职业技术学院	30
16	北华大学	30
17	长春理工大学	30
18	长春工业大学	30
19	长春中医药大学	30
20	天津师范大学	30
21	东北师范大学	30
22	复旦大学	30
23	华东师范大学	30
24	东南大学	30
25	中国海洋大学	30
26	山东师范大学	30
27	聊城大学	30
28	华中科技大学	30
29	武汉理工大学	30
30	华南理工大学	30
31	西北工业大学	30
32	西北农林科技大学	30

（1）新用户注册数量（D. 1）

新用户注册数量由 CALIS 统计，统计时间从 2011 年 10 月 1 日起，至 2012 年 5 月 15 日止，约 7.5 个月。其中示范馆用户注册量在 500 人以上的占 11%，主要集中在 300 人以下，占到了 73%。

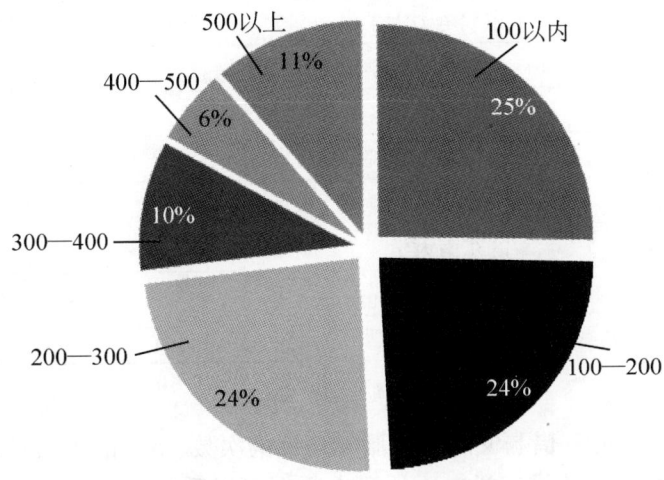

图 5 - 7　CALIS 馆际互借与文献传递示范馆新注册数量统计

表 5 - 46　CALIS 馆际互借与文献传递示范馆新注册用户数量排名前十名

序号	机构名称	新注册用户数量（人）
1	北华大学	977
2	南宁职业技术学院	700
3	华南理工大学	694
4	长春中医药大学	658
5	华南农业大学	608
6	浙江理工大学	514
7	东北电力大学	509
8	绍兴文理学院	509
9	温州医学院	474
10	长春理工大学	452

（2）提交请求数量（D. 2）

提交请求数量是指本馆读者提交的馆际互借请求，这是反映图书馆的馆际互借服务在该校读者的影响力的一个重要指标。如果图书馆在读者宣传和培训上做了工作，势必会提高本馆读者提交馆际互借的请求数量。

表 5 - 47 是提交请求数量前十名的示范馆，复旦大学在这一项上排名第一，温州医学院排第二，他们的请求数远远超过其余图书馆。所有 71 个示范馆的提交请求量为 70 269，平均每所图书馆为 990 笔。

表 5 – 47 CALIS 馆际互借与文献传递示范馆业务请求量前十名

序号	机构名称	提交请求数量(件)
1	复旦大学	7801
2	温州医学院	5882
3	东北电力大学	2556
4	天津医科大学	2254
5	北华大学	2235
6	绍兴文理学院	1917
7	天津师范大学	1858
8	东南大学	1858
9	浙江理工大学	1830
10	华中科技大学	1649

（3）培训（D.3）

培训指各馆开展馆际互借与文献传递服务培训的次数、培训的人数,以及各示范馆是否向 CALIS 管理中心提交宣传推广材料。从填报数据可以看出,各示范馆都在积极组织和参加各种培训会议。在这一项得满分的图书馆达到了 51 所,没有得零分的情况。

表 5 – 48 CALIS 馆际互借与文献传递示范馆培训情况统计

序号	培训(分)	机构数	百分比
1	5	51	71.43%
2	4	7	10.00%
3	3	4	5.71%
4	4.5	3	4.29%
5	2	3	4.29%
6	2.5	2	2.86%
7	3.5	1	1.43%

71 所示范馆累积开展馆际互借与文献传递服务培训次数达到了 1091 次,培训人数达到了 79 178 人次,平均每次培训约 73 人。培训人数最多的是天津理工大学,达到了 11 597 人。

表 5 – 49 CALIS 馆际互借与文献传递示范馆培训人次前十名

序号	机构名称	开展馆际互借与文献传递服务培训人数(人)
1	天津理工大学	11 597
2	福建师范大学	8500
3	复旦大学	5000
4	南京师范大学	4265
5	湖南大学	3700
6	天津大学	3700

序号	机构名称	开展馆际互借与文献传递服务培训人数（人）
7	华中科技大学	3444
8	石家庄铁道大学	2500
9	天津科技大学	1800
10	东北电力大学	1659

（4）用户满意度（D.4）

用户满意度是用户对服务的满意程度。因 CALIS 的用户满意度调度功能在调整中，暂时没有统计到相关数据。为了不影响总体分值，统一给每所示范馆打满分 5 分。

5. 奖励（E）

奖励指对图书馆的加分，馆际互借的评估把对成员馆是否开展代查代检服务作为奖励，如果开展过代查代检服务奖励 2 分。开展代查代检服务需要有一定的馆藏量和业务水平，所以开展这项工作的图书馆并不多，从下表可以看出只有 18 所示范馆做过代查代检请求，大多数都没有开展。

表 5 – 50　CALIS 馆际互借与文献传递示范馆奖励得分情况统计

序号	奖励（分）	机构数	百分比
1	0	53	74.65%
2	2	18	25.35%

第四节　虚拟参考咨询服务示范馆评估报告

一、评估方案

1. 评估目标与对象

（1）评估目标

通过评估，引导各示范馆虚拟参考咨询服务的发展，促进各示范馆虚拟参考咨询服务在标准规范、服务能力以及服务创新等方面的提升，为全国高校图书馆的虚拟参考咨询服务工作拓展思路，提供建设样板。

通过评估发现问题，改进和规范各示范馆的虚拟参考咨询服务，满足图书馆用户需求，提高服务质量。

通过评估，对各示范馆参考咨询服务进行综合性、整体性的评价，奖励优秀示范馆，从而带动高校参考咨询整体服务水平的提升。

（2）评估对象

承建 CALIS 三期虚拟参考咨询服务示范馆的单位。

2. 评估内容

1）服务能力评估：包括软硬件投入、人员配备等基础条件以及可提供服务的资源数量和资源揭示、报道情况等。

2）服务质量评估：包括解答问题的数量、解答问题的响应速度、解答问题的延伸程度、解答过程和答案满意度等。

3）服务效果评估：包括在本校宣传培训与推广的情况，以及用户对服务的感知程度等。

3. 评估方法与步骤

1）确定评估目标与评估内容，建立评估指标体系，指标体系包括一级指标和二级指标，给出每项指标的定义。

2）确定评估模型，给出指标的权重比例，以及每个指标的具体分值。

3）采用以下方法收集指标数据：

- 通过参考咨询系统直接获取数据；
- 各示范馆自行上报，间接获取数据。

4）对数据进行统计、分析和研究，得出评估结果。

5）分析评估结果，总结和分析问题。

6）根据实际情况，修订评估指标。

4. 评估指标体系与计分方法

（1）评估指标的设计原则

- 针对性：紧紧围绕 CALIS 三期虚拟参考咨询服务示范馆的基本条件、验收要求和加分因子，设计相应的指标。
- 科学性与可操作性：能真实客观地反映 CALIS 三期虚拟参考咨询服务示范馆的实际情况，同时在指标的收集、统计上也具备实际意义和可操作性。
- 导向性原则：把握 CALIS 的发展方向，体现虚拟参考咨询服务发展的宏观引导。

（2）指标体系与计算方法

表 5－51　CALIS 虚拟参考咨询服务示范馆评估指标与计算方法

一级指标	分值	二级指标	分值	指标定义	数据来源	评分方法
基本要求	10	馆藏文献资源	10	向 CALIS 管理中心提交符合 CALIS 要求的本馆全部中外文图书和期刊（含电子图书和电子期刊）馆藏数据，并及时更新	示范馆上报＋管理中心审核	提交中外文图书和期刊（含电子图书和电子期刊）馆藏数据：达到 90% 得 10 分，介于 90%—80% 之间得 9 分，介于 80%—70% 之间得 8 分，介于 70%—60% 之间得 7 分，介于 60%—50% 之间得 6 分，介于 50%—40% 之间得 5 分，介于 40%—30% 之间得 4 分，介于 30%—20% 之间得 3 分，介于 20%—10% 之间得 2 分，介于 10%—5% 之间得 1 分，小于 5% 不得分

续表

一级指标	分值	二级指标	分值	指标定义	数据来源	评分方法
服务能力	20	设备资源	5	服务所需的硬件设备(网络、计算机)	示范馆上报	网络 1—2 分,视网络情况判定; 每配备一台计算机得 1 分,本项最高不超过 3 分
		人力资源	15	专职从事虚拟参考咨询服务的工作人员数量、专业资质情况	示范馆上报	在 CVRS 上实时值台人员 1 人 2 分;参与表单问题解答的人员 1 人 1 分,本项最高不超过 5 分;人员结构配置合理性 5 分; 总和不超出 15 分
服务质量	55	读者咨询量	10	读者咨询问题数量	示范馆上报 + 管理中心审核	根据中心统计排名,分成 4 档,每档 5 分,前 1/4 名得 10 分,依此类推
		知识库问题量	10	知识库问题数量	示范馆上报 + 管理中心审核	根据中心统计排名,分成 4 档,每档 5 分,前 1/4 名得 10 分,依此类推
		解答质量	10	问题解答的准确、全面和规范性	CALIS 统计	由管理中心组织评测
		解答率	10	馆员解答读者提问的百分比	示范馆上报 + 管理中心审核	解答率 90% 以上为 10 分,每降低 10%,减 1 分
		响应时间	5	读者提问时间和馆员答复时间之差的平均数	示范馆上报 + 管理中心审核	响应时间 1 个工作日内为 5 分,每拖延 1 天,减 1 分
		实时咨询值台时间	10	馆员在线值台的时间	示范馆上报 + 管理中心审核	每周 36 小时为 10 分,每少 4 小时减 1 分
服务效果	15	服务宣传推广	5	服务宣传推广的措施、形式推广效果等	CALIS 统计	根据示范馆提交文档的内容进行评定
		参考咨询使用报告	10	包括服务模式、标准规范、使用情况、咨询服务延展性、服务案例、用户反馈、改进意见等的说明	CALIS 统计	根据示范馆提交文档的完整性、规范性以及文档质量进行评定

二、评估结果

CALIS 三期虚拟参考咨询示范馆项目共有 96 个单位正式立项,进行虚拟参考咨询示范馆的建设,全部参与本次验收评估。本示范馆项目基于 CALIS 虚拟参考咨询系统共享版软件开展单馆/省内联合虚拟参考咨询服务的情况进行评估。项目评估基于 CALIS 虚拟参考咨询系统的统计数据以及成员馆填报数据,按照"CALIS 虚拟参考咨询服务示范馆评估指标和评分办法"进行了评估,最终 96 个图书馆全部通过验收,通过比例达到 100% 。

表 5–52　CALIS 虚拟参考咨询服务示范馆评估结果

序号	机构名称	机构类型	评分	评估结果
1	东北林业大学	普通高校	97.0	合格
2	南京工业职业技术学院	普通高校	97.0	合格
3	华南农业大学	普通高校	97.0	合格
4	华东师范大学	普通高校	96.0	合格
5	江南大学	普通高校	96.0	合格
6	南宁职业技术学院	普通高校	96.0	合格
7	天津城市建设学院	普通高校	95.0	合格
8	太原理工大学	普通高校	94.5	合格
9	哈尔滨商业大学	普通高校	94.0	合格
10	北华大学	普通高校	92.0	合格
11	华中农业大学	普通高校	92.0	合格
12	西南林业大学	普通高校	92.0	合格
13	天津大学	普通高校	91.5	合格
14	长春工程学院	普通高校	91.0	合格
15	福建师范大学	普通高校	91.0	合格
16	浙江师范大学	普通高校	91.0	合格
17	绍兴文理学院	普通高校	90.5	合格
18	武汉科技大学	普通高校	90.0	合格
19	广西机电职业技术学院	普通高校	90.0	合格
20	湖南大学	普通高校	89.5	合格
21	同济大学	普通高校	88.5	合格
22	湖北警官学院	普通高校	88.5	合格
23	南开大学	普通高校	88.0	合格
24	天津科技大学	普通高校	88.0	合格
25	东南大学	普通高校	88.0	合格
26	山东理工大学	普通高校	88.0	合格
27	天津理工大学	普通高校	87.5	合格

序号	机构名称	机构类型	评分	评估结果
28	中国海洋大学	普通高校	87.5	合格
29	贵州民族学院	普通高校	87.5	合格
30	西安建筑科技大学	普通高校	87.5	合格
31	长春工业大学	普通高校	86.5	合格
32	南方医科大学	普通高校	86.5	合格
33	云南大学	普通高校	86.5	合格
34	武汉理工大学	普通高校	86.0	合格
35	山西医科大学	普通高校	86.0	合格
36	上海对外贸易学院	普通高校	86.0	合格
37	温州医学院	普通高校	86.0	合格
38	北京师范大学	普通高校	85.5	合格
39	广西职业技术学院	普通高校	84.5	合格
40	河北北方学院	普通高校	84.0	合格
41	山东大学威海分校	普通高校	84.0	合格
42	西北师范大学	普通高校	84.0	合格
43	桂林理工大学南宁分校	高职	83.5	合格
44	曲阜师范大学	普通高校	83.0	合格
45	广东外语外贸大学	普通高校	83.0	合格
46	贵州财经学院	普通高校	83.0	合格
47	西安工程大学	普通高校	83.0	合格
48	南京师范大学	普通高校	82.5	合格
49	郑州牧业工程高等专科学校	普通高校	82.5	合格
50	牡丹江师范学院	普通高校	82.0	合格
51	长沙理工大学	普通高校	81.5	合格
52	青岛大学	普通高校	81.0	合格
53	宁波大学	普通高校	80.5	合格
54	东北师范大学	普通高校	80.0	合格
55	苏州大学	普通高校	80.0	合格
56	吉林财经大学	普通高校	79.5	合格
57	广西工学院	普通高校	79.5	合格
58	长春理工大学	普通高校	79.0	合格
59	河北经贸大学	普通高校	78.0	合格
60	江西理工大学	普通高校	78.0	合格
61	武汉体育学院	普通高校	78.0	合格
62	华中科技大学	普通高校	77.5	合格

续表

序号	机构名称	机构类型	评分	评估结果
63	长春中医药大学	普通高校	77.0	合格
64	东北农业大学	普通高校	76.5	合格
65	中国矿业大学(徐州)	普通高校	76.0	合格
66	大连医科大学	普通高校	75.5	合格
67	上海大学	普通高校	75.5	合格
68	南昌航空大学	普通高校	75.5	合格
69	南京工程学院	普通高校	75.0	合格
70	四川交通职业技术学院	普通高校	74.0	合格
71	新疆师范大学	普通高校	74.0	合格
72	黑龙江大学	普通高校	72.5	合格
73	山东师范大学	普通高校	71.5	合格
74	河南农业大学	普通高校	71.5	合格
75	杭州师范大学	普通高校	71.0	合格
76	上海海事大学	普通高校	70.5	合格
77	北京航空航天大学	普通高校	70.0	合格
78	河池学院	普通高校	69.5	合格
79	南京理工大学	普通高校	69.0	合格
80	中南财经政法大学	普通高校	68.5	合格
81	兰州理工大学	普通高校	68.5	合格
82	中国计量学院	普通高校	68.0	合格
83	江西农业大学	普通高校	68.0	合格
84	中国石油大学(华东)	普通高校	66.0	合格
85	盐城工学院	普通高校	66.0	合格
86	郑州航空工业管理学院	普通高校	65.0	合格
87	中南大学	普通高校	65.0	合格
88	北京科技大学	普通高校	64.5	合格
89	西南交通大学	普通高校	64.0	合格
90	河南师范大学	普通高校	64.0	合格
91	陕西师范大学	普通高校	64.0	合格
92	河北师范大学	普通高校	63.5	合格
93	福建工程学院	普通高校	63.0	合格
94	河北大学	普通高校	61.0	合格
95	西安电子科技大学	普通高校	61.0	合格
96	西南石油大学	普通高校	60.0	合格

三、评估结果分析

CALIS 三期虚拟参考咨询示范馆评估主要考核图书馆是否具备开展网络参考咨询的条件以及图书馆利用 CALIS 虚拟参考咨询系统共享版软件开展网络参考咨询服务的能力和服务效果。从本次评估结果来看,高校图书馆基本都能够独立运用 CALIS 虚拟参考咨询系统共享版开展服务,已经具备开展网络参考咨询服务的能力。

1. 基本要求(A)

向 CALIS 提交馆藏数据是 CALIS 示范馆建设的基本要求,主要用于评估示范馆参与 CALIS 资源共建的程度。搭建我国高校图书馆信息资源共建共享平台是 CALIS 建设的重要目标之一。作为 CALIS 的示范馆,是否参与 CALIS 的资源共建工作也应是重要的评判标准,设置此指标是为鼓励成员馆以共建促共享,以贡献换服务。

馆藏文献资源(A.1)

本指标用于考核示范馆向 CALIS 提交本馆馆藏的情况,以馆藏提交的比例为考核指标。从评估结果看,96 家参建馆中,有 83 家通过各种方式向 CALIS 提交过馆藏数据,参与 CALIS 资源共建工作参建馆的比例达到 86.5%。

2. 服务能力(B)

本指标主要用于评估图书馆开展虚拟参考咨询服务的基本条件,具体包括设备条件及配备咨询员的情况。从参建馆填报数据的情况看,目前图书馆都配备了较好的硬件设施和软件设施,具备开展虚拟参考咨询服务的基本条件。

(1)设备资源(B.1)

本指标主要用于考察开展虚拟参考咨询服务的硬件设备情况,包括网络和配备计算机两个方面的考核。

由于 CALIS 虚拟参考咨询系统部署在 CALIS 管理中心,参建馆通过网络使用该系统,因此网络状况直接影响着虚拟参考咨询服务能否顺利开展。从 96 家参建馆填报的数据情况看,除 1 家参建馆的网络状况一般外,其余参建馆的网络状况均为良好,这也表明,CALIS 虚拟参考咨询系统云服务的模式可以支撑图书馆虚拟参考咨询服务的开展。

计算机是图书馆开展虚拟参考咨询服务不可缺少的硬件设备,直接影响着参与网络参考咨询服务的咨询员数量。在填报的数据中,除了 1 个单位用于开展虚拟参考咨询服务的计算机为两台外,其余图书馆均配备三台及以上的计算机,满足图书馆开展虚拟参考咨询服务的基本要求。

(2)人力资源(B.2)

咨询馆员是图书馆开展参考咨询服务必不可缺的核心要素。咨询馆员数量、人员配置结构的合理性直接决定着网络虚拟参考咨询服务的质量。本项指标考核内容包括实时值台人员数量、表单咨询人员的数量以及人员结构配置合理性三个考察方面。从评估结果来看,大部分图书馆都配备了实时值台咨询馆员和表单咨询员,提交的人员结构配置也比较合理,但是从实际抽查的结果看,部分高校图书馆对于馆员实时值台缺乏有效的管理措施,部分图书馆常常没有实时咨询馆员值台,实时咨询业务有待进一步加强。

本项指标满分15分。得分在13分以上的图书馆开展参考咨询服务的情况较好,这些图书馆咨询馆员的数量和人员配置结构比较合理,且能够规范咨询馆员的实时值台工作;得分在10—12分的图书馆咨询馆员的数量和人员配置结构比较合理,但是在线实时咨询缺乏有效管理;得分在9分及以下的图书馆的人员配置则比较不尽如人意,需进一步加强。评估结果比较乐观,得分在10分及以上的图书馆数量达到89家,占到全部参建馆的94.8%。

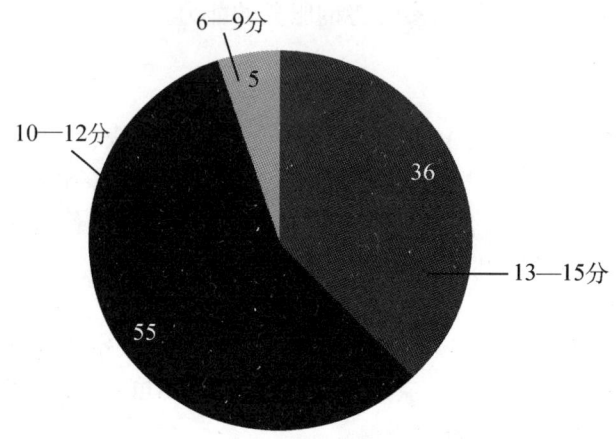

图5-8 CALIS虚拟参考咨询服务示范馆人力资源得分情况统计

3. 服务质量(C)

本指标用于考核示范馆在使用CALIS虚拟参考咨询系统共享版软件开展网络参考咨询服务期间的服务质量。本指标由读者咨询量、知识库问题量、问题解答质量、问题解答率、响应时间、实时咨询值台时间6个指标构成,用于全面衡量参建馆开展网络参考咨询服务的情况。

(1)读者咨询量(C.1)

读者咨询量指标主要用于了解读者通过CALIS虚拟参考咨询系统提问的情况。读者咨询量反映了参建馆对系统宣传推广工作的情况,同时在一定程度上反映了系统的可用性与易用性。由于CALIS虚拟参考咨询系统共享版正式上线时间不长,参建馆开通虚拟参考咨询系统的时间相差较多,加上部分图书馆曾经开展过虚拟参考咨询服务,有大量历史咨询记录的积累,所以读者咨询数量有较大的差异。有的参建馆咨询记录多达数千条,有的只有数十条。

(2)知识库问题量(C.2)

知识库主要用于积累有参考价值的读者咨询记录。馆员往往需要将其与读者的咨询过程进行整理后再将问题与答案入库,因此知识库的问题数量代表着有价值咨询记录的积累情况。同读者咨询量的情况一样,由于各馆开展虚拟参考咨询服务的时间有较大的差距,各参建馆的知识库问题数量相差较大。

(3)解答质量(C.3)

问题解答质量是考核咨询员回答问题质量的指标,主要依据回答问题的准确性、完整性和客观性等进行评判。本指标满分10分。从评估结果看,除个别参建馆没有将读者问题进行入库,无法查看外,咨询馆员基本上都能做到准确回答读者提问。但是在问题回答的完整性、深入性、引导性以及回答用语的礼貌性等方面存在一定的差距。其中有8家参建馆本项指标为满分,问题解答质量水平较高;所有能看到问题解答情况的参建馆得分都在 6 分以上,这表示大部分咨询馆员都能够比较清晰、准确地解答读者提问。

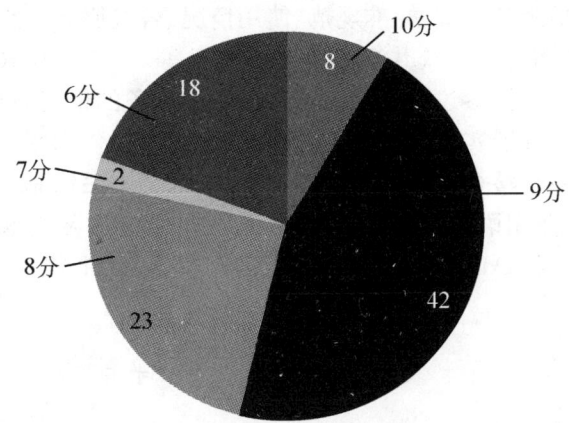

图 5-9　CALIS 虚拟参考咨询服务示范馆问题解答质量得分情况统计

(4)解答率(C.4)

解答率是指咨询馆员对读者提问的解答情况。一般而言,图书馆配备的咨询馆员数量是有限的,咨询馆员所能覆盖的学科背景也是有限的,因此准确、完整解答读者提问是一件比较难的事情。从本次评估结果来看,参建馆咨询馆员对读者问题的解答率均为百分之百,这表明,所有的读者提问都会得到回复,即使咨询馆员不能够准确完整解答读者提问,也会为读者说明情况,指引读者到图书馆查找相关资料。

(5)响应时间(C.5)

响应时间是指读者在提出问题后,咨询馆员能在多长时间内给予解答。本指标反映了图书馆网络参考咨询服务的效率。由于部分读者提问需要咨询馆员查找相关资料才能解答,因此,本指标设定为 24 小时内回复即为满分 5 分。从本次评估结果来看,所有参建馆对读者提问的响应时间均在 24 小时以内,服务效率较高。

(6)实时咨询值台时间(C.6)

实时咨询值台时间是指参建馆服务网页上有咨询员实时在线接受读者咨询的时间,本指标以周为单位,每周值台 36 小时即为满分。从本次评估结果看,绝大部分参建馆申报的值台时间均在 36 小时以上,但是从实际抽查情况看,部分图书馆达不到这一标准,需要进一步强化和规范实时咨询的管理。

4. 服务效果(D)

本指标主要用于评估图书馆使用 CALIS 虚拟参考咨询系统共享版开展虚拟参考咨询服务的效果,主要包括服务宣传推广和参考咨询使用报告两项指标。

(1)服务宣传推广(D.1)

本指标主要用于评估图书馆开展网络参考咨询服务的宣传和推广情况,有效的宣传和推广会对系统的使用情况产生重要影响。共有 84 个参建馆提交了相关的培训资料,占全部参建馆的 87.5%。从参建馆提交的宣传资料看,图书馆开展宣传培训的形式非常丰富,包括主题报告、专场培训、网页新闻、宣传海报、BBS、使用手册、宣传册等。

（2）参考咨询使用报告（D.2）

本指标主要用于了解参建馆利用 CALIS 虚拟参考咨询系统共享版开展网络虚拟参考咨询服务的情况，主要包括服务模式、标准规范、使用情况、咨询服务延展性、服务案例、用户反馈以及对 CALIS 虚拟参考咨询系统共享版的改进意见等。共有 80 家图书馆提交了参考咨询使用报告。从整体情况看，参建馆开展虚拟参考咨询服务的情况较好，完整采用实时咨询和表单咨询的形式，同步开展实时咨询和延时咨询服务；参考咨询服务的开展参照了系统嵌入的标准规范，具备进一步整合成咨询知识库的可能，部分图书馆制定有本馆的参考咨询服务规范，对服务流程、服务用语等有进一步的规范；成员馆开展网络参考咨询服务的整体情况良好。部分图书馆还对 CALIS 虚拟参考咨询系统共享版软件提出了中肯的改进意见。

第五节　e 读服务示范馆评估报告

一、评估方案

1. 评估目标与对象

（1）评估目标

通过评估，引导各示范馆 e 读服务工作的开展，提高各示范馆在资源共建共享以及整合与开发和服务创新等方面的水平。

通过评估发现问题，提升图书馆 e 读服务的使用水平，最大限度地满足读者的文献需求。

通过评估，对各示范馆 e 读服务进行综合性与整体性的评价，奖励优秀示范馆，激励和提高 CALIS e 读服务的使用。

（2）评估对象

CALIS e 读服务示范馆。

2. 评估内容

1）服务能力评估：包括 CALIS e 读与本馆 OPAC 的集成整合程度、本馆纸本馆藏和电子馆藏在 CALIS e 读的揭示情况、本馆 OPAC 与 CALIS 文献传递系统的衔接情况等，以检查是否具备良好的服务能力。

2）服务质量评估：从 CALIS e 读本地版的访问量、发出文献传递请求次数以及是否制定相关的 e 读规范等方面，综合评价服务质量。

3）服务效果评估：包括在本地区和本校的宣传推广和培训的情况，以及用户对服务的认知程度等。

3. 评估方法与步骤

1）确定评估目标与评估内容，建立评估指标体系，指标体系包括一级指标和二级指标，给出每项指标的定义。

2）确定评估模型，给出指标的权重比例，以及每个指标的具体分值。

3）采用以下方法收集指标数据：

- 通过 CALIS e 读直接获取数据；

- 各示范馆自行上报，间接获取数据。

4）对数据进行统计、分析和研究，得出评估结果。

5）分析评估结果，总结和分析问题。

6）根据实际情况，修订评估指标。

4. 评估指标体系与计分方法

（1）评估指标的设计原则

- 针对性：按照 CALIS e 读服务示范馆的基本条件、验收要求和加分因子，设计相应的指标。

- 科学性与可操作性：能真实客观地反映 CALIS e 读服务示范馆的实际情况，同时在指标的收集、统计上也具备实际意义和可操作性。

- 导向性原则：要体现 CALIS 服务发展的宏观引导，把握 CALIS 的发展方向。

（2）指标体系与计算方法

表 5－53　CALIS e 读服务示范馆评估指标体系与计算方法

一级指标	分值	二级指标	分值	指标定义	数据来源	评分方法
基本要求	10	文献资源	10	向 CALIS 管理中心提交符合 CALIS 要求的本馆全部中外文图书和期刊（含电子图书和电子期刊）馆藏数据，并及时更新	各示范馆上报＋管理中心审核	提交中外文图书和期刊（含电子图书和电子期刊）馆藏数据：达到 90% 得 10 分，介于 90%—80%之间得 9 分，介于 80%—70%之间得 8 分，介于 70%—60%之间得 7 分，介于 60%—50%之间得 6 分，介于 50%—40%之间得 5 分，介于 40%—30%之间得 4 分，介于 30%—20%之间得 3 分，介于 20%—10%之间得 2 分，介于 10%—5%之间得 1 分，小于 5%不得分
服务能力	25	e 读本地版	10	利用 e 读定制本馆的资源发现系统，并在本馆图书馆网站首页上实现嵌入	CALIS 统计	定制 e 读本地版得 6 分在图书馆网站首页实现内嵌式嵌入得 4 分，实现链接式嵌入得 2 分
		e 读到 OPAC 馆藏的链接	8	实现 e 读检索结果到本馆 OPAC 动态馆藏的链接	CALIS 统计	实现得 8 分，否则为 0 分
		与 CALIS 馆际互借与文献传递系统的衔接	7	与 CALIS 馆际互借与文献传递系统有衔接	CALIS 统计	实现得 7 分，否则为 0 分

续表

一级指标	分值	二级指标	分值	指标定义	数据来源	评分方法
服务质量	30	本馆 OPAC 与 e 读的集成整合程度	10	整合方式、界面的友好程度等	各示范馆上报 + 管理中心审核	若本馆 OPAC 与 e 读进行了整合,方可得分。整合方式、界面友好程度的得分为:友好:10 分,一般 7 分,不友好 5 分
		统一认证/联合认证	10	本馆 OPAC 与 CALIS 系统实现统一认证/联合认证,使用户可以单点登录	CALIS 统计	实现得 10 分,否则为 0 分
		宣传推广	10	开展 e 读服务培训的次数及培训人数	各示范馆上报	本校开展一次培训得 2 分,最高得 6 分;向 CALIS 管理中心提交宣传推广材料的加 3 分;协助省级中心在省内开展服务与培训的加 1 分
服务效果	15	访问量	15	本馆用户访问 e 读的次数	CALIS 统计	"211"院校、本科院校和专科院校分别排名;根据统计结果分为 5 档:第 1 档,15 分;第 2 档,12 分;第 3 档,10 分;第 4 档,8 分;第 5 档,6 分
奖励	25	本馆 OPAC 到 e 读的链接	9	本馆 OPAC 的检索结果页可链接到 e 读相关文献的详细信息页面	各示范馆上报 + 管理中心审核	实现得 9 分,否则为 0 分
		e 读到本馆电子书全文系统的链接	6	实现 e 读到本馆电子书全文系统的链接,可直接在 e 读打开本地电子书	各示范馆上报 + 管理中心审核	实现得 6 分,否则为 0 分
		学位论文与特藏资源数据的提交	3	向 CALIS 管理中心提交馆藏的学位论文与特藏资源	CALIS 统计	提交得 3 分;否则为 0 分
		建议反馈	3	对 e 读的发展方向提出建设性意见	CALIS 统计	提出 1 条建设性意见得 1 分,最高 3 分;不提为 0 分
		馆藏数据的自动更新	4	实现本馆馆藏数据的自动导出,并通过 CALIS 数据交换平台提交至管理中心	CALIS 统计	实现得 4 分,否则为 0 分

二、评估结果

根据 e 读服务示范馆评估方案,基本分 80 分,奖励加分 25 分;48 分以上(含 48 分)为合格,48 分以下为不合格。本次示范馆申请馆共 74 家,合格 74 家。

表 5 – 54　e 读服务示范馆评估结果

排名	机构名称	机构类型	评估分数	评估报告
1	华南农业大学	普通高校	98	合格
2	福州大学	普通高校	95	合格
3	石家庄铁道大学	普通高校	92	合格
4	深圳大学	普通高校	91	合格
5	广东外语外贸大学	普通高校	91	合格
6	北京师范大学	普通高校	89	合格
7	东北师范大学	普通高校	89	合格
8	上海财经大学	普通高校	89	合格
9	聊城大学	普通高校	88	合格
10	西北工业大学	普通高校	88	合格
11	南京师范大学	普通高校	87	合格
12	同济大学	普通高校	87	合格
13	湖南大学	普通高校	87	合格
14	西安建筑科技大学	普通高校	87	合格
15	西安工程大学	普通高校	87	合格
16	吉林财经大学	普通高校	84	合格
17	华东师范大学	普通高校	84	合格
18	华南理工大学	普通高校	84	合格
19	云南大学	普通高校	84	合格
20	中国海洋大学	普通高校	83	合格
21	中南大学	普通高校	83	合格
22	顺德职业技术学院	普通高校	82	合格
23	长春中医药大学	普通高校	81	合格
24	天津大学	普通高校	81	合格
25	武汉科技大学	普通高校	81	合格
26	长春工程学院	普通高校	80	合格
27	福建师范大学	普通高校	80	合格
28	武汉体育学院	普通高校	80	合格
29	浙江理工大学	普通高校	79	合格

续表

排名	机构名称	机构类型	评估分数	评估报告
30	江南大学	普通高校	79	合格
31	曲阜师范大学	普通高校	79	合格
32	中国矿业大学(徐州)	普通高校	78	合格
33	中南财经政法大学	普通高校	78	合格
34	上海对外贸易学院	普通高校	78	合格
35	河北大学	普通高校	77	合格
36	天津科技大学	普通高校	77	合格
37	天津师范大学	普通高校	77	合格
38	湖南理工学院	普通高校	77	合格
39	海口经济学院	普通高校	77	合格
40	北华大学	普通高校	76	合格
41	山东师范大学	普通高校	76	合格
42	长安大学	普通高校	76	合格
43	西北农林科技大学	普通高校	76	合格
44	上海大学	普通高校	75	合格
45	琼州学院	普通高校	75	合格
46	长春理工大学	普通高校	74	合格
47	安徽大学	普通高校	74	合格
48	杭州师范大学	普通高校	73	合格
49	厦门理工学院	普通高校	73	合格
50	华南师范大学	普通高校	73	合格
51	云南农业大学	普通高校	73	合格
52	苏州大学	普通高校	72	合格
53	山东理工大学	普通高校	72	合格
54	西安电子科技大学	普通高校	72	合格
55	天津理工大学	普通高校	71	合格
56	杭州电子科技大学	普通高校	71	合格
57	南京理工大学	普通高校	71	合格
58	江苏大学	普通高校	71	合格
59	南京工业职业技术学院	普通高校	71	合格
60	凯里学院	普通高校	71	合格
61	海南师范大学	普通高校	70	合格
62	南方医科大学	普通高校	69	合格

续表

排名	机构名称	机构类型	评估分数	评估报告
63	陕西师范大学	普通高校	68	合格
64	宁波大学	普通高校	67	合格
65	南京航空航天大学	普通高校	67	合格
66	哈尔滨商业大学	普通高校	67	合格
67	贵州民族学院	普通高校	66	合格
68	西北师范大学	普通高校	66	合格
69	西南交通大学	普通高校	65	合格
70	华中科技大学	普通高校	64	合格
71	河北北方学院	普通高校	63	合格
72	桂林医学院	普通高校	63	合格
73	黑龙江八一农垦大学	普通高校	62	合格
74	南京工程学院	普通高校	58	合格

三、评估结果分析

示范馆相关数据表明,100%的成员馆都达到了 e 读服务示范馆的建设要求。

在服务能力方面,成员馆做到了利用 CALIS e 读学术搜索引擎定制本馆的资源发现系统,用于检索和获取所需的文献,并衔接了 CALIS 馆际互借与文献传递系统,使读者方便地获取文献资源。

在服务质量方面,各馆均按实际情况在本馆网站首页或 OPAC 醒目位置集成了 CALIS e 读检索框,其中 62 家图书馆采用了内嵌式集成。91.89%的成员馆结合本馆服务需求做了两次或两次以上 e 读服务的培训,87.83%的成员馆向 CALIS 提交了宣传与培训材料。

在服务效果方面,随着 e 读服务宣传力度的增加和示范馆建设的开始,各馆访问量都有了明显提升。

奖励得分方面,本馆 OPAC 到 e 读的链接,25.68%的成员馆通过本馆自身技术力量或与图书馆自动化厂商合作,通过 CALIS 提供的 API 接口完成了本馆 OPAC 到 e 读详细信息页面的链接。14 家成员馆提交了本馆的电子全文书元数据及系统访问接口,实现了 e 读到本馆电子书全文系统的链接。34 家成员馆提交了本馆学位论文或特藏资源数据,31 家成员馆的图书馆自动化系统可实现馆藏数据的自动导出,但在馆藏数据的更新提交方面由于受限于 CALIS 数据交换平台的部署进度,都未实现。

本次申请本服务示范馆的学校有"211"院校、普通本科院校、新升本院校和高职高专院校,其用户规模和本馆的技术力量以及使用的自动化系统各不相同,按评估方案所得绝对分并不能完全反映示范馆对 CALIS e 读服务的利用程度和支持力度。例如:贵州民族学院、凯里学院等使用的是金盘自动化系统,由于受限于自动化系统,无法通过页面分析配置的方式实现 e 读到本馆 OPAC 在架状态的链接(该指标为 8 分)。有的馆虽然分数达到了合格线,但却未利用 e 读定制本馆的资源发现系统。因此示范馆的类别、技术力量以及使用的自动化系统都将是以后 e 读服务评估要考虑的因素。

通过本次评估,带动了成员馆使用和宣传推广 e 读服务的积极性。成员馆通过使用,发现了一些问题并提出 e 读需要改进的地方。CALIS 管理中心 e 读项目组及技术支持在解决问题的同时,也优化了系统的使用,使接口更友好,集成更方便。

e 读服务示范馆相关评估指标的评估结果如下:

1. 基本要求(A)

文献资源(A.1)

该指标按两组数据来进行分析:①提交给 CALIS 的中外文图书和期刊的馆藏数据(以批量提交到 CALIS 管理中心数据部的馆藏量为准);②提交的馆藏数据量占本馆馆藏总量的比例(本馆馆藏总量由各馆上报)。

57 家成员馆提供了本馆 50% 以上的馆藏数据,其中有 45 家成员馆提交的馆藏数据量占本馆馆藏总量的 90% 以上。此外,还有 3 家成员馆未提交本馆馆藏数据。

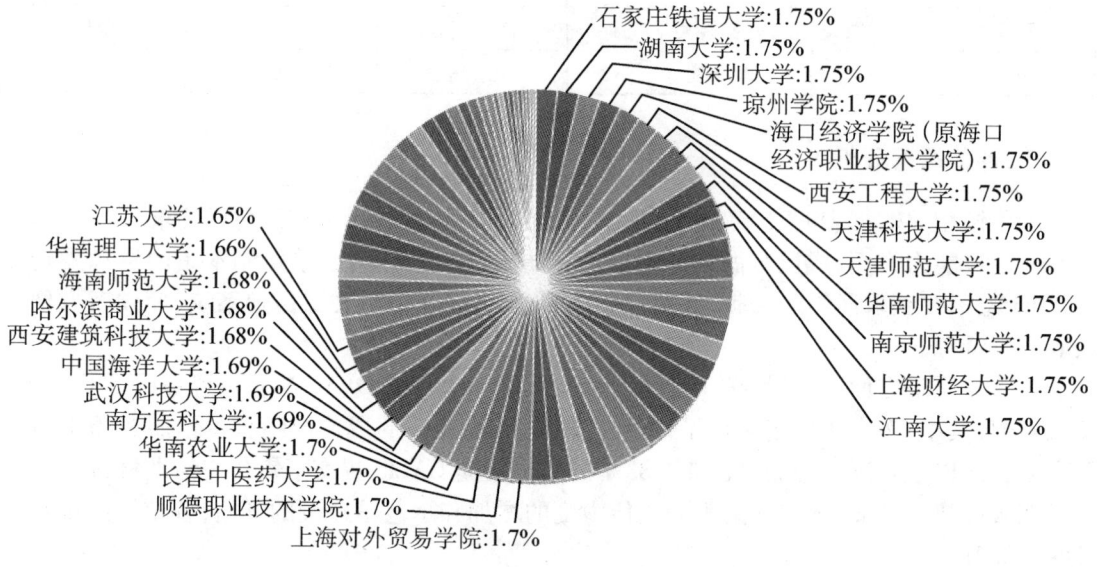

图 5 – 10 CALIS e 读服务示范馆提交馆藏比例统计

表 5 – 55 CALIS e 读服务示范馆提交馆藏情况得分比例

序号	指标得分	机构数	百分比
1	10	45	60.81%
2	9	7	9.46%
3	8	2	2.70%
4	7	2	2.70%
5	6	1	1.35%
6	5	2	2.70%
7	4	2	2.70%
8	3	6	8.11%
9	2	4	5.41%
10	0	3	4.05%

2. 服务能力

该指标 25 分,由 3 个分项指标计算得来,分别是:e 读本地版的定制(10 分)、e 读到 OPAC 馆藏的链接(8 分)、与 CALIS 馆际互借与文献传递系统的衔接(7 分)。

该项指标的得分情况如下表所示。

表 5－56　CALIS e 读服务示范馆服务得分情况统计

序号	指标得分	机构数	百分比
1	25	47	63.51%
2	23	10	13.51%
3	19	2	2.70%
4	18	1	1.35%
5	17	12	16.22%
6	11	1	1.35%
7	9	1	1.35%

表 5－57　CALIS e 读服务示范馆服务能力得分 25 分的成员馆列表

华南农业大学	中国海洋大学	长安大学
石家庄铁道大学	中南大学	上海大学
深圳大学	顺德职业技术学院	琼州学院
广东外语外贸大学	长春中医药大学	长春理工大学
北京师范大学	天津大学	厦门理工学院
东北师范大学	武汉科技大学	华南师范大学
聊城大学	长春工程学院	苏州大学
西北工业大学	浙江理工大学	山东理工大学
南京师范大学	江南大学	西安电子科技大学
同济大学	中南财经政法大学	陕西师范大学
湖南大学	上海对外贸易学院	宁波大学
西安建筑科技大学	河北大学	西北师范大学
西安工程大学	天津师范大学	西南交通大学
吉林财经大学	湖南理工学院	桂林医学院
华东师范大学	海口经济学院	南京工程学院
云南大学	山东师范大学	

(1)e 读本地版定制(B.1)

该指标 10 分的构成为:定制了 e 读本地版的成员馆 6 分,在图书馆网站首页实现内嵌式嵌入得 4 分,实现链接式嵌入得 2 分。

有69家馆定制了e读本地版。所有74家馆均实现了e读在本馆网站首页或OPAC明显位置的嵌入,其中实现内嵌式嵌入的有62家。

该项指标的得分情况如表5-58:

表5-58　CALIS e读服务示范馆主页嵌入情况得分

序号	指标得分	机构数	百分比
1	10	59	79.73%
2	8	10	13.51%
3	4	3	4.05%
4	2	2	2.70%

(2)e读到OPAC馆藏的链接(B.2)

实现e读检索结果到本馆OPAC动态馆藏的链接,即可得8分。实现该链接的方法有两种:第一种为图书馆自动化系统提供接口,第二种为CALIS管理中心技术支持组通过页面分析的方式进行配置。

在实现了e读到本馆OPAC动态馆藏链接的61家成员馆中,仅有1家是通过前一种方式实现。其他未实现链接的成员馆,主要受限于本馆图书馆自动化系统,如金盘系统的某些版本即使通过后一种方式也无法配置出来。

表5-59　e读到本馆OPAC动态馆藏链接实现情况得分

序号	指标得分	机构数	百分比
1	8	61	82.43%
2	0	13	17.57%

(3)与CALIS馆际互借与文献传递系统的衔接(B.3)

若e读中实现了与本馆CALIS馆际互借与文献传递系统的集成即可得7分。有73家馆部署了CALIS馆际互借与文献传递系统,并实现了集成;只有安徽大学图书馆未部署CALIS馆际互借与文献传递系统,因此无法衔接。

表5-60　e读与CALIS馆际互借与文献传递系统衔接情况得分

序号	指标得分	机构数	百分比
1	7	73	98.65%
2	0	1	1.35%

3. 服务质量(C)

该指标30分由3个分项指标构成,分别是:本馆OPAC与e读的集成整合程度(10分),统一认证/联合认证(10分),宣传推广(10分)。

该指标的统计结果如表5-61:

表 5 - 61 CALIS e 读服务示范馆服务质量得分情况

序号	指标得分	机构数	百分比
1	30	37	50.00%
2	29	7	9.46%
3	28	1	1.35%
4	27	12	16.22%
5	26	8	10.81%
6	25	2	2.70%
7	24	1	1.35%
8	22	3	4.05%
9	21	1	1.35%

(1)本馆 OPAC 与 e 读的集成整合程度(C.1)

该指标以本馆 OPAC 及网站首页嵌入 e 读服务的界面为基础判据,根据整合方式及界面的友好程度打分。

60 家成员馆的 OPAC 系统与 e 读的整合方式及界面友好,读者能很方便地发现并使用 e 读服务。

表 5 - 62 OPAC 与 e 读的集成整合程度得分

序号	指标得分	机构数	百分比
1	10	60	81.08%
2	7	14	18.92%

(2)统一认证/联合认证(C.2)

若本馆 OPAC 与 CALIS 系统实现统一认证或联合认证,则可得 10 分。该项以 CALIS 会员管理系统(RCS)中的共享软件开通情况为依据给出。

参与的 74 家成员馆全部实现了统一认证或联合认证,其中 43 家实现了联合认证。

表 5 - 63 本馆 OPAC 与 CALIS 统一认证/联合认证系统衔接情况

序号	指标得分	机构数	百分比
1	10	74	100%

(3)培训(C.3)

该指标 10 分的构成为:本校开展一次 e 读培训得 2 分(最高 6 分),提交宣传推广材料加 3 分,协助省中心在省内开展服务与培训的加 1 分。

74 家成员馆做了 546 次培训,培训总人次为 59 257。其中有 60 家做了 3 次培训,1 家没做培训。提交宣传推广材料的有 65 家,有 50 家成员馆曾协助省中心开展服务与培训。

该指标的评估结果如下表 5 - 64：

表 5 - 64　CALIS e 读服务示范馆培训情况得分

序号	指标得分	机构数	百分比
1	10	44	59.46%
2	9	12	16.22%
3	8	2	2.70%
4	7	5	6.76%
5	6	3	4.05%
6	5	3	4.05%
7	4	2	2.70%
8	3	1	1.35%
9	2	2	2.70%

其中,开展培训的次数统计结果如下图 5 - 11：

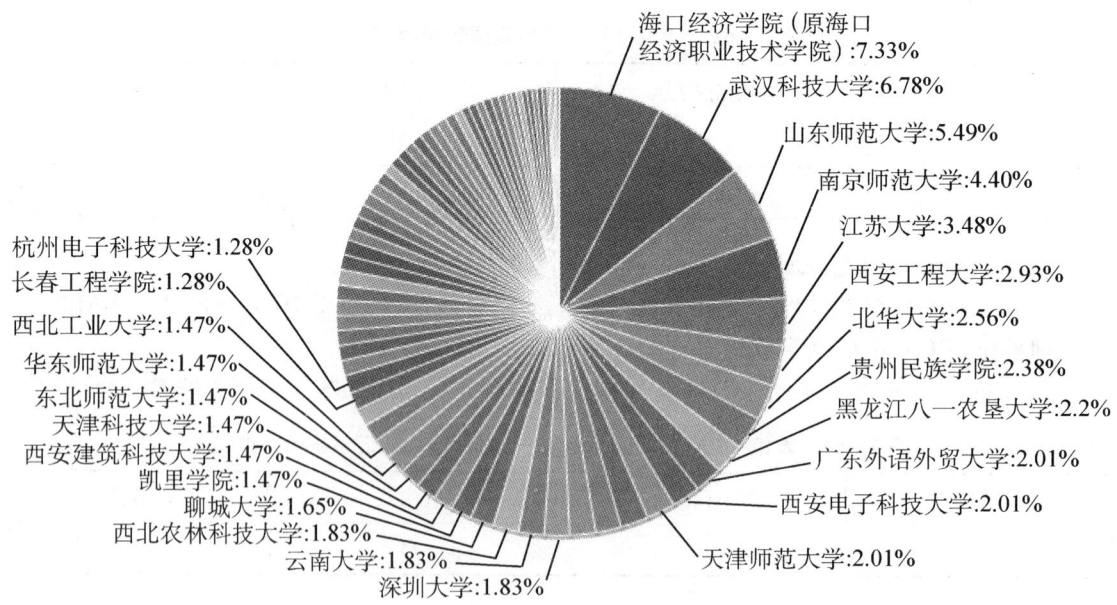

图 5 - 11　CALIS e 读服务示范馆开展培训次数比例

培训总人次统计如图 5 - 12,其中南京师范大学、北华大学、天津科技大学培训人次达到 4000 以上。

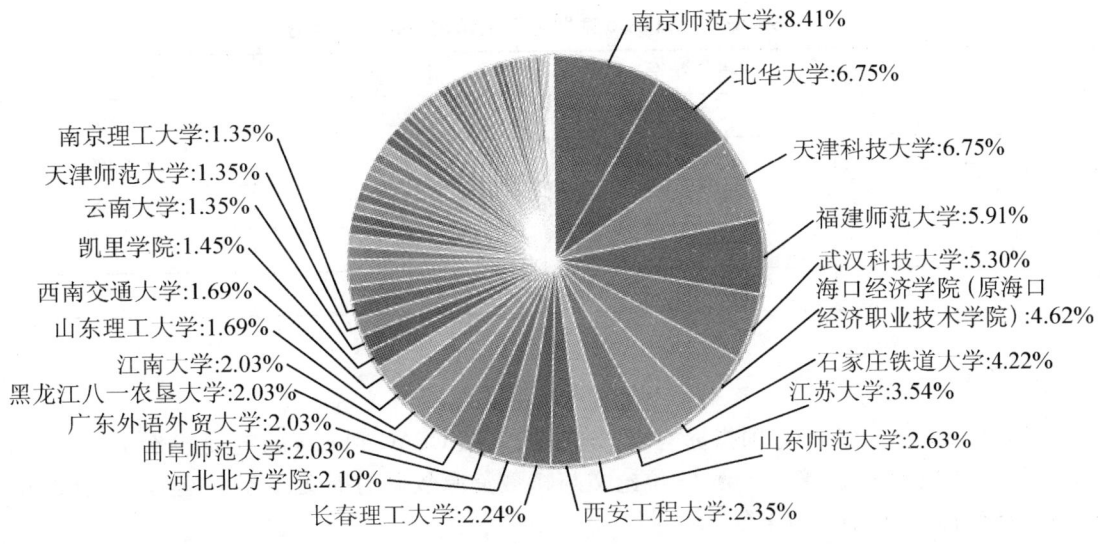

图 5-12 CALIS e 读服务示范馆培训人次统计比例

4. 服务效果（D）

访问量（D.1）

该指标以本馆用户访问 e 读的次数为依据,依照统计结果分为 5 档:15 分、12 分、10 分、8 分与 6 分。其中,北京师范大学、中国海洋大学、长春中医药大学、吉林财经大学等 12 家成员馆的本馆访问量处于第 1 档,反映了本馆宣传与推广工作开展得不错。具体见图 5-13、表 5-65。

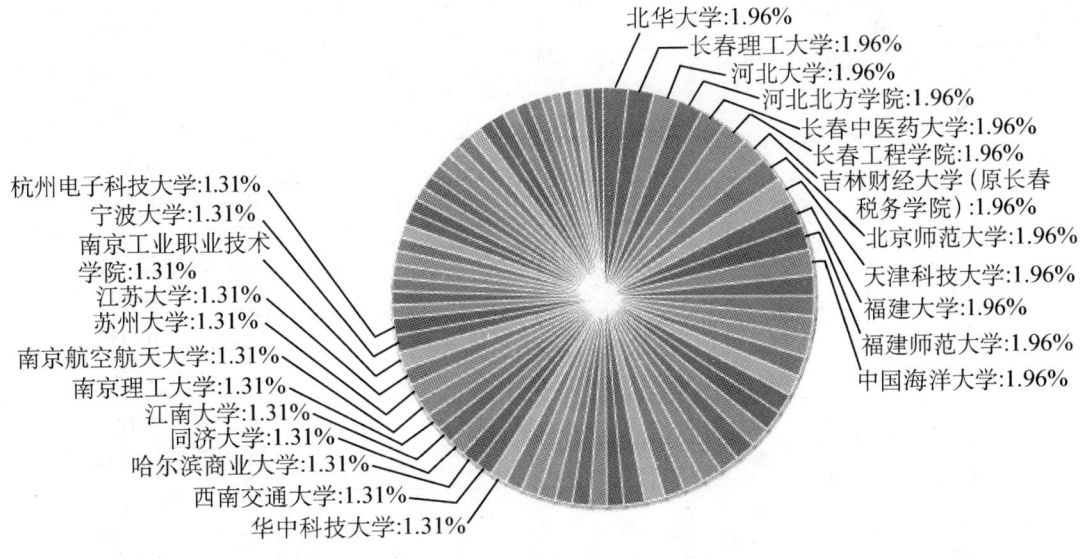

图 5-13 CALIS e 读服务示户访问范馆用量比例

表 5 - 65　CALIS e 读服务示范馆用户访问量得分

序号	指标得分	机构数	百分比
1	15	12	16.22%
2	12	16	21.62%
3	10	19	25.68%
4	8	21	28.38%
5	6	6	8.11%

5. 奖励

该指标 25 分,由 5 个分项指标构成,分别是:本馆 OPAC 到 e 读的链接(9 分)、e 读到本馆电子书全文系统的链接(6 分)、学位论文与特藏资源数据的提交(3 分)、建议反馈(3 分)以及馆藏数据的自动更新(4 分)。

该指标的评估结果如下表 5 - 66:

表 5 - 66　CALIS e 读服务示范馆奖励得分情况

序号	指标得分	机构数	百分比
1	24	1	1.35%
2	21	1	1.35%
3	20	1	1.35%
4	19	2	2.70%
5	18	2	2.70%
6	16	2	2.70%
7	14	4	5.41%
8	13	6	8.11%
9	12	2	2.70%
10	11	3	4.05%
11	10	5	6.76%
12	9	2	2.70%
13	8	2	2.70%
14	7	3	4.05%
15	6	4	5.41%
16	5	3	4.05%
17	4	14	18.92%
18	3	3	4.05%
19	2	8	10.81%
20	1	4	5.41%
21	0	2	2.70%

（1）本馆 OPAC 到 e 读的链接（E.1）

实现本馆 OPAC 的检索结果页链接到 e 读相关文献的详细信息页面,得 9 分。CALIS 提供 API 接口,成员馆依靠自身的技术力量或图书馆自动化系统厂商完成对本馆 OPAC 系统的改造以实现该功能。有 29.73% 的成员馆实现了该功能。

表 5 - 67　CALIS e 读服务示范馆本馆 OPAC 到 e 读链接得分情况

序号	指标得分	机构数	百分比
1	9	22	29.73%
2	0	52	70.27%

（2）e 读到本馆电子书全文系统的链接（E.2）

实现 e 读到本馆电子书全文系统的链接,首先需要成员馆向 CALIS 管理中心提交本馆的电子书元数据与系统的访问接口,然后由 CALIS 管理中心在 e 读中进行集成。有 18.92% 的成员馆实现了该功能。

表 5 - 68　e 读到本馆电子书全文系统的链接情况得分

序号	指标得分	机构数	百分比
1	6	14	18.92%
2	0	60	81.08%

（3）学位论文与特藏资源数据的提交（E.3）

该指标 3 分,向 CALIS 管理中心提交了馆藏学位论文或特藏资源的成员馆均可得分。凡参加 CALIS 三期学位论文和特色库子项目的成员馆,按照其在子项目中提交的数据量为准;其他成员馆的数据提交量以 CALIS 管理中心数据部收到的数据为准。

表 5 - 69　CALIS e 读服务示范馆学位论文与特藏资源数据提交情况得分

序号	指标得分	机构数	百分比
1	3	36	48.65%
2	0	38	51.35%

（4）对 e 读的发展方向提出建设性意见（E.4）

该指标考察成员馆对 e 读的发展方向提出的建议反馈,提出 1 条建设性意见得 1 分(最高 3 分)。有 9 家成员馆提出了多条建设性意见,9 家未提意见。

表 5 - 70　CALIS e 读服务示范馆 e 读建设性意见得分情况

序号	指标得分	机构数	百分比
1	3	9	12.16%
2	2	22	29.73%
3	1	34	45.95%
4	0	9	12.16%

（5）馆藏数据的自动更新（E.5）

该指标由2组数据计算得到:实现本馆馆藏数据的自动导出得3分,通过CALIS数据交换平台提交至CALIS管理中心的成员馆得1分。但受限于CALIS数据交换平台的部署进度,到统计截止日期时没有1家成员馆使用数据交换平台提交本馆的馆藏数据。

表5-71 CALIS e读服务示范馆馆藏数据自动更新得分情况

序号	指标得分	机构数	百分比
1	3	31	41.89%
2	0	43	58.11%